实用小秘方系列丛书

MIFANG

SHU



# 排毒养颜小秘方

PAIDUYANGYAN XIAOMIFANG

《养颜美容小秘方》讲解了美容的内养、饮食原则、饮食防治、以及养颜美容的食物营养与健康作用。

张为成　秦国风／主编

中医古籍出版社

# 排毒养颜小秘方

主编　张为成　秦国风

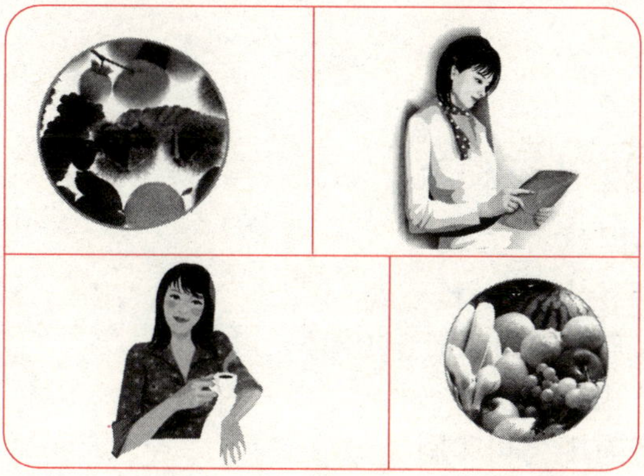

中医古籍出版社

**责任编辑：王　梅**
**封面设计：石　玥**

**图书在版编目（CIP）数据**

实用小秘方系列/张为成，秦国风主编．—北京：中医古籍出版社，2007.1

ISBN 7-80174-479-9

Ⅰ．实…　Ⅱ．①张…②秦…　Ⅲ．秘方－汇编

Ⅳ．R289.2

中国版本图书馆 CIP 数据核字（2006）第 142327 号

**排毒养颜小秘方**

张为成　秦国风　主编

中医古籍出版社出版发行

（100700 北京东直门内北新仓 18 号）

全国各地新华书店经销

北京业和印务有限公司印刷

920×1300 毫米　32 开本　80 印张　1600 千字

2007 年 1 月第 1 版　2007 年 1 月第 1 次印刷

ISBN 7-80174-479-9/R·475

定价：180.80（共 8 册）

# 前言 QIAN YAN

实用小秘方系列书经全体同仁的共同努力，终于问世了。近几年来，我们广泛查阅了国内各地相关文献资料，大量收集了古今名方。因此本系列书包含了编者的智慧，凝聚了编者大量的汗水和艰辛。

目前，我国有关小秘方的著作很多，其中绝大多数方书或由于体例原因，或限于篇幅，不能全面地包容各种疾病的秘方，难以规范、全面地概括古今秘方秘法。而本系列丛书汇集了中国小秘方的精华，全面系统地包含了：美颜美容、排毒养颜、孕期调养、瘦身美体、奇药妙用、夫妻和谐、本草妙用、健康睡眠的小秘方。

本系列丛书每方的介绍依次包括原料、制作、用法、功效（特点）、说明、注意。方名一般以一、二、三顺序排列，也有以用原方名的。

本丛书详细记载了人们赖以生存的各种粮食、矿物质和各种疾病等，用通俗易懂的文字，指导你正确认识、科学地运用各种养生保健知识和方法，从而做到养生得法、美丽健康、百病皆除。

相信，本丛书会成为您的良师益友，让您懂得美丽健康在于养生，养生在于饮食的科学道理，从而达到健康长寿的目的。

由于我们水平有限，加之时间仓促，不足乃至谬误之处在所难免，祈望广大同仁及读者不吝赐教。

编　者

# 目 录

## 第一章 生活中的毒素

## 第二章 排毒与家居



## 第三章 运动与排毒

## 第四章 排毒与饮食

## 第六章　排毒养颜药物

## 第七章 祛湿排毒小秘方

## 第八章 清热排毒小秘方

## 第九章 养颜排毒小秘方

## 第十章 清补排毒小秘方

## 第十一章 祛热排毒小秘方

# 第一章 生活中的毒素

## 毒从何来

一般认为,毒是指毒品、毒药、有毒的化学物质,因之人们往往会谈毒色变,认为其危及生命,避之惟恐不及,并认为自己不接触它们就不会中毒。但是我们认为,凡是对人体有不利影响的物质都可统称为毒。它不仅仅是一般意义上的毒,而是涵盖了危害人体健康的诸多方面,它包括了外来之毒和内生之毒两个基本方面。

> 皮肤是人体最大的器官,有着分泌和排泄汁水、毒素的功能。

外来之毒指的是外界对人体的不利影响。中医学历来十分重视环境与人之间的关系,认为人与天地万物之间、自然界的各种变化都是息息相关的,两者是互相作用、相互影响着的。“天人合一”的思想是中医学中人与自然相互关系的集中体现。如自然界的六气:风、寒、暑、湿、燥、火,六气正常时可以生养万物,六气太过或不及就会成为六淫之邪侵害人体。加之现代医学的病原微生物,如细菌、病毒等以及各种农药、化肥、化学制剂的污染等都共同构成为外来之毒,通过各种途径作用于人体使之发病。而内生之看则来源于人体体内自身新陈代谢所产生的废物,以及由于某种原因导致的代谢障碍而积存于人体内的物质。例如消化管道是人体的主要吸收、排泄管道,同时它也是人体重要的排毒管道之一。临床上常见的消化管道不通是便秘、大便排出不通畅，使体内外来之毒和内生之毒不能顺利、及时地排出体外，而被机体重新吸收而造成人体中毒，损伤正气，引发多种疾病。外来之毒和内生之看联合作用于人体，可以导致多种多样的疾病发生，皮肤是人体最大的器官，有着分泌和排泄汗水、毒素的功能，如果排泄不通畅，各种毒素都积于皮肤之内，也会产生多种皮肤疾病如痤疮、色斑等，甚至可造成内脏器官的损害，危害人体的健康。

## 毒的危害

正常人体有一整套动态、立体、完整的排毒管道系统，如血管、气管、淋巴管、消化管道、汗腺、尿道以及各个脏腑之间联络的管道、经络等。在正气充盈、生理机能正常的情况下，机体通过这些大大小小的排毒管道将体内毒素排出体外，所以我们能够保持健康不病。

> 中医学认为，衰老亦是由于人体内阴阳失衡，气血失和，气机升降出入失常，最终导致脏腑功能失调

但若毒邪过多或正毒交争、正不胜毒，则毒留正伤。外来之毒和内生之毒进入人体后，可影响体内气血的正常运行，阻滞气机，影响其升、降、出、入的正常生理功能。更进一步破坏和扰乱脏腑的正常功能平衡，使体内的气血紊乱，表现为头晕、头痛、神疲乏力、面色无华、烦躁不安、口臭、食欲不振、肥胖、腹部饱胀、腹痛、便秘、排便费力、便干、皮肤干燥及出现色斑、无弹性、青春痘等症状。同时亦使人的抵抗力下降，容易受到多种疾病的侵袭，损害人体健康，加速人体的衰老。另一方面，中医学认

为，衰老亦是由于人体内阴阳失衡，气血失和，气机升降出入失常，最终导致脏腑功能失调，各组织、器官老化死亡。阴阳平衡，气血运行通畅是人体健康之本，长寿之源。然而随着年龄的增长，人体各器官逐渐自然老化，机体的脏腑功能、排毒能力亦随之渐渐减弱，加之长期以来又受到越来越多的外来之毒和内生之毒的侵袭，它们又加重了机体的功能失调，扰乱了人体正常的代谢与吸收，使正常营养物质的摄人与转化不足，同时又使体内的毒物与废物的排出不通或不畅，这两者反过来又加重了正气的亏耗，加速了人体的阴阳失衡、脏腑功能退化衰竭的过程。

二者互为因果，形成恶性循环，加快了人体的老化，使人体过早地失去了健康，遭受疾病的折磨。因此，排毒对于每个人延缓衰老，保持健康都是必要而适用的。

## 排毒解毒与调补美容

中医理论认为，人体体内各种毒素的排出关键在于通，保持体内各种生物管道正常的生理机能，使之发挥良好的排毒作用。“通则不病，病则不通”，通过调理机体各个管道的机能，达到排毒通畅，使之阴平阳秘，气血调和，五脏功能协调正常，六腑血脉、九窍通畅，以利于化解、中和、转化体内外来、内生的多种毒素，从而避免多种疾病的发生，以达到健康美容。以美容为例，中医传统理论认为，人在健康、正常的生理状态时，面部光明润泽，容颜细腻红润，表明人体精神气血津液的充盈与脏腑功能协调正常。因为皮肤也是人体排毒管道之一，反应人体的健康状况，当机体内排毒管道不通，排毒不畅时，毒就会存于体内，损害各脏腑功能，“有诸内必形之外”，皮肤作为人体的一个最大的器官，重要的排毒管道，也必将深受其害。也会因此产生诸如痤疮、色斑、皮肤干燥、失去弹性等多种疾病和不适。此外，延缓皮肤的衰老、美容更是一个全身性的问题，因为皮肤的健康与否，时时刻刻反映着机体的健康状况，全身健康情况不好，皮肤当然不会好，精神萎靡不振的人大都会面容枯槁，形色晦暗。

> 但绝非纯补、壅补，其核心是在排的基础上补，补的基础上排，要补得适当、排得合适。

所以只有做到调整全身的机能状态，打通机体内排毒管道，使毒素排出通畅，恢复机体的正常功能平衡，才能达到养颜美容，健康美容的新状态。在此理论基础上，针对毒对机体产生的危害，我们提出了排毒解毒、调补养生、养颜美容的健康美新理论，并在实践的基础上摸索出排、补法。排是打通机体内排毒管道，补是因为外来之毒和内生之毒进入人体后易伤精耗气，可对人体造成多种损害，使机体正气受损，脏腑功能失调、失养，并降低人体抵抗力与对外界环境的耐受力，而采取的一种特殊的补益方法。但绝非纯补、壅补、其核心是在排的基础上补，补的基础上排，要补得适当、排得合适。两者有机结合为一个整体，共同作用以打通人体内的排毒管道，提高人体的免疫力以及人体自身的排毒解毒能力，从而达到排毒解毒、调补养生、养颜美容的新状态。

## 激活人体排毒系统

嘴里的溃疡日渐扩大、额头上的痘痘红得发亮、上厕所的时间越来越长……是的，你已经“毒债”超标。关于排毒我们已经听得太多，你准备如何化解毒素危机，靠药物、洗肠、还是手术？其实，人体自有一套动态、立体、完善的排毒系统，只要给予他们充分援助，你就能打一场漂亮的“排毒战役”！

### 大脑

大脑虽不是直接的排毒器官，但精神因素严重影响着排毒器官的功能，尤其压力和紧张会制约排毒系统运作，降低毒素排出的效率。

援助方案：保证充足的睡眠，放松心情，给大脑减压。

### 胃

胃的主要功能虽然是杀死食物中的病原体并消化食物，但偶尔也兼职排毒，通过呕吐迫使体内毒素排出。

援助方案：不要空腹吃对胃刺激大的过酸、过辣食物。尽量规律用餐，保证胃的健康。

对于女人，尤其是爱哭的女人，眼睛的排毒作用发挥得淋漓尽致。

### 淋巴系统

淋巴系统是除动脉、静脉以外人体的第三套循环系统，充当着体内毒素回收站的角色。全身各处流动的淋巴液将体内毒素回收到淋巴结，毒素从淋巴结被过滤到血液，送往肺脏、皮肤、肝脏、肾脏等被排出体外。

援助方案：每天洗 10 ~ 15 分钟温热水浴，以促进淋巴回流，天冷时可每天用热水泡脚代替。

### 眼睛

对于女人，尤其是爱哭的女人，眼睛的排毒作用发挥得淋漓尽致。医学专家证实，流出的泪水中确实含有大量对健康不利的有毒物质。

援助方案：很少流泪的人不妨每月借助感人连续剧或切洋葱让你的泪腺运动一次。哭完后别忘了补充水分。

**肺脏**

肺脏是最易积存毒素的器官之一，因为人每天的呼吸将约1000升空气送入肺中，空气中漂浮的许多细菌、病毒、粉尘等有害物质也随之进入到肺脏，当然，肺脏也能通过呼气排出部分入侵者和体内代谢的废气。

援助方案：在空气清新的地方或雨后空气清新时练习深呼吸，或主动咳嗽几声帮助肺脏排毒。

尿液中毒素很多，若不及时排出，会被重新吸收入血，危害全身健康。

**肝脏**

肝脏是人体最大的解毒器官，它依靠奇特的解毒酶P450对食物进行加工处理，将食物转换成对人体有用的物质，然后吸收，但食物中的某些毒素却可能留存下来。

援助方案：练习瑜伽。瑜伽是顶级的排毒运动，通过把压力施加到肝脏等器官上，改善器官的紧张状态，加快其血液循环，促进排毒。

**皮肤**

皮肤受“内毒”影响最明显，但也是排毒见效最明显的地方，是人体最大的排毒器官，能够通过出汗等方式排除其他器官很难排出的毒素。

援助方案：每周至少进行一次使身体多汗的有氧运动。

**肾脏**

肾脏是人体内最重要的排毒器官，不仅过滤掉血液中的毒素通过尿液排出体外，还担负着保持人体水分和钾钠平衡的作用，控制着和许多排毒过程相关的体液循环。尿液中毒素很多，若不及时排出，会被重新吸收入血，危害全身健康。

援助方案：充分饮水。不仅可稀释毒素在体液中浓度，还促进肾脏新陈代谢，将更多毒素排出体外。特别建议每天清晨空腹喝一杯温水。

**大肠**

食物残渣停留在大肠内，部分水分被肠黏膜吸收，其余在细菌的发酵和腐败作用下形成粪便，此过程会产生吲哚等有毒物质，再加上随食物或空气进入人体的有毒物质，粪便中也含有大量毒素。和尿液一样，若不及时排出体外，毒素也会被身体重吸收，危害全身健康。

援助方案：养成每日清晨规律排便的习惯，缩短其在肠道停留时间，减少毒素的吸收。多吃粗纤维食物可以促进肠蠕动，防止便秘。

## 你今天排毒了没有

虽然科技日益发展，但我们所处的环境却越来越危险。即使在日常生活中，我们的身体也在被诸如杀虫剂、食物添加剂、高脂肪食物、空气中的有毒排放物、清洁剂、咖啡因以及酒精等毒素不停地侵蚀着。营养专家认为，平常医生都会忽略这些毒素，但这些毒素却正是头痛、视力、听力下降、体味、肌肉疼痛甚至疲倦、心情不佳的原因。排毒食谱号称能有效地帮助身体清除毒素，还你一个清洁、健康的身体，另外还能有快速减肥、活跃新陈代谢等“副作用”。的确如此吗？就让我们看看营养专家是如何说的。

还你一个清洁、健康的身体，另外还能有快速减肥、活跃新陈代谢等“副作用”。

## 什么是排毒食谱

排毒食谱可以包括许多种食物，但主要包括：有机水果、蔬菜、糙米和水；决不能进食的包括咖啡因、糖、肉、罐装食品、日常食物、酒等。遵循有机食谱的时间可以从两天到一个星期不等。

那么，我们应该选择排毒食谱吗？没有任何一种食谱是完美无缺的，虽然排毒食谱也有各种负面效果，但是，比较可行的一种建议是：遵循两天的排毒食谱计划。因为这样既能获得排毒饮食带来的好处：更新身体系统，矫正你不良的生活习惯，控制体重，改善皮肤和发质；又能避免排毒饮食的负面效果，保证营养均衡。

## 两天的排毒食谱

应该包括的食物：

蔬菜和水果，包括任何新鲜蔬果或加工成果汁、蔬菜汁——激活肝脏功能，提供抗疾病的抗氧化剂以及调节肠胃的纤维；

蔬菜和水果，包括任何新鲜蔬果或加工成果汁、蔬菜汁——激活肝脏功能。

麦片粥、糙米、米线、或这些材料制成的糕点——提供能源、矿物质、维生素B和纤维，保持肠胃健康和维持稳定的血糖水平；

新鲜鱼，未加盐的干果——为身体提供蛋白质、重要的脂肪以及释放能量的维生素B和镁；

新鲜的天然酸乳酪——提供蛋白质、骨骼需要的钙质以及帮助肠功能的细菌。

橄榄油、醋、黑胡椒、大蒜、生姜和蜂蜜——提供抗氧化剂，为你的食物提供天然调料；

至少两升饮料，可以是矿物质、果汁或草本茶——充足的水分能加快身体的排泄。

**第一天：**

早餐：用水果润滑肠胃——一杯果汁，加上一杯新鲜酸乳酪，可以加蜂蜜调味

新鲜的天然酸乳酪——提供蛋白质、骨骼需要的钙质以及帮助肠功能的细菌。

午餐：一大碗扁豆蔬菜汤，以褐米、麦片或这些材料制成的糕点为主食

晚餐：加入各种调味品以及各种蔬菜的米线。你还可以用切成片的芒果或柠檬做饭后水果。

**第二天：**

早餐：麦片粥、可以加香蕉或葡萄干以及新鲜酸乳酪

午餐：加入各种调味品和蔬菜的褐米饭，你还可以加一点干果

晚餐：或烤或煎的鱼，你可以依据个人喜好加入各种调味品和蔬菜；可以把南瓜籽饭当成主食，做法如下：将洋葱、姜和南瓜籽炒热，加入西红柿、挪菜等各种蔬菜以及熟的褐米。饭后的水果可以用加了草莓的桔汁来代替。

零食：水果沙拉——每天早上可以准备一大碗，在这天里，时不时地吃一些。

## 全面排毒3部曲

说到“发泄”这个词，近几年美容界给它起了个时髦的名字：“排毒”，原因和我们身体的自体免疫能力——淋巴系统有关。淋

巴系统负责对抗外界有害物质的侵入，并且将身体因新陈代谢所产生的废物排出体外，这个功能也就是所谓的“排毒”。现代人由于生活形式的大幅改变，不仅在饮食中摄取了大量的人工化学添加物质，还因空气质量的日益恶化而吸入过多的有害气体，此外生活中的紧张焦虑和烦躁压力也增加了负责清除垃圾的淋巴系统负担。

除去这些所谓的“文明负担”不说，更糟糕的是现代人由于四体不勤缺乏劳动，肌肉的运动量已远远不如从前。殊不知淋巴循环和血液循环不同，它的流动完全仰赖肌肉的收缩，并没有获得像心脏一样的压缩机来帮助流动。因此现代人在如此这般内有负担、外无外援的交相催逼之下，淋巴循环的阻塞是意料之中的事。

以往美容专家总说：“皮肤是身体的镜子”，惟有保持健康的身体才能拥有美丽的皮肤。

至于淋巴循环一旦受到阻塞迟滞不前所带来的后果，在皮肤的表现是肤色暗沉缺乏光泽、脸部外廓满布细小颗粒、青春痘久发不愈、眼袋浮肿积水等现象。在身体的表现是下肢肥胖水肿、乳房萎缩下垂、局部皮肤粗糙凹凸不平、两腿容易疲乏酸疼等症状。精神和情绪也会因淋巴堵塞减缓血液循环而造成影响，典型的症状是疲倦烦躁、头晕头疼、肩颈僵硬，这些症状也就是医学上所谓的“慢性疲劳证候群”。

近年来SPA的兴起正是因为它提供了现代人最需要的“减压”和“排毒”的护理服务，但是如果我们单纯的以为到DAY SPA做几个减压排毒疗程就能够达到净化身心的目的未免过于乐观。以往美容专家总说：“皮肤是身体的镜子”，惟有保持健康的身体才能拥有美丽的皮肤，但是现在美容专家们又在这句话后面加了下一句：“皮肤是身体的镜子，而身体则是心灵的镜子”。因此随着SPA美容护理的盛行，心灵疗法也成为追逐美丽的方法。

在心灵疗法中最重要的方法就是“发泄”，也可以说是“清仓”，其实就是把一些负面的、消极的、瘀塞的思维习惯和生活方式倒掉，像淋巴系统把毒素和废物排出体外一样。心灵疗法专家们提供了有效的排毒三步曲 Detox Your Life：Detox Your Emotions；Detox Your Lifestyle；Detox Your Home。把思维上的、身体里的以及居家生活中的废物打扫干净。就像在仲夏夜里，围着沸腾的麻辣火锅一样，把所有的不痛快一股脑地伴着大汗淋漓随风而逝！

## 情绪排毒

试着享受你的工作，在工作中获得成就。如果目前的工作压力真的让你喘不过气来，或是成就感低落，人际关系恶劣，那么就考虑换个环境好了！

学会释放情绪。不要把忧伤、罪恶感、愤怒或害怕放在心里，如果你让这些负面的情绪隐藏在心里并随着时间越埋越深，日子久了这些负面的情绪会影响你的思维方式和面对生活的态度。

找些好朋友。当你遇到困难时，有好朋友可以倾诉吗？还是你永远是那个让人倾诉哭泣的肩膀？在朋友和家人需要关怀的时候提供支持是必要的，但不要永远只扮演支持者、聆听者的角色，请试着换个角度靠在别人的肩膀上哭一会儿！

不要把忧伤、罪恶感、愤怒或害怕放在心里，如果你让这些负面的情绪隐藏在心里并随着时间越埋越深。

检视你的情感关系。如果你一直为一段感情关系所苦，反反复复地折磨着你的精神和情绪，那么找个夜阑人静的时候，想想你是不是真的需要这段感情，如果答案是肯定的，就积极勇敢地去改变他；如果答案是不确定的，那么就让他走吧！

找点乐子。看看喜剧片，找个有趣的朋友聚聚，敞开嗓门大笑，放开喉咙高歌，管他别人怎么说，我自己先乐了最重要。

学会说“不”。当你说“是”的时候，是因为你真的愿意或是你真的理解。如果你的“是”仅仅因为害怕得罪别人或失去朋友，那么就诚实地说“不”吧！

## 生活排毒

坚持做运动。选一个你最喜欢的运动方式，慢跑、疾走、散步、游泳、健身操、瑜珈、太极拳都可以。运动不仅帮助身体的获氧率增加，还能加速排毒工作的速率。

每天早上起床之后，立刻喝一杯加了新鲜柠檬片的热水，将昨天积存在体内的残渣废物做一个总清理。

宝贝自己。每星期花几个小时好好地宠爱自己，让身体和心灵都处在最佳的状态。可以调一些自制的身体去角质产品，配方是：一把浴盐加上一汤匙的甜杏仁油，好好地搓拭身体尤其是酸疼僵硬以及干燥粗糙的部位。接着泡一个芳香精油排毒浴，柠檬、柏树、薰衣草、葡萄柚、杜松都是很好的排毒精油，可以选择其中一种加 8~10 滴滴入浴缸，浸泡至少 20 分钟。

清仓排毒饮料。每天早上起床之后，立刻喝一杯加了新鲜柠檬片的热水，将昨天积存在体内的残渣废物做一个总清理，热柠檬水除了是最好的排毒水之外，也是最好的酸碱平衡水。

## 爱家排毒

焕然一新。身体和心灵需要常常清仓更新，你的住处也一样需要“排毒”。有没有已经过期不会再看的杂志、旧报纸，或是早已不穿的旧衣服、旧鞋？每个星期给自己设定一个“清仓日”（或“清仓时”）把家里打扫一遍，即使是动动杂志堆积摆放的位置都能够帮助空气的流动。

改用无污染的清洁用品。许多清洁剂里含有香料、染剂等人工合成化学成分，这些成分有可能引致皮肤或呼吸道过敏。更换清洁用品时，留意是否有可回收或环保的标识再买。

> 蔬菜中膳食纤维含量为1%～2%，平时如果能适当注意增加蔬菜的摄入量，即可满足人体对膳食纤维的需要。

略施魔法。西方人非常相信房子也有灵性，因此有些小小的魔法可以帮助房子排毒增加能量。此处引述一二，姑且听之。

摆放水晶装饰。据称水晶不仅能净化室内空气，还能赶走负极气体增加室内的正极能量。最好放一个水晶在浴室里，可以同时净化你的身体、心理和心灵。

每天早上在室内的每个角落“击掌”几下，掌声能驱走瘀塞在角落里的消极思维和负极能量。

## 春季给身体做个“扫除”

人体不但要遭受环境污染带来的毒素，自身也因不良饮食习惯产生有害物质，如新陈代谢紊乱或过量摄入脂肪、糖等，都会损害脏腑功能，造成腹胀、厌食、便秘等病症，皮肤也粗糙、晦暗，甚至产生痤疮、色斑等。

科学家提醒人们，一到春天，人体内积存下来的废物就会现出“原形”，伤害肌体健康。春季来临，应尽早进行体内大扫除，为一年的健康奠基，体内大扫除要用好“三把扫帚”。

1. 物理扫帚

主要是膳食纤维，包括纤维素、半纤维素、果胶等。它们具有独特的物理特性，能像海绵一样，吸附肠道内的代谢废物以及随食物进入体内的有毒物质，并及时排出体外，缩短有毒物质在肠道内的滞留时间，减少肠道对废毒物质的吸收。同时，它们又像一把刷子，可清除黏藏在肠壁上的废毒物质和有害菌，使大肠内壁形成光滑的薄膜，利于食物残渣快速通畅地排出体外。要用好“物理扫帚”就要注意补充膳食纤维，一般地说，蔬菜中膳食纤维含量为1% ~2%，平时如果能适当注意增加蔬菜的摄入量，即可满足人体对膳食纤维的需要。

蔬菜中膳食纤维含量为1% ~2%，平时如果能适当注意增加蔬菜的摄入量，即可满足人体对膳食纤维的需要。

2. 化学扫帚

主要是指抗氧化剂，如维生素E、维生素C、胡萝卜素、类黄酮等。维生素E是最重要的自由基清除剂，能阻止脂质的过氧化作用。防止动脉粥样硬化导致的卒中和心肌梗死。维生素C有多种抗氧化特性，并可去除有氧化作用的空气污染物的毒性。随着年龄的增长，人体的自由基清除能力有所下降，这时需要补充一定的抗氧化剂，以延缓衰老和维护健康。蔬菜富含维生素C、维生素E等，有助“化学扫帚”功能的发挥。每100克蔬菜维生素C含量在40毫克以上的有萝卜缨、甜椒、油菜、花菜、甘蓝、苦瓜、西洋菜、绿花菜等。

### 3. 生物扫帚

指抗氧化酶以及居住在肠道内的益生菌。在酶类清除剂中，最出名的是超氧化物歧化酶、过氧化氢酶、谷胱甘肽过氧化物酶等。由于体内抗氧化防御机制并不完全有效，因此也需通过膳食补充。

大蒜是超氧化物歧化酶含量丰富的蔬菜。另外，红色、紫色蔬菜像紫甘蓝、紫菜尖、红豇豆、红皮萝卜、心里美萝卜等，它们都具有较强的抗氧化功能。居住在肠道内的益生菌能抑制腐败菌的孳生，抵御病原菌的侵害。经常喝点酸奶能补充益生菌，可以更好地发挥生物扫帚的功能。

清除体内垃圾，还要注意少饮咖啡、可乐及其他含咖啡因的饮品，尽量戒烟戒酒。人体毒素排出之后，还要及时调理气血，使新陈代谢及内分泌正常。

## “排毒”五问

近年来，“排毒”成了我们生活中极重要的一个词。似乎女士不“排毒”就无法娇美，须眉不“排毒”就难保阳刚，老年人不“排毒”就会折寿……而各种打着“排毒”旗号的产品也纷纷登场，时不时地在广告里提醒着你：“今天你排毒了没有？”

“排毒”真的很神奇吗？“排毒”对我们真是那么重要吗？“排毒”是不是就是洗肠吃药？事实上，“排毒”绝不是有些人想象的那样简单。

### 1. 什么是“毒”

“排毒”，那么“毒”究竟是什么呢？一言以蔽之：所谓“毒”，其实就是指我们人体的代谢废物。

中医认为，对人体有害的皆为“毒”。“毒”通常分两种：一种是体内的毒，指脂肪、蛋白质、糖等物质在代谢过程中产生的废物。体内代谢产物——食物经过消化分解后，会有尿素等物质产生，皮肤状况的改变与之有着直接的联系。此外，还有压力——人体的精神毒素，它可以使人体无法正常排出其他毒素，导致整体失控。另一种是外来的毒，指外部环境的大气、水、饮食中所含的侵害人体的毒。细菌、病毒等微生物通过呼吸、食物、皮肤等途径进入体内，直接对人体器官和免疫系统产生损害。瓜果蔬菜上的残存农药进入体内，会对人体造成伤害，危害肝、肾、心脏等器官。环境污染可使我们体内的重金属超标，同样会影响人体脏器的健康，甚至危害神经。

> 人体通过粪便、尿液、出汗等途径及时地把这些东西清除出身体。

### 2. 什么是“排毒”

中医所谓“排毒”，就是打通人体的管道，排出毒素。人体绝大部分的毒素来自于体内自身的新陈代谢，产生出各种各样人体所不需要的废物，比如含有大量废弃物和胆汁的粪便、含有尿素等代谢产物的尿液等等。消化管道是人体的主要吸收、排泄管道，同时它也是人体重要的排毒管道之一。人体通过粪便、尿液、出汗等途径及时地把这些东西清除出身体。此外，人体还可以通过呕吐、咳嗽、腹泻等非正常“排毒”方式把体内毒素排出体外。

### 3. “排毒”需要吃药吗

人体本身就具有强大的“排毒”能力，排便、排尿和出汗就是“排毒”。绝大多数情况下，只要人体自身机能运转正常，完全可以依赖自身“排毒”机能将毒素排出体外，无需以外力加以“排毒”。现在社会上有些人将“排毒”理解为服用“排毒”药物，这是片面和不正确的。而且长期依赖药物“排毒”也不一定有好的效果。如果确实需要通过外力“排毒”,一定要找出“毒”在何处,然后根据自身具体状况,在医生指导下有针对性地进行“排毒”,且要量力而行。

人体本身就具有强大的“排毒”能力,排便、排尿和出汗就是“排毒”。

**4.“排毒”能养颜美容吗**

社会上关于“排毒”可以美容的说法没有科学依据。影响容貌的因素多种多样,如气滞血瘀、气血不足、湿热较重等等,都可能影响容貌。要美容,关键要辨证施治,要找出影响容貌的原因,比如是否精神压力太大、营养不合理,还是月经不调,这样才能有针对性地调理气血、补益肝肾,达到由内至外的美丽。

另外,中医药中的所谓“排毒”药大多属苦寒之物,易伤脾胃,影响人体吸收营养,长期服用不仅达不到美容目的,而且越吃面容越憔悴。

因此,美容的方法多种多样,养成良好的生活习惯、饮食习惯至关重要。

**5. 如何“排毒”**

专家们一致认为,“排毒”主要靠合理的饮食和适量的运动。如果精神压力大,必然会影响人体有“排毒”功能的器官正常运行,导致体内产生毒素;如果饮食结构不合理,过多地摄取油炸、油腻的高脂肪食物,使肠胃运动缓慢,也会影响毒素的排出;而生活的不规律,会使人体的“排毒”机能无法按时操作,可直接导致人体“排毒”机能的下降。

有没有简便易行的“排毒”法呢?有位专家说:“少言多动,少荤多素,少盐多醋。”这就是说,要想“排毒”,就要多吃蔬菜、水果和杂粮,少食高脂肪食物,以便帮助化解和排出毒素,同时还要多喝水,保持大便通畅;另外,要加强运动,适当地跑跑步,出出汗,以达到“排毒”的目的;更重要的是,一定要保持心情舒畅,保证充足睡眠。

专家们说,选择科学的生活方式,比单纯吃“排毒”药更有意义。

## 我们身边潜伏的毒素

这段日子就像染上毒瘾一样,肾脏和肝脏每天忙不停地清除饮食与呼吸累积下来的黏腻负担:附着在水果上的农药与杀虫剂、弥漫在烟尘中的金属成分、加工食品里的农药和坏脂肪,还有接触家庭清洁用品后残留的化学混合物质……听起来相当可怕,但这些还不是全部,在我们的身边还潜伏着不少毒素:

**烟草**

烟草对身体的伤害是在无声无息中进行的,也正因为如此,人们更容易将它的危险视而不见。我们只顾着诅咒可恶的尼古丁,却不甚了解,这根白色的小棍棍里除了尼古丁还有上百种“生化武器”在密谋着一起颠覆健康的和平演变。

> 如果饮食结构不合理,过多地摄取油炸、油腻的高脂肪食物,使肠胃运动缓慢,也会影响毒素的排出。

**脂肪**

我们听过太多关于脂肪的蜚短流长,事实上,与碳水化合物、蛋白质一样,脂肪对我们健康的身体也有着责无旁贷的作用。在每日摄取的总热量中,脂肪占 1/3 左右才是健康的比例。

**酒精**

酒是致癌物的溶剂,长期大量饮酒可使体内营养处于不平衡状态,这是诱发肿瘤的内在环境。维生素 B 族元素 folate 具有阻止体内脱氧核糖核酸(DNA)变异并致癌的功用,但酒精可减少体内 folate 的含量。如果你注意从日常的饮食（绿叶菜、豆类等）中摄取足量的 folate，那么，每天一小杯酒可视为安全的，再多就危险了。

盐里的钠过多，会降低身体内部的钾含量，引起精神不振、昏昏欲睡。

**咖啡因**

很多人习惯借助大量的咖啡和茶来消除疲劳感。医学研究表明，这样只能加重细胞损伤，对身体造成更大的伤害。因为咖啡因要 12 个小时才能排出体外，大量的咖啡因在使你短期内精神亢奋的同时也阻碍了你的身体对多种维生素和矿物质的吸收，妨碍血液运行，随后出现的疲劳感会更严重。

**盐**

盐是维持人体内部液体平衡的基本物质，但是，绝大部分我们所吃的食物中，都已经有足够的盐。盐里的钠过多，会降低身体内部的钾含量，引起精神不振、昏昏欲睡。过多的摄入盐分会导致闭尿、闭汗、引起体内水分堆积，从而使毒素滞留在体内。

**方便食品**

这些方便食品只不过是一堆充满了脂肪与糖的东西而已，其中还充斥着一堆吓人的防腐剂，人工添加剂。你惟一可以确定的就是：毫无营养价值。

**糖**

糖是我们身体能量的来源，但它同时也会堆积过量的卡路里。糖的营养成分不但很低，还要劳动你体内的其他营养成分去分解代谢它，所以许多现代病：冠心病、糖尿病、肥胖，似乎都与糖有着千丝万缕的联系。

**空气污染**

人类 68% 的疾病是由于环境污染造成的，我们的空气中有高达

300种有毒气体和烟尘，对人类的健康造成威胁。汽车尾气、空气中传播的病菌、合成地毯、复合地板、家庭清洁用品，它们释放出来的毒气会引起过敏、癌症等疾病，严重威胁着健康。

**家用电器、电脑、手机的电磁辐射**

过多的家用电器的辐射会对人体脑部、神经系统造成损伤，使人变得孤僻、易怒。它能引起头痛、失眠等症状，而且也是导致女性内分泌失调的原因。

> 现在吃到的农产品，都可能被喷上农药及化学肥料，或是其他现代工厂式农业所用的含“毒”物质。

**农药与化学残留物**

近十年来，农业的手段早已改变。你现在吃到的农产品，都可能被喷上农药及化学肥料，或是其他现代工厂式农业所用的含“毒”物质。当农药污染较重，进入体内的农药量多时可出现明显的不适，如乏力、呕吐、腹泻、心慌等症状。

**快节奏生活的压力**

处在压力之下的心灵对你的身体同样有害，就像它处在一个受到空气污染的大环境下一样。当你感到压力大时，你的身体就要忙着对付这些有“毒”的射线。

## 人体内毒素是怎么来的

“你好毒，你好毒，你好毒”，CD机中张学友在咿咿哇哇地唱着，现代社会的“毒”是不是早让我们每个人都变得好“毒”？肠胃老是闹别扭、口臭、痘痘、过度肥胖，被人喊成“毒王”、“毒后”也真是太可怕了。

## 真的有那么多毒吗

为此记者采访了广东省中医药学会的金世明医学硕士。金医生认为，人只要和外界接触，例如吃入食物，就有废物产生，就会有毒素，中医称之为"糟粕"。

关于毒，金医生说，西医与中医对之定义不同。西医的解释非常抽象，就如我们《现代汉语词典》中所释义的："'毒'是进入有机体后能跟有机体起化学变化，破坏体内组织和生理机能的物质。"

人在一生的过程中，无论体内体外，都难以预防与"毒"的不期而遇。

而中医所说的"毒"范围要更广泛，广义的"毒"包括新陈代谢产生的所有对人体不利的物质，这包括脂肪、蛋白质的代谢物以及由外界经口鼻、皮肤进入人体内的有害物质。《中医诊断学》所述的"毒"一是指具有强烈传染性的特殊病因，即疫疠之气，又名毒气，如麻毒、疫毒；二是指某些有特殊毒性作用的病因，如蛇毒、食毒、虫毒；三是指邪盛病重之证候，如热毒、火毒、湿毒等；四是外科疮疡类疾病，如痈、疽、疔、疖等。

无论是西医理论还是中医理论，我们不难得出，人在一生的过程中，无论体内体外，都难以预防与"毒"的不期而遇，即使体外的毒素也可能已经通过某些渠道进入了人的身体内，成为了内在毒素。

## 毒究竟从哪里来

金医生认为，就像我们平时一定要吃东西一样，人类很难不与外界接触，于是"毒"就来了。毒的来源主要有三种渠道：

### 1. 先天爸妈给的体质

当一颗卵子和一粒精子相遇后，结合成为胚体，带着来自精子和卵子的遗传基因，这便形成了个人的先天体质，中医根据阴阳五行学说，便把人的体质分为阴虚型、阳虚型、气滞血瘀型、痰湿型、气血两虚型。阴虚型、阳虚型、偏热型体质容易生湿。

### 2. 从饮食得来

张女士常常觉得很尴尬，因为每次进食后，都很容易放屁，而且放的屁又响又臭，搞得她老被人以厌恶的表情对待，这令她既苦恼又不是滋味：我也不想这样啊！

很多人都有放屁的体会，特别是爱肉人士。当吃肉太多，而大便又不很通畅时，就容易放臭屁，这其实也是一种无可奈何的排毒方法。肉类会分解对人体无益的二氧化硫等代谢物，当之无法随粪便排出体外时，便随着屁的释放离开人体。

> 人类是生活在自然环境中，由于环境污染日趋加重，人体内环境污染也随之加重。

中西医均认为，人类在进食后，食物进入体内，消化分解出来的有用物质会被吸收，无用物质或有毒物质便形成大小便，等待排出体外。如果大小便不能及时排出体外，对身体都是有害的。

金医生说，中医强调的排毒是从大小便通畅着手。他认为，一般来说，两日没有大便即可称之为便秘，便秘会使大便中的水分及有害气体被肠腔再吸收，这对人体是有害的，即使肝脏对这些有害物质可再做一次解毒，但也无形中加重肝脏负荷，进而影响到肝脏的功能。经调查发现，每天大便2次的人寿命更长，是因为及时排出了体内废物，使血中有害物质减少的原因，所以说大小便通畅对维持人体健康起着极为重要的作用。

### 3. 从环境得来的

生活习惯和环境对一个人的身体影响也很大。人类是生活在自然环境中，由于环境污染日趋加重，人体内环境污染也随之加重。自然环境中空气和食水的污染、细菌、病毒、化学农药、重金属污染、洗洁用品等家用品的污染，都会加速积聚身上的毒素。

对于生活在大城市中的人，紧张的生活往往会影响一个人的神经系统，进一步影响到新陈代谢。新陈代谢不佳的情况下，人体自然容易吸收了本不该吸收的毒素。

## 毒来物一览

1. 烧焦食物：如烧烤过的食物；
2. 高温烹调的食物；
3. 腐败食物；
4. 已发芽的食物：注意马铃薯、花生等有无发芽；
5. 食物添加剂；
6. 漂白过或含色素、防腐剂、糖精的加工食品：漂白过的开心果、雪耳、腌制零食等；
7. 制作不洁的发酵食物：如臭豆腐；
8. 用回锅油煎炸的食物：如油条、炸鸡等。

> 人类是生活在自然环境中，由于环境污染日趋加重，人体内环境污染也随之加重。

## 夏日话排毒

人每天接触来自外界的有毒物质有37种，人体内产生的代谢废物达22种，毒素的“内外夹攻”，加上生活不规律、饮食不节、排便不畅等因素，就会严重影响人体的健康。

一个成年人每日需要喝2公斤以上水，吃1.2公斤食物，这些水和食物中的营养成分被人体吸收后，剩余的食物残渣、防腐剂、农药残余、药物分解物、尼古丁、酒精、细菌……加上体内大量的代谢物（尿酸、硫化氢、神经毒碱），组成了“体内垃圾”即内毒。现代健康面对最大的挑战就是有效地抵御外毒和排出体内的内毒。

## 欲得长寿，肠中常清

在正常生理状态下，人体自身有一套动态的、立体的、完善的排毒系统，最主要的“通道”就是肠道。现代医学研究也证实了人体衰老与肠内毒素的产生与积存直接相关。正常生理状态下，大多数毒素可通过肠道排出体外；但还有一部分会留存体内。特别是当身体处在疲劳、饮食不当、睡眠不足、生病或用药不当等状态时，容易导致毒素排出受阻。

如果肠道内有害细菌占上峰，肠内残留物腐败现象加剧，部分毒素和腐败物质被肠黏膜吸收后，直接参与体内的生理代谢，干扰内分泌、神经、免疫等系统的功能，也会导致肝、肾功能受损，诱发习惯性便秘、肝炎、癌症、高血压、心脏病、肥胖症、糖尿病、痤疮等，使人精神不振、头痛、腹胀、口臭、体臭、皮肤粗糙、出现斑纹、面色晦暗，让衰老提早到来。古人云“欲得长生，肠中常清；欲得不死，肠中无滓”就是这个道理。

> 人类是生活在自然环境中，由于环境污染日趋加重，人体内环境污染也随之加重。

## 排毒不畅，损毁容颜

肌肤滋润、容颜美丽是每个人的追求，特别是年轻女性。但是我们往往只注意体表美丽，忽视了体内“环保”。各种毒素在细菌作用下产生的大量有毒物质（如苯丙吡咯、氨等）当排出受阻时随着血液循环危及全身；还会转而通过皮肤向外渗溢，使皮肤变得粗糙，出现痤疮、雀斑、黑斑、口臭、体臭、唇疮、皮疹等一系列自我中毒症状，破坏肌肤健康和容颜美丽。

## 排毒不畅，造就肥胖

体内“拥堵”一定会引起肥胖，而且这种肥胖是“向心性”的，即中间大两头小，状如枣核。这是因为废物久存体内，又被人体重新吸收，形成多余脂肪，引起肥胖。另外，肠内垃圾不排，在腐败细菌作用下产生大量的气体，使腹部体积增大，腹围加大，久之，腹部肌肉松弛，腹部前凸形成向心性肥胖。

## 体内“畅通”也要“提速”

认识到现代文明带来的“不畅”因素，我们应该积极投身体内“环保”。目前的主要方法有口服泻药、润滑剂、手术治疗及补充膳食纤维。

> 对肝脏的毒性较大；“润滑剂”如石蜡油等，长期使用会妨碍脂溶性维生素的吸收

### 1. 口服泻药、润滑剂、手术治疗的利弊

“泻剂”通过药物刺激肠蠕动而发生作用，常见有大黄、番泻叶、酚酞（果导片）、蓖麻油、麻仁润肠等。这些药主要成分为蒽醌，可引起结肠黑色素病，有时可因刺激太强引起腹痛，甚至严重绞痛，可造成月经紊乱和流产，故月经和妊娠期禁用。另外，长期服用可致人体水电解质紊乱，酸碱失衡等，或引发顽固性便秘。“机械性泻剂”多为盐类泻剂，如硫酸镁、硫酸钠，这类泻剂可致脱水；“软化剂”如辛丁酯酸钠（钙），对肝脏的毒性较大；“润滑剂”如石蜡油等，长期使用会

妨碍脂溶性维生素的吸收；还有“动力性泻剂”及其他泻剂（甘汞、芦荟、牵牛、巴豆、硫磺等），皆因副作用大或疗效不确切，已基本不用。手术治疗的适应范围也极小。

**2. 科学排毒**

唯一比较科学的方法是补充可溶性膳食纤维，它不仅可为人体自身净化系统提供独特的营养，还是该系统排出人体代谢废物的唯一载体物质，被誉为与蛋白质、脂肪、水、无机盐、微量元素和维生素齐名的七大营养素之一。可溶性膳食纤维主要来源于蔬菜、水果、杂粮。它如同一把刷子，全面刷洗黏附在肠道皱折内的废物毒素，使有害病菌寄生的可能性大大减少，并维持着肠道内微生态的平衡，减少机体对多余脂肪、胆固醇、糖份的吸收，有助于防止肥胖、糖尿病、结石、心脏病、肿瘤、高血压等现代文明病的发生。补足人体每日必需的可溶性纤维素，是提高人体自身净化能力的最有效途径。夏日排毒养颜最好途径是多食新鲜蔬菜、水果。

## 秋天做好排毒全面准备

很多人会感觉到肌肤的变化，紧绷、无光、缺水，甚至出现了斑块，专家说这些现象是肌肤因换季而产生的毒素，仅仅靠补水保湿的方法并不能完全改变。

在夏天转为秋天之后，肌肤的新陈代谢开始转慢，盛夏的骄阳和潮湿让一些问题潜藏起来，慢慢堆积在肌肤表面排不出去，或者排出的速度较慢，在进入秋天之后，这些问题就显现出来，例如肤色晦暗、干燥缺水，甚至出现色斑。

让我们一起来为秋天的肌肤寻找一套全新的排毒方案吧！

**为肌肤请个 24 小时的清道夫**

让肌肤免于毒素伤害最积极的方法就是寻找一件适合它的护肤品，成为全天的清道夫，即安全又方便。寻找这些产品一定要先看看产品成分，一般会含有能使皮肤中的蛋白质和脂质免受污染的最有效物质——抗氧化物；银杏提取物也具有很好的抗氧化作用；此外，绿茶、葡萄核、维生素 E 和 B 维生素等一系列活性植物的提取物也是很好的抗氧化成分，许多化妆品中都加入了这类物质。最近几年，有关专家又发现椴花、人参、玉米、藻类等也是很优秀的抗氧化成分。

**洗脸排毒**

先用温水洗脸，接下来用冷水冲 30 秒，再用温水洗，再用冷水冲，冷热交替的洗脸法，能够促进血液循环，也是促进排毒的小诀窍。

> 分子细到可以作用到血管与淋巴的精油，只要用的对就可以将滞留在身体的二氧化碳及不好的物质代谢出来。

**沐浴滤杂质**

现在越来越多的人对浴盐有了兴趣。五颜六色的水晶颗粒，不仅有着华丽的“外表”，还有与众不同、无法估量的“内涵”。不同的浴盐散发着不同的“味道”，不同的颜色具有不同的功能，舒缓疲劳、松弛神经、安抚情绪。缺水紧绷的肌肤经过二十分钟的浸泡会变得清澈透明。

**善用精油**

有毒的身体一般为酸性，唯一可以帮助排毒的就是精油。分子细到可以作用到血管与淋巴的精油，只要用的对就可以将滞留在身体的二氧化碳及不好的物质代谢出来。不论是擦的还是闻的精油确实可以代谢出体内的毒素，让身心都达到净化。建议干性肌肤使用玫瑰精油；油性肌肤使用茶树、柠檬、鼠尾草；敏感性肌肤使用甘菊及矢车菊等精油。使用精油可以采用吸闻、按摩或者是沐浴的方法。

**自己做做淋巴引流**

淋巴引流一般是美容院的服务项目，但如果掌握了手法，完全可以自己在家做。需要牢记的是要以淋巴较多的腋下、锁骨、脸部与耳际交界处为重点。排毒必须深而缓慢，先从鼻翼两侧缓而深地按摩，一直到耳际，最后再由额头沿着脸庞侧边慢慢到锁骨，完成脸部的排毒。记住一定要顺着皮肤的纹理按压，一星期三次，在每次清洁面部后，拍上化妆水和排毒产品后再进行，千万不要在不涂任何滋润产品的情况下按压，以免给皮肤带来伤害。

**多做运动多旅游**

经常有一些大运动量的活动，会加速身体的新陈代谢，在不断喝水不断出汗的同时，身体的毒素就会随着汗液同时排出，经常地参加体育运动或是外出旅游，都能达到大量出汗自然排毒的目的。

动物血中的血浆蛋白经过人体胃酸和消化液中的酶分解后，能产生一种解毒和润滑肠道的物质。

**经常吃些排毒饮食**

转季时期，经常吃些有助排毒的饮食，可以帮助排出由于季节转换、盛夏期间积聚在体内和平时使用化妆品不当而“驻存”在体内的毒素。

1. 常吃菌类植物。菌类植物特别是香菇和黑木耳，有清洁血液和解毒的功能。

2. 常饮新鲜果汁、常吃生鲜蔬菜。新鲜的水果和不经煮炒的鲜菜叶是人体内的“清洁剂”，能清除体内堆积的毒素和废物。

3. 常饮豆类汤。豆类汤能帮助体内多种毒物的排泄，促进肌体内的新陈代谢。

4. 常吃血豆腐。动物血中的血浆蛋白经过人体胃酸和消化液中的酶分解后，能产生一种解毒和润滑肠道的物质，可与入侵肠道的粉尘和有害金属微粒发生化学反应，使它们不易为人体吸收而排出体外。

# 第二章 排毒与家居

## 爱家也需排毒

身体和心灵需要常常清仓更新，你的住处也一样需要“排毒”。2003 年 3 月 1 日，我国第一部《室内空气质量标准》正式实施，但其中的数据大多是供专业人士参考的。我们还是需要下面简单的方法来自我判断居家环境状况，以便展开排毒行动。

**你家的楼房就在路边，街道上车水马龙？**

**毒素密码：**汽车排放的 CO、$CO_2$ 让人头痛、头晕、呼吸困难。有“慢性毒药”之称的巨大噪音对健康影响也很大，研究证明，噪音会引起肠胃溃疡、高血压等疾病，并且会增加犯罪的可能。

**排毒攻略：**购买房屋时要注意周边环境，不能一味贪图交通方便。另外多选择木制家具，或靠墙放一些书籍等都可起到吸收噪音的作用。

> 不要频繁使用驱虫药，平时注意家庭卫生，勤打扫。可以针对不同对象自制无污染清洁剂。

**房子刚装修完你就迫不及待住了进去，油漆和新家具的气味让你时常感到恶心？**

**毒素密码：**油漆中含有的苯被称为“芳香杀手”。含量过高或长期接触会出现过敏性皮炎、喉头水肿、支气管炎和血小板下降等病症。

**排毒攻略：**装修时注意选择无毒建材、涂料。装修完的房子要每天通风，至少 2 个月后才可入住。入住后最好再放一些吊兰、黄金葛、非洲堇、大理花等环保植物。它们都是功效强劲的空气过滤器，能吸收家中的甲醛、苯等有毒气体，提供给我们新鲜的空气。

**很少开窗户，多依靠空调？**

**毒素密码：**封闭的空间很适合致病性微生物的生长和繁殖。特别是若不定期或从未清洗滤网，开启空调时，滤网上的病菌和灰尘就会吹出来，附在人体皮肤上或吸入后沉积在呼吸道中。

**排毒攻略：**少使用空调，保持房屋的良好通风，尤其是每天清晨至少通风20分钟。实验表明，室内每换气一次，可除去空气中原有毒气体的60%。并且至少1~2星期清洗一次空调滤网，在夏季使用前或秋季使用后对空调进行一次清洗保养。

> 开启空调时，滤网上的病菌和灰尘就会吹出来，附在人体皮肤上或吸入后沉积在呼吸道中。

**你在家经常使用杀虫剂来杀灭蟑螂、蚊子等害虫？使用清洁剂来保持房屋卫生？使用消毒剂来杀灭病毒？使用空气清新剂来保持空气清新？**

**毒素密码：**家里常用的有些驱虫药和清洁用品含有挥发性化学物质，可能刺激身体，出现过敏反应，甚至引发癌症、基因突变等。

**排毒攻略：**不要频繁使用驱虫药，平时注意家庭卫生，勤打扫。可以针对不同对象自制无污染清洁剂。例如：盐——清洁玻璃杯　醋加水（1∶1）——清洁门窗玻璃　小苏打加水（6汤匙小苏打加半桶水）——清洁地板　小苏打加醋（1∶1）——清洁马桶和水管　橄榄油加少许太白粉——清洁家具皮革。

**你家电器多多，连卧室里都放了不少。**

**毒素密码：**过多家用电器的辐射会对人的神经系统造成损伤。

**排毒攻略：**不要长时间坐在电脑、电视前。在卧室内最好不要摆放家电。

**你家的窗帘、沙发套、地毯都是合成纤维的。**

**毒素密码：**合成纤维释放苯、甲醛、甲苯、二甲苯、苯乙烯等毒素。其中甲醛对上呼吸道、眼睛、黏膜、皮肤等有强烈的刺激性。根据国际癌症研究机构的报告，它还可引起过敏反应和肺癌。

合成纤维释放苯、甲醛、甲苯、二甲苯、苯乙烯等毒素。其中甲醛对上呼吸道、眼睛、黏膜、皮肤等有强烈的刺激性。

**排毒攻略：**少购买合成纤维的织物。建议选用羊毛或纯棉等天然纤维来代替合成纤维。

**你家的衣服经常送去干洗。**

**毒素密码：**目前干洗剂中最普遍的溶剂是四氯乙烯。皮肤若吸收四氯乙烯气体，会伤害肝脏、影响中枢神经系统，引起头昏眼花、恶心等症状，并可能致癌。美国环境署的研究报告显示，略带潮湿的干洗衣服所散发出来的气体，是污染室内空气的物质之一。

**排毒攻略：**干洗后的衣服要在通风处放几小时后，再挂入衣橱。

## 春天到家居也需"排毒"

家庭居室内的环境不仅可以给人强烈的美感，往往还能体现出某种风格和气氛，给人以强烈感染，通常所说的轻松欢乐、宁静幽雅、朴实无华、富丽堂皇、高贵典雅及新颖时髦等等就是用来描述风格和气氛的。

家庭居室环境所需要的风格和气氛主要是根据房间的用途、性质以及居住者职业、性格、文化程度、爱好来决定的，室内装饰设计者应该结合居住人的心理、生理、审美以及人体工程学、视觉感受等多方面因素制订设计，确定风格基调，然后再选择不同装饰材料、装饰手段、表现形式、色彩和布置格局。但是用途、性质、使用对象不同的空间应给予不同感受，如卧室应有安静气氛，客厅应呈现亲切活泼的气氛。

家庭室内装饰设计风格有以下几种：

### 1. 简朴淡雅的室内装饰风格

不少人喜欢装饰具有朴实的美感，如用石灰或墙粉粉刷墙面，只用清漆漆地面或木本色拼地板，地板上油漆打蜡，采用木本色家具，配上盆栽植物，窗户用布帘或竹帘，给人以简洁、纯朴和自然之感受。

### 2. 华丽的装饰风格

有人喜欢房间具有华丽美，采用高级贵重材料制做家具和设备来装饰房间。墙面用高级材料如铝镁合金或锦缎、高级墙布、墙纸装饰。用大理石或高级木板铺地或纯羊毛地毯铺地，家具采用红木或金属家具，房间用大面积发光天花板照明，窗户可用合金窗帘，房间内再放上一些古玩或艺术珍品，这样来使室内装饰有华丽高贵的风格。

### 3. 古典中国式装饰风格

古典式装饰风格主要是造型简洁、高雅、完美、做工讲究、线条明快简练、色彩古朴庄重。例如客厅用餐角落用六扇屏风与休息区隔离开，屏风上可以画有中国古装人物或山水画，安放明式八仙餐桌、扶手椅和餐桌背椅；餐桌中央放上盆栽植物，桌旁可以放餐具，并配以长条明式柜。古典中国式装饰可采用陶瓷小凳、围屏、壁挂字画、锦绣、陶瓷、玉石竹木雕刻、髹漆、珠翠插花、金石古玩及瓷器古董来装饰房间。

> 墙面用高级材料如铝镁合金或锦缎、高级墙布、墙纸装饰。

### 4. 西洋式装饰风格

有人喜欢西洋式装饰风格，应该说西洋式的装饰包括家具陈设等，古代与现代的不同，英、法和意大利各国也不同，即使同一个国家，不同的历史时期也不一样。法国 18 世纪前流行巴洛克风格的家具和室内陈设，墙面、天花板、门楣、窗柜用壁画或者浮雕锦缎做装饰，显得空间开阔；家具富有柔和、浪漫色彩。英国式室内装饰，房间显得阴暗、沉闷，每个房间私密性较强，家具造型、色彩和布局呆板、拘谨。18世纪时出现罗可可风格装饰，室内装饰和家具造型趋向小巧、轻盈，采用织锦做壁挂和铺设，门窗、柜橱装饰以大型刻花玻璃镜子，悬挂晶莹夺目的枝形灯，室内还装饰有著名艺术家的绘画和雕塑珍品等。

门窗、柜橱装饰以大型刻花玻璃镜子，悬挂晶莹夺目的枝形灯，室内还装饰有著名艺术家的绘画和雕塑珍品等。

现代西洋式装饰已从显示富有华贵、追求豪华气派，趋向于功能实用和效能上。如布豪斯流派的风格，把室内装饰从传统满墙的壁挂，满室品种齐全的贵重家具、吊灯和到处布置艺术珍品中解脱出来，而追求足够的生活空间、充足阳光以及良好的通风，并使家具设备等用品的功能舒适，不拘一格。随着主人爱好的特点，布置室内装饰和陈设，诸如造型简洁大方的沙发、茶几，精制美观的组合橱柜，厨房间各种齐全的设备以及美观的各种灯具。

## 三大秘笈给家排毒

### 秘笈一　常规排毒

日前，30户孕妇房在北京接受了室内环境污染检测，结果空气中甲醛释放浓度全部超标，引起了人们对室内空气污染问题的关注。

在新上市的室内空气治理常规产品中，出现了针对家居中某些地方的专用产品。如木质地板除醛剂、家具喷雾罐、酶可邦抑菌除味剂等。据天津市林泰科技发展有限公司的销售人员王小姐介绍，时下，多数购买者只是根据家里哪有味而选择相应产品，其实综合治理产品是针对整个房间不同材料发出的多种污染而言，而专用产品则针对局部地区出现的专门污染源，消费者应该区别对待这两种产品，根据自家具体情况进行选择。

另外，据天津市颖天环保科技开发有限公司副总经理张然介绍，治理室内空气最佳时期有两个，一是装修刚刚结束，一是大件家具进屋后，在这两时段里能及时发现、及早治理污染，避免对人体的伤害。

## 秘笈二　装饰排毒

当然，对于那些空气污染不是很大的家庭，则可以选用一些辅助性产品，特别是有些还具有装饰性的产品，这样既美化了家庭，又起到吸附有害物的作用。

据销售人员介绍，该产品适合挂在柜内，这样有助于产品中相关物质的挥发。

黑钻金乌炭吸毒摆件，这些做工精美、色彩鲜艳的摆件和花瓶不单具有艺术性，其实最大的特点便是能吸附室内空气中的甲醛、一氧化碳、氯、氡等有毒有害气体及烟雾、异味等。据天津瑞平装饰品商行的李先生介绍，这种产品以活性炭为原料，具有独特的再生激活技术，把该产品摆放在家中能持久净化空气，一般寿命在 20 年左右。竹炭衣柜书橱去味袋，这些造型可爱的小袋子，别看它小，却能有效地调节衣柜书橱中的湿度，吸收衣物上的异味，净化柜内空气。据销售人员介绍，该产品适合挂在柜内，这样有助于产品中相关物质的挥发。而且它还能重复使用，一般使用半个月后拿到阳光下晒半日即可。

## 秘笈三 请个“保姆”排毒

请个“保姆”，其实就是市场上新出现的一种环保服务理念——“室内空气品质全程管理”模式，它不是传统的“检测——治理”这种短期行为，而是由专业公司与顾客签订终身服务保障合同，包括咨询、装修材料预处理、室内空气污染测试分析、污染释放源探查判定、设计实施治理工程、效果全程跟踪服务等系统性终身制服务。

目前，天津市颖天环保科技开发有限公司、天津市林泰科技发展有限公司、天津正立·布鲁斯环保科技有限公司都开展了此项业务。据专业人士介绍，全程管理就是专业人员先到消费者家中进行空气采样，一周内根据采样结果制定具体的治理方案，然后结合产品进行综合治理，这样治理效果立竿见影，而且有完善的后期服务做保障，从根本上保证了消费者的利益。

采用这种方法治理空气污染，虽然各公司的收费稍有浮动，但一般分为两部分。一部分是采样费；另一部分则是治理费用。如天津市颖天环保科技开发有限公司的治理费用为 15 元/平方米，100 平方米空间的空气治理费为 3750 元。专项施工方案中使用的产品包括：负离子光触媒、甲醛消除剂、补暗剂、除味剂等。

## 四招“触媒”为家居排毒

有一种说法，一个恋家的人，会把至少 2/3 的时间花费在家里，享受这温馨的避风港湾。家里是否舒适，洁净至关重要。新年将至，进行全面的家居清洁、营造清新的家居环境成为许多家庭主妇的必修课。

然而清理家是需要窍门的，就像洁肤，不同质地有不同办法，你都知道吗？

冷天甲醛周期性挥发更隐蔽

空气中隐藏的甲醛等挥发性危害气体常逃离主妇们的视线之外。据利斯特光触媒工程师梁欢勤介绍，由于甲醛的沸点是19.2℃，夏季高温天气容易导致甲醛加速挥发，而冬季的寒冷气温容易减缓其挥发速度，冻住“毒气”，缓慢积累。

广州市环境检测中心的专家告诉记者，当室内温度低于20℃时，开窗通风去除装修污染的效果便开始大大减弱。当室内温度低于10℃时，几乎所有的装修污染都将积存在室内，不再向外释放。即使整日大敞窗户通风，去除污染的效果也微乎其微。广东省病理生理学会副秘书长邓宇斌告也称，在北方寒冷地区，甲醛污染相对较轻，反而氨、氡污染可能较重；而南方温暖和炎热的天气持续较长，甲醛的周期性反复挥发会很明显。

只要有害物质出现，就立刻消灭，达到持久消除室内空气污染的效果。

此外，秋冬季节装修由于挥发出来的有害物质少，即使材料不够环保，刺激性的气味也不太明显，很多人容易忽略装修污染。入住后，室内取暖器、空调一打开，“冻住”的有毒气体就会慢慢释放出来，郁结在室内空气里；即使等到来年春夏时节入住，随着自然界气温逐渐升高，也正是“毒气”挥发最厉害的时候。

四招“触媒”健康过年

“除了开窗通风外，治理室内污染还可以用生态解决、直接吸收、仪器治理、触媒治理等4个办法。”环境专家万融进一步解释，生态解决，是指养一些可以分解甲醛等有毒物质的植物，但这种方法见效很慢，而且效果不佳；直接吸收，是采用活性炭吸纳有害气体，但达到物理饱和后活性炭的吸纳效果必然下降，而且此方法不能根除气体；仪器治理是通过空气净化器达到吸纳、循环等功能。

而最新科技成果触媒治理则可以通过光触媒、氧触媒附着到板材表面，只要有害物质出现，就立刻消灭，达到持久消除室内空气污染的效果。

## 排毒完全攻略之居家排毒法

是的，这个周末你的皮肤就要接受一次温和、自然的排毒旅程了。平时吃得太多、太油腻或不健康？运动太少？常常觉得疲倦、没有活力、肌肤暗淡？试试这 48 小时的排毒法吧！

**排毒周末前的周五**

下班早点回家，别去应酬，想想明天排毒的事。早、晚餐吃蔬菜汤、沙拉和一点糙米饭或全麦面包。

把家务杂事先做好，如洗衣服、洗碗。

不可以喝牛奶制品。

早点上床（11 点以前），睡个美容觉。

**排毒周末的周六**

上午活动安排：

AM 8：00

慢慢起床，想一点快乐的事，在床上好好伸伸懒腰、坐起来转身伸展一下腰背，试着伸直手臂和双脚，看指尖可不可以摸到脚趾头。

慢慢起床，想一点快乐的事，在床上好好伸伸懒腰、坐起来转身伸展一下腰背。

AM 8：00

喝一杯淡淡的柠檬矿泉水（只加几滴柠檬，不可太酸）。此后，每一小时喝一杯温水。

AM 8：30

做毛刷按摩，刷掉老化的角质，同时刺激淋巴循环。用热冷交替的方法来沐浴，擦上乳液或保养品。

AM 9：15

水果早餐（一个苹果＋半个木瓜）。

AM 10：00

早上剩下的时间做脸部的深层清洁：洗净卸妆→深层清洁→去角质→敷脸→保湿→保养品。

下午活动安排：

PM 12：30

做一碗青菜西红柿豆腐汤，烫一盘有机蔬菜加一小碗糙米饭。准备自己爱吃的水果，柳丁、橘子都可以。吃完饭休息一下，看看报、看看书，或选一盘录像带。

PM 3：30

下午出去运动，呼吸一下新鲜空气。

建议你先慢步20分钟，再快走10分钟（至稍微有点喘气的程度），速度再放慢走5分钟，如此交换二、三次最后再缓和地走5分钟，让身体平静下来。如果经过市场不妨补充一些蔬果回来。

做一盘色彩丰富的蔬果沙拉（至少选择5种以上的蔬果），沙拉酱换成柠檬汁或醋。

PM 6：30

做一盘色彩丰富的蔬果沙拉（至少选择5种以上的蔬果），沙拉酱换成柠檬汁或醋。打一杯综合果汁（小黄瓜＋苹果＋菠萝＋半杯水）。

PM 9：00

洗澡前先静坐15分钟，做腹式呼吸。专心地冥想体内的血液淋巴自由地流动，把毒素一一带出体外。

PM 9∶30

好好泡泡澡，把香精准备好，洗完后，按照淋巴流动向全身按摩。

PM 10∶00

早点睡觉，最好睡 8 个小时，躺在床上深呼吸几分钟，想象身体已经变得很干净了。

**排毒周末之后**

别一下子恢复高油、高热量的饮食及忙碌的生活节奏。持续几天还是吃水果早餐，多喝水，尽量不吃刺激性食品。

> 晚上、下午及早上，有时间尽量静坐，每次以 15 分钟到 30 分钟为原则。

排毒周末可以让你暂时瘦了一点，皮肤更好一点，精神也更饱满，如果你能持续多吃蔬果的饮食习惯、多运动、常静坐，长期下来对身体更有明显长久的影响。

**排毒周末的周日**

周日的行程与周六大致相同。

除了晚上、下午及早上，有时间尽量静坐，每次以 15 分钟到 30 分钟为原则，除了冥想身体正有效地排毒，也可以用数息的方式，让心中完全空白，什么都不想。沐浴及静坐时，也请尝试不同配方的芳香疗法。

# 第三章　运动与排毒

## 自身简易运动排毒计划

人体内其实有多毒素存在，这些毒素来自人体消化和代谢过程中的副产物（不被人体吸收利用的废物质），而“排毒”就是这些废物质的正常代谢过程！

人体的自然运作机制会藉由各种排毒管道：皮肤、肠道、肾脏、肺脏等，将体内的毒素排出，所以当我们呼吸、流汗，甚至排泄时，其实都是身体自己在进行排毒。

皮肤、肠道、肾脏、肺脏等，将体内的毒素排出，所以当我们呼吸、流汗，甚至排泄时，都是身体自己在进行排毒。

那么，也许你会问，既然人体会自动排毒，为什么我们还需要额外进行“排毒疗程”呢？这和现代生活形式息息相关，随着生活环境的改变和物质的进化，我们每天呼吸了太多被污染的空气、接收太多辐射、吃太多加工过的防腐产品、承受太多精神上的压力，这些都是毒素的来源。当身体内的毒素“超载”，就会产生经常性的头痛、慢性疲劳、肠胃敏感、便秘、肌肤粗糙晦暗、过敏等种种状况，这时排毒疗程就必须上场。

### 简易排毒小方法

#### 多喝水

喝大量的水可帮助中和体内毒素，一天喝足八大杯水，你就能从充满光泽的皮肤看出体质改变。

**定期去角质**

肌肤表面的老废角质会阻碍毛孔代谢毒素，定时去角质，帮助肌肤的代谢机能维持正常运作。

**泡澡**

泡个热水澡活络血液循环，藉由流汗帮助加速体内的代谢循环。可在浴缸中加入一些精油，如天竺葵、迷迭香、杜松、柠檬草，此外使用海盐按摩肌肤也很不错。

以天然食品取代精致加工食物，新鲜水果是最强力的净化食物。

**多吃益菌产品**

食用专为排毒设计的胶囊，能补充肠道的益生菌，净化肠道，含有益生菌的优酪乳或优格也具有同样的效果。

**改变饮食习惯**

以天然食品取代精致加工食物，新鲜水果是最强力的净化食物，菠萝、木瓜、奇异果、梨都是不错的选择，此外，减少刺激性饮食，改掉喝咖啡和红茶的习惯，不妨以花果茶和绿茶取代。

## 简易塑身的清肠养生操

如果你担心自己小腹突出，影响体形，如果你有便秘等毛病，跟我来做肠体操吧。如果每个人都能够了解运动就能使肠蠕动的道理，那么你的便秘、健康也就不用担心了。

一、将两脚放松与肩同宽，感觉稍微向外站立着。然后深呼吸后慢慢吐气，需要把力量放稳，尽量放轻松。

二、将两手交叉手掌向外，边吸气边慢慢把手往头上伸。然后放松再边吐气手往下放。做五次。

三、因为大腿的肌肉连接着髂骨，如果经常活动对刺激肠有帮助作用。首先必须上仰，放轻松。

四、把一条腿弯曲后用两手抱住膝盖，边吸气并用力地往胸膛拉。再慢慢地吐气归位。

五、另一只脚也相同，大腿压迫下腹有助肠内的空气放出。睡前左右各三次，不要过于勉强。

用意在于促使大腿的肌肉运动，如果爬楼梯过于困难的话，在家里抬高大腿走动也可以。

六、早上在棉被中即可做的轻微腹部运动，为了不让颈部不舒服请拿掉枕头，首先也从放松全身开始。

七、用同样的姿势在弯曲膝盖的情况下，将脚抬高 10～15 厘米，慢慢地数到十，再还原，边休息边做三次。

八、可能比较辛苦，但如有力气的话，请试着做。在地板上两脚伸直坐着，把两手往后撑，上半身有点倾斜。

九、努力让头与指尖呈一直线，把背伸直，抬腰部保持 10～15 秒，然后一边吐气一边回复原来的姿势，共做 5 次。

十、在坐公车抓住吊环时，等待红绿灯时，坐在办公室时，无论何时何地都可以进行收腹等刺激腹部运动。

十一、用意在于促使大腿的肌肉运动，如果爬楼梯过于困难的话，在家里抬高大腿走动也可以。

## 居家简易运动美体排毒

运动能够加速新陈代谢，可说是达到排毒的最好方式。但很多时候都懒得出门，待坐在家中却又容易增胖。其实，只要利用家里现有的浴巾、垫子,或是篮球、排球等,就可以简单操作居家运动。

**热身**

作用:热身、加速血液循环

时间:5 ~ 6 分钟

利用家里的楼梯,右脚先踏上阶梯,随后左脚跟上;然后右脚先下随后右脚跟下,一分钟后,换由左脚先上,右脚跟进。此运动在操作时,可配合快节奏的音乐或者是在心里默数拍子以增加节奏感。

**手臂屈伸**

作用:三头肌、斜方肌

次数:8 ~ 12 下

利用稳固的椅子或桌子,坐在其上,两手手指朝前握撑椅子或桌子的前缘,身体缓缓向前移动使臀部悬空,同时两腿张开约与肩膀同宽,膝盖弯曲并缩小腹。开始时先吸气,并同时缓缓将两手臂弯曲至不能再往下为止(肩膀略高于手肘),停止约 1 秒时间。然后两手臂用力地缓缓地身体撑起直到两手臂伸直。

**坐姿转体**

作用:腹部肌群

次数:10 ~ 16 下

坐在铺有垫子或浴巾的地上,双脚屈膝张开约与肩膀同宽,脚跟着地脚指朝上。双手持求在身体的前方(pic A),慢慢将上半身后仰约 45°左右,同时缩小腹,此时将身体转向右方让球触碰到地面上,约 1 秒的时间后马上转向左边。

随手播放自己喜欢的音乐,持续运动 20 ~ 40 分钟左右,就可以轻松达到瘦身,并且流汗排毒的效果。

操作同时注意适当的控制呼吸,并且整个过程感觉腹部都在用力。

随手播放自己喜欢的音乐,持续运动 20 ~ 40 分钟左右,就可以轻松达到瘦身,并且流汗排毒的效果。

### 伏地挺身

作用:胸、手臂

次数:8～12 下

以软垫子或浴巾对折置于膝盖下,然后双手向前移动让身体约略成 45°同时缩小腹,双手张开约略宽于肩膀的距离,手指朝前。

缓慢的弯曲手臂让上身下压至距离地面约 5 公分,同时在下压的过程吸气,然后利用胸肌挤压的力量让上身回到原来的位置并在过程中吐气。

缓慢的弯曲手臂让上身下压至距离地面约 5 公分,同时在下压的过程吸气。

### 桥撑

作用:腹部、臀部、腿后肌群

次数:12～15 下

身体仰卧,双脚屈膝平贴于地面上,且双手平贴于身体两侧,吸气。开始时将臀部抬高,让下背部离开地面停止约 1 秒,且缓缓地吐气,此时会感觉到臀部挟紧用力。

然后,再将臀部下移但不接触到地面,并在下移时吸气。

## 运动排毒最轻松

近年的排毒风刮过一阵又一阵,有什么清肠啊、美容排毒啊,我体会到女人要保持年轻,确实要让身体内的毒素排出,我这个人比较爱运动、旅游,根据自己的特点,我选择了一种适合自己的方式,那就是每天都要运动一段时间,比如跳半小时的绳或到附近的健身房去热身,运动出汗后感觉人非常的轻松,现在感到自己精力充沛,越来越年轻了。

专家提示:随着年龄的增长,我们体内新陈代谢的速度减慢,自身机体排毒能力减弱,应该防止"入大于出"。营养物质如果摄入过多,超过人体负担的界限,又不运动消耗多余的能量,那么,不是毒的营养物也会转而变成"垃圾"的。

运动还有利于防止便秘。运动后大量的出汗更是通过皮肤排毒的最佳途径。如果你是上班族实在是忙得没有时间去健身房,也可以采取简捷的运动方式。近年来"快步走"被认为是最简便、经济而有效的有氧运动,甚至好于慢跑。

## 瑜珈按摩　排毒又美体

许多瑜伽的高难度动作,往往让不少门外汉或初学者却步。而瑜珈按摩则融合了瑜伽和泰式按摩的精髓,使身躯在治疗师带动下做出各种瑜伽姿势,松弛筋骨,让身体更柔韧,对体内的脏腑也有按摩功效,具有较好的排毒效果,皮肤自然也能得到改善了。

> 泰式按摩为骨干,对促进血液循环和通淋巴也有功效。

练瑜伽并非登天的难事,但即使是瑜伽高手也可能因热身不足,又或操之过急,勉强做高难度的动作而拉伤筋骨。Healing Hands Yoga Massage & SPA 负责人之一的 Cindy Wong 可说是感同身受,她和另一位负责人 Pansy 一起练习瑜伽已有三年,但早前却不慎拉伤了腰及腿部。

据 Pansy 表示,瑜珈按摩的好处就在于客人只须放松躺下,由治疗师带动便可做出各种瑜伽姿式,即使是未学过瑜伽的人,也能在辅助下做到如蝗虫式等高难度动作,享受瑜伽舒筋活络及按摩内脏的好处,令皮肤也好起来。

**泰籍治疗师手势好**

其实瑜珈按摩在欧美及泰国等地已流行了好一段时间，由于它以泰式按摩为主，对促进血液循环和通淋巴也有功效。该店特地请来两位泰籍治疗师，两人的手势相当不错，而且广东话流利，十分亲切。

该店开张只有两、三个月，规模不大，但其舒适气氛却给人留下深刻的印象。细看泰式布置及装饰品颇有味道，耳边隐约传来自然妙韵，喝一口香气怡人的花茶，平日的工作压力，像是一点一点消失在这悠闲的写意空间之中。

树式本为站立平衡的动作，这次大家舒舒服服地躺下也可做到。

**热身**

身体作不同瑜伽动作前，也须先来点热身，例如腿部，治疗师会由脚掌开始，循经络缓缓向上作细致的按摩。比坚尼位是淋巴集中位置，故治疗师会特别用力按压好一会，有助畅通淋巴。

**树式**

树式本为站立平衡的动作，这次大家舒舒服服地躺下也可做到。治疗师会将客人的腿部向外作90°直角屈曲，再配合手脚并用的按摩大腿内侧有助盆骨宽松。

**全桥式**

小时候自已做拱桥容易，长大了身体柔韧不复从前，找个帮手亦未尝不可。

全桥式让腰部获得完全伸展，对全身血液循环有帮助。特别是因头部向下，为脑部提供更多血液，头痛和头晕也可得到改善。

**鱼式**

客人盘腿而坐，双手交叉交脑后。治疗师则暗中以膝盖顶住背脊，稍稍拉动客人向后拗，这动作是做全桥式前的预备动作。

**桥式**

上半身向后拗的桥式，平时少一点腰力也难做到。这动作有助强化腰部肌肉，想腰部纤细、线条又漂亮，桥式便可助你达到目标。

**舞士式**

如此手舞足蹈的动作名为舞士式，再加上治疗师有力的一脚，腰背受力，让手脚尽情伸展，松弛筋骨。

**莲花座**

瑜伽基本的打座姿势便是两腿交叉互跷的莲花座，有助修正身心，也是冥想时的坐姿，由治疗师将双腿逐一屈起，除了能拉松坐体经络，也可纾舒坐骨神经痛，还能放松平时承受人体重量的脚掌。

边扭动及稍稍拉起上身，令肠、胃、肝、肾等位于腹腔的内脏因身体的扭动而得到按摩。

**脊椎扭动式**

这个动作对内脏非常有益，治疗师会边固定客人的下肢，边扭动及稍稍拉起上身，令肠、胃、肝、肾等位于腹腔的内脏因身体的扭动而得到按摩。

**蝗虫式**

蝗虫式本身是依靠腰腹力量抬起双脚，这里改由人手代劳，但治疗师以踩背方式在腰部加压，同样能收强化腰背肌肉的功效。这动作对子宫等内脏有帮助，更有助收紧会阴，并且能结实提升臀部呢！

模特儿亲身体验——“好似做运动一样！”

从未做过瑜伽的模特儿 Cherry，首次体验瑜珈按摩，看她双眼发亮，表现得很满意。“好舒服，感觉好似做完运动一样，虽然有点累，但整个人现在很轻松，很好！不像平时有些泰式按摩只是会用死力去帮你按摩。”

## 居家小运动帮你来排毒

呆在家中,随手播放自己喜欢的音乐,持续运动 20~40 分钟左右,就可以轻松达到瘦身,并且流汗排毒的效果。

### 伏地挺身

作用:胸、手臂

次数:8~12 下

以软垫子或浴巾对折置于膝盖下,然后双手向前移动让身体约略成 45°同时缩小腹,双手张开约略宽于肩膀的距离,手指朝前。

缓慢的弯曲手臂让上身下压至距离地面约 5 公分,同时在下压的过程吸气,然后利用胸肌挤压的力量让上身回到原来的位置并在过程中吐气。

> 将浴巾卷起来,双手各抓住浴巾的两端,高举并伸直双手同时缓缓的吸气。

### 桥撑

作用:腹部、臀部、腿后肌群

次数:12~15 下

身体仰卧,双脚屈膝平贴于地面上,且双手平贴于身体两侧,吸气。开始时将臀部抬高,让下背部离开地面停止约 1 秒,且缓缓地吐气,此时会感觉到臀部挟紧用力。

然后,再将臀部下移但不接触到地面,并在下移时吸气。

### 背部

作用:背部肌群

次数:12~16 下

将浴巾卷起来,双手各抓住浴巾的两端,高举并伸直双手同时缓缓的吸气,然后两手臂弯曲将浴巾拉下颈部前方并且吐气;然后回到原来高举的位置，再向下拉至颈部后方，如此一前一后。整个过程都要用力的拉紧浴巾，并且缓慢操作。

**倚墙屈蹲**

作用：大腿、臀部

次数：8～12 下

找一面平坦的墙壁，将球放置在背部与墙壁之间。两腿张开约与肩膀同宽，脚尖朝前，同时背部挺直缩小腹。缓慢的蹲下直到大腿与地面成平行，保持该动作数 5 秒后，再利用大腿与臀大肌的力量缓缓将身体回复到原来的位置。

## 简易运动轻轻松松来排毒

运动能够加速新陈代谢，可说是达到排毒的最好方式，但过完年后，持续绵绵细雨的湿冷天气，往往让人懒得出门，待坐在家中却又容易增胖。其实，只要利用家里现有的浴巾、垫子，或是篮球、排球等，就可以简单操作居家运动。

**热身**

作用：热身、加速血液循环

时间：5～6 分钟

利用家里的楼梯，右脚先踏上阶梯，随后左脚跟上；然后右脚先下随后右脚跟下，一分钟后，换由左脚先上，右脚跟进。此运动在操作时，可配合快节奏的音乐或者是在心里默数拍子以增加节奏感。

> 利用稳固的椅子或桌子，坐在其上，两手手指朝前握撑椅子或桌子的前缘，身体缓缓向前移动使臀部悬空。

**手臂屈伸**

作用：三头肌、斜方肌

次数：8～12 下

利用稳固的椅子或桌子，坐在其上，两手手指朝前握撑椅子或桌子的前缘，身体缓缓向前移动使臀部悬空，同时两腿张开约与肩膀同宽，膝盖弯曲并缩小腹。开始时先吸气，并同时缓缓将两手臂弯曲至不能再往下为止（肩膀略高于手肘），停止约 1 秒时间。然后两手臂用力地缓缓地身体撑起直到两手臂伸直。

坐在铺有垫子或浴巾的地上，双脚屈膝张开约与肩膀同宽，脚跟着地脚指朝上。

**坐姿转体**

作用：腹部肌群

次数：10～16 下

坐在铺有垫子或浴巾的地上，双脚屈膝张开约与肩膀同宽，脚跟着地脚指朝上。双手持求在身体的前方（pic A），慢慢将上半身后仰约 45°左右，同时缩小腹，此时将身体转向右方让球触碰到地面上，约 1 秒的时间后马上转向左边。

操作同时注意适当的控制呼吸，并且整个过程感觉腹部都在用力。

## 运动排毒六式

皮肤是人体最大的排毒器官，皮肤上的汗腺和皮脂腺能够通过出汗等方式排除其他器官无法解决的毒素。肺脏则能通过呼吸排除各种废气与无用的水。合理运动能加快人体新陈代谢，帮助皮肤和肺脏排毒。这里小编向你推荐六种利于排毒的运动方式：

**快步走**

我们每天都要走路，只需在走路时加快速度，尽可能大地摆动和舒展手臂，就是最简单方便的排毒运动。它可以刺激淋巴、降低胆固醇和高血压。

**瑜伽的不凡功效**

瑜伽是顶级的排毒运动，能够帮助血液循环，润滑关节。通过把压力施加到身体各个器官和肌肉上，来内外调节身体，展开排毒行动。

**跳起来**

淋巴系统能收集、筛检全身毒素，运送到淋巴结，再通过血液经由某一排毒器官排到体外。而弹跳可以刺激淋巴系统排毒，松弛紧张的情绪，降低胆固醇，改善循环和呼吸，甚至驱除人体致命的蜂窝组织炎。买个跳绳一起运动吧。

**呼吸着排毒**

呼吸不仅维持我们的生命，还可以排除体内毒素，特别是深呼吸。但我们深呼吸时，往往不自觉地挺起胸部，收缩胃部和腹部，这样肺部每次只有 1/3 的空间被利用。正确的深呼吸方法是：找一个空气清新的地方，首先放松胃部，用指尖轻轻触及；接着用鼻子平稳地深深吸气，此时指尖可感觉到胃部鼓起，直到整个胃部充满了气体；让气体在胃部停顿 4 秒钟，再用嘴慢慢呼气。

**咳嗽着排毒**

肺是人体最易积存毒素的地方，时不时主动咳嗽两声，能起到清扫肺脏的作用。

肺是人体最易积存毒素的地方，时不时主动咳嗽两声，能起到清扫肺脏的作用。

**健康美人鱼**

游泳时水的浮力可以减轻人体 90% 的体重，释放关节压力，刺激淋巴排毒。

## 想排毒，跟我来做肠体操

如果你有便秘等毛病，如果你担心自己小腹突出，影响体形，跟我来做肠体操吧。如果每个人都能够了解运动就能使肠蠕动的道理，那么你的便秘、健康也就不用担心了。

一、将两脚放松与肩同宽，感觉稍微向外站立着。然后深呼吸后慢慢吐气，需要把力量放稳，尽量放轻松。

二、将两手交叉手掌向外，边吸气边慢慢把手往头上伸。然后放松再边吐气手往下放。做五次。

三、因为大腿的肌肉连接着髂骨，如果经常动的话对刺激肠有帮助。首先必须上仰，放轻松。

在坐公车抓住吊环时，等待红绿灯时，坐在办公室时，无论何时何地都可以进行收腹等刺激腹部运动。

四、把一条腿弯曲后用两手抱住膝盖，边吸气并用力地往胸膛拉。再慢慢地吐气归位。

五、另一只脚也相同，大腿压迫下腹有助肠内的空气放出。睡前左右各三次，不要过于勉强。

六、早上在棉被中即可做的轻微腹部运动，为了不让颈部不舒服请拿掉枕头，首先也从放松全身开始。

七、用同样的姿势在弯曲膝盖的情况下，将脚抬高 10～15 厘米，慢慢地数到十，再还原，边休息边做三次。

八、可能比较辛苦，但如有力气的话，请试着做。在地板上两脚伸直坐着，把两手往后撑，上半身有点倾斜。

九、努力让头与指尖呈一直线，把背伸直，抬腰部保持 10～15 秒，然后一边吐气一边回复原来的姿势，共做 5 次。

十、在坐公车抓住吊环时，等待红绿灯时，坐在办公室时，无论何时何地都可以进行收腹等刺激腹部运动。

十一、用意在于促使大腿的肌肉运动，如果爬楼梯过于困难的话，在家里抬高大腿走动也可以。

# 第四章　排毒与饮食

## 吃杏仁可滑肠通便

现代人越来越重视食物营养和身体健康。但是，忙碌的生活让人们心里想着健康，嘴里却不得不吃些快餐之类的垃圾食品。再加上长期在外吃饭，容易导致营养不均衡，给身体机能造成极大的影响。

研究表明，长期食用胆固醇含量高的食品，脂肪和热量就会在体内堆积，造成肥胖和某些营养素缺乏；也容易使代谢减缓，甚至出现便秘等疾病。

对于便秘，专家的建议是，能通过饮食调节解决就不要吃药，以免产生药物依赖。因此，排毒最好从饮食着手。

> 《现代实用中药》一书中说，“杏仁内服具轻泻作用，并有滋补之效”。

杏仁的营养价值十分均衡，不仅含有类似动物蛋白的营养成分，如蛋白质、脂肪等，还含有植物成分所特有的纤维素等。它可以润肺清火、排毒养颜，对因肺燥引起的咳嗽有很好的疗效，是没有副作用的排毒食品。

根据中药古籍记载，杏仁具有滑肠通便的作用。《现代实用中药》一书中说，“杏仁内服具轻泻作用，并有滋补之效”。对于年老体弱的慢性便秘患者来说，服用杏仁效果最佳。中医典籍《本草纲目》中也提到了杏仁的3大功效："润肺也，消积食也，散滞气也"。其中，"消积食"说明杏仁可以帮助消化、缓解便秘症状。此外，不少治便秘的中药方中也都包含杏仁。

## 黑醋三法　排毒一日成

黑醋减肥原理：黑醋富含人体必须的氨基酸，可以将酸性体质调整成碱性体质，顺气消账，净化血管及三酸甘油脂（偶不晓得那是什么）并促进消耗体内过多脂肪，加强蛋白质和醣类的代谢。此外，黑醋所含酵素能刺激肠胃蠕动，有助于排除体内宿便。但由于黑醋味道很酸，可加蔬果一起达成汁味较佳。生姜辛辣，可让身体产生热量，达到瘦身效果，另外还能增加排尿量及改善手脚冰冷症（冬天捂不热被子的姐妹可以试试啊）。生姜加蔬果，可去除辛辣味，味道较好，并且减重效果好。

补充看点：星座黑醋瘦身法

每天早上喝一杯黑醋，可以提升人体的新陈代谢，达到瘦身的功效，有人甚至治疗了便秘的毛病，黑醋可用水调稀之后饮用，效果极佳。适合的星座有这些：

要减肥非得要持之以恒的运动——喝黑醋对于容易有高血压或心脏病的你来说，非常有益身心健康。

**狮子座**

狮子座的人常常想吃就吃，所以不胖也很难。要减肥非得要持之以恒的运动——喝黑醋对于容易有高血压或心脏病的你来说，非常有益身心健康。

**处女座**

吹毛求疵的个性使得处女座的人容易得厌食症或恋食症。所以平常要多吃富含食物纤维的食物或蔬菜——喝黑醋可以解决肠胃的问题，对你很有帮助。

**天秤座**

要天秤座的人减肥时去计算卡路里的多寡，那可真的会让他们受不了，最好的方法是控制饮食，就能保持匀称的身材啦——喝黑醋适合懒人一族的你。

**天蝎座**

性格激烈的天蝎，为了减肥常会用许多奇怪且激烈的方法来达成目的。所以不妨试试呼吸气功减肥法——喝黑醋可以帮你消除腹部的脂肪。

目标越明确就越容易成功——喝黑醋可以帮助你排除身上的废物。

**射手座**

射手座的人做事总要有一个目标去追求，当然减肥也不例外。目标越明确就越容易成功——喝黑醋可以帮助你排除身上的废物。

**魔羯座**

魔羯座的人耐心奇佳，对于必须持之以恒的体操或减肥操，都能很努力去完成——喝黑醋对于重视身体与效果的你，真是省事又健康。

## 十二种天然排毒美容食品

随着环境污染日益严重，现代人越来越重视自身的健康。专家指出，只有及时排除体内的有害物质及过剩营养，保持五脏和体内的清洁，才能保持身体的健美。这里向您推荐10种既天然又经济的排毒食品。

## 黄瓜

味甘，性平，又称青瓜、胡瓜、刺瓜等，原产于印度，具有明显的清热解毒、生津止渴功效。现代医学认为，黄瓜富含蛋白质、糖类、维生素$B_2$、维生素C、维生素E、胡萝卜素、尼克酸、钙、磷、铁等营养成分，同时黄瓜还含有丙醇二酸、葫芦素、柔软的细纤维等成分，是难得的排毒养颜食品。黄瓜所含的黄瓜酸，能促进人体的新陈代谢，排出毒素。维生素C的含量比西瓜高5倍，能美白肌肤，保持肌肤弹性，抑制黑色素的形成。黄瓜还能抑制糖类物质转化为脂肪，对肺、胃、心、肝及排泄系统都非常有益。夏日里容易烦躁、口渴、喉痛或痰多，吃黄瓜有助于化解炎症。

## 荔枝

味甘、酸，性温，有补脾益肝、生津止渴、解毒止泻等功效。李时珍在《本草纲日》中说："常食荔枝，补脑健身……"《随身居饮食谱》记载："荔枝甘温而香，通神益智，填精充液，辟臭止痛，滋心营，养肝血，果中美品，鲜者尤佳。"现代医学认为，荔枝含维生素A、维生素$B_1$、维生素C，还含有果胶、游离氨基酸、蛋白质以及铁、磷、钙等多种元素。现代医学研究证明，荔枝有补肾、改善肝功能、加速毒素排除、促进细胞生成、使皮肤细嫩等作用，是排毒养颜的理想水果。

## 木耳

味甘，性平，有排毒解毒、清胃涤肠、和血止血等功效。古书记载，木耳"益气不饥，轻身强志"。木耳富含碳水化合物、胶质、脑磷脂、纤维素、葡萄糖、木糖、卵磷脂、胡萝卜素、维生素$B_1$、维生素$B_2$、维生素

C、蛋白质、铁、钙、磷等多种营养成分，被誉为“素中之荤”。木耳中所含的一种植物胶质，有较强的吸附力，可将残留在人体消化系统的灰尘杂质集中吸附，再排出体外，从而起到排毒清胃的作用。

## 蜂蜜

味甘，性平，自古就是滋补强身、排毒养颜的佳品。《神农本草经》记载：“久服强志轻身，不老延年。”蜂蜜富含维生素 $B_2$、维生素 C，以及果糖、葡萄糖、麦芽糖、蔗糖、优质蛋白质、钾、钠、铁、天然香料、乳酸、苹果酸、淀粉酶、氧化酶等多种成分，对润肺止咳、润肠通便、排毒养颜有显著功效。近代医学研究证明，蜂蜜中的主要成分葡萄糖和果糖很容易被人体吸收利用。常吃蜂蜜能达到排出毒素、美容养颜的效果，对防治心血管疾病和神经衰弱等症也很有好处。

## 胡萝卜

味甘，性凉，有养血排毒、健脾和胃的功效，素有“小人参”之称。胡萝卜富含糖类、脂肪、挥发油、维生素 A、维生素 $B_1$、维生素 $B_2$、花青素、胡萝卜素、钙、铁等营养成分。现代医学已经证明，胡萝卜是有效的解毒食物，它不仅含有丰富的胡萝卜素，而且含有大量的维生素 A 和果胶，与体内的汞离子结合之后，能有效降低血液中汞离子的浓度，加速体内汞离子的排出。

## 苦瓜

味甘，性平。中医认为，苦瓜有解毒排毒、养颜美容的功效。《本草纲目》中说苦瓜“除邪热，解劳乏，清心明目”。苦瓜富含蛋白质、糖类、粗纤维、维生素 C、维生素 $B_1$、维生素 $B_2$、尼克酸、胡萝卜素、钙、铁等成分。现代医学研究发现，苦瓜中存在一种具有明显抗癌作用的活性蛋白质，这种蛋白质能够激发体内免疫系统的防御功能，增加免疫细胞的活性，清除体内的有害物质。苦瓜虽然口感略苦，但余味甘甜，近年来渐渐风靡餐桌。

## 海带

味咸，性寒，具有消痰平喘、排毒通便的功效。海带富含藻胶酸、甘露醇、蛋白质、脂肪、糖类、粗纤维、胡萝卜素、维生素 $B_1$、维生素 $B_2$、维生素 C、尼克酸、碘、钙、磷、铁等多种成分。尤其是含丰富的碘，对人体十分有益，可治疗甲状腺肿大和碘缺乏而引起的病症。它所含的蛋白质中，包括 8 种氨基酸。海带的碘化物被人体吸收后，能加速病变和炎症渗出物的排除，有降血压、防止动脉硬化、促进有害物质排泄的作用。同时，海带中还含有一种叫硫酸多糖的物质，能够吸收血管中的胆固醇，并把它们排出体外，使血液中的胆固醇保持正常含量。另外，海带表面上有一层略带甜味儿的白色粉末，是极具医疗价值的甘露醇，具有良好的利尿作用，可以治疗药物中毒、浮肿等症，所以，海带是理想的排毒养颜食物。

## 茶叶

性凉，味甘苦，有清热除烦、消食化积、清利减肥、通利小便的作用。中国是茶的故乡，对茶非常重视。古书记载："神农尝百草，一日遇七十二毒，得茶而解之。"说明茶叶有很好的解毒作用。茶叶富含铁、钙、磷、维生素 A、维生素 $B_1$、尼克酸、氨基酸以及多种酶，其醒脑提神、清利头目、消暑解渴的功效尤为显著。现代医学研究表明，茶叶中富含一种活性物质——茶多酚，具有解毒作用。茶多酚作为一种天然抗氧化剂，可清除活性氧自由基，可以保健强身和延缓衰老。

## 冬菇

味甘，性凉，有益气健脾、解毒润燥等功效。冬菇含有谷氨酸等 18

种氨基酸，在人体必需的8种氨基酸中，冬菇就含有7种，同时它还含有30多种酶以及葡萄糖、维生素A、维生素$B_1$、维生素$B_2$、尼克酸、铁、磷、钙等成分。现代医学研究认为，冬菇含有多糖类物质，可以提高人体的免疫力和排毒能力，抑制癌细胞生长，增强机体的抗癌能力。此外，冬菇还可降低血压、胆固醇，预防动脉硬化，有强心保肝、宁神定志、促进新陈代谢及加强体内废物排泄等作用，是排毒壮身的最佳食用菌。

## 绿豆

味甘，性凉，有清热、解毒、祛火之功效，是我国中医常用来解多种食物或药物中毒的一味中药。绿豆富含B族维生素、葡萄糖、蛋白质、淀粉酶、氧化酶、铁、钙、磷等多种成分，常饮绿豆汤能帮助排泄体内毒素，促进机体的正常代谢。许多人在进食油腻、煎炸、热性的食物之后，很容易出现皮肤痒、暗疮、痱子等症状，这是由于湿毒溢于肌肤所致。绿豆则具有强力解毒功效，可以解除多种毒素。现代医学研究证明，绿豆可以降低胆固醇，又有保肝和抗过敏作用。夏秋季节，绿豆汤是排毒养颜的佳品。

## 芹菜

芹菜中含有的丰富纤维可以像提纯装置一样，过滤体内的废物。经常食用可以刺激身体排毒，对付由于身体毒素累积所造成的疾病，如风湿、关节炎等。此外芹菜还可以调节体内水分的平衡，改善睡眠。

## 苹果

苹果中的半乳糖荃酸有助于排毒，果胶则能避免食物在肠道内腐化。草莓：含有多种有机酸、果胶和矿物质，能清洁肠胃，强固肝脏。

## 饮料对付便秘

那些长时间坐着工作，运动不足而又容易精神紧张的职业女性最容易受到便秘的困扰。长期便秘不仅会诱发呕吐、头痛、粉刺、黄褐斑等不良的身体反应，还会导致精神不振、焦虑等情绪问题。而且有调查显示每周排便2次以下的女性患乳腺癌、大肠癌、高血压等疾病的机会比每天排便的女性高5倍以上。

将一根香蕉或一个苹果放在搅拌机里绞碎，再加入250毫升的酸奶一起搅拌均匀，制成水果酸奶。

虽然市场上的导泻药物和排毒保健品琳琅满目，但是告别便秘的最好办法还是通过科学的饮食，轻松“解秘”。日本女性中流行一套适合便秘女性的健康饮食食谱，中国的职业女性不妨试试。

**凉开水**

每天早晨起床后，空腹饮用一杯凉开水可以增加肠胃蠕动，促进排便。长期坚持就能形成早晨排便的良好习惯。

**水果酸奶**

将一根香蕉或一个苹果放在搅拌机里绞碎，再加入250毫升的酸奶一起搅拌均匀，制成水果酸奶。每天清晨饮用一杯这样的酸奶同样可以促进排便。

**决明子茶**

30克决明子加入700毫升的水，熬至药汤一半的时候关火。经常饮用可以治疗高血压，明目，通便。

**芦荟茶**

芦荟具有调理肠胃和导泻的作用。将一小块鲜芦荟切成8毫米薄片，加水煮成汁喝也有很好的通便作用。

## 借助饮食来排毒

很多人都大概知道毒素积聚会引起疾病、应该排毒，却不知道那“毒”到底是什么；很多人都选择洗肠、吃药来排毒，却不知道那实在是一个严重的错误。西医认为人体内脂肪、糖、蛋白质等物质新陈代谢产生的废物和肠道内食物残渣腐败后的产物是体内毒素的主要来源。

你准备如何化解毒素危机，靠药物、洗肠、还是手术？其实，只要你有意识地选择一些排毒食物，并且坚持运动就能清除毒素。

1. 肝脏是重要的解毒器官，各种毒素经过肝脏的一系列化学反应后，变成无毒或低毒物质。我们在日常饮食中可以多食用胡萝卜、大蒜、葡萄、无花果等来帮助肝脏排毒。

> 肾脏是排毒的重要器官，它过滤血液中的毒素和蛋白质分解后产生的废物，并通过尿液排出体外。

胡萝卜：是有效的排汞食物。含有的大量果胶可以与汞结合，有效降低血液中汞离子的浓度，加速其排出。每天进食一些胡萝卜，还可以刺激胃肠的血液循环，改善消化系统，抵抗导致疾病、老化的自由基。

大蒜：大蒜中的特殊成分可以降低体内铅的浓度。

葡萄：可以帮助肝、肠、胃清除体内垃圾，还能增加造血机能。

无花果：含有机酸和多种酶，可保肝解毒，清热润肠、助消化，特别是对 $SO_2$、$SO_3$ 等有毒物质有一定抵御作用。

2. 肾脏是排毒的重要器官，它过滤血液中的毒素和蛋白质分解后产生的废物，并通过尿液排出体外。黄瓜、樱桃等蔬果有助于肾脏排毒。

黄瓜:黄瓜的利尿作用能清洁尿道,有助于肾脏排出泌尿系统的毒素。含有的葫芦素、黄瓜酸等还能帮助肺、胃、肝排毒。

樱桃:樱桃是很有价值的天然药食,有助于肾脏排毒。同时,它还有温和通便的作用。

3. 肠道可以迅速排除毒素,但是如果消化不良,就会造成毒素停留在肠道,被重新吸收,给健康造成巨大危害。魔芋、黑木耳、海带、猪血、苹果、草莓、蜂蜜、糙米等众多食物都能帮助消化系统排毒。

海带中的褐藻酸能减慢肠道吸收放射性元素锶的速度,使锶排出体外,因而具有预防白血病的作用。

魔芋:又名"鬼芋",在中医上称为"蛇六谷",是有名的"胃肠清道夫"、"血液净化剂",能清除肠壁上的废物。

黑木耳:黑木耳含有的植物胶质有较强的吸附力,可吸附残留在人体消化系统内的杂质,清洁血液,经常食用还可以有效清除体内污染物质。

海带:海带中的褐藻酸能减慢肠道吸收放射性元素锶的速度,使锶排出体外,因而具有预防白血病的作用。此外,海带对进入体内的镉也有促排作用。

猪血:猪血中的血浆蛋白被消化液中的酶分解后,产生一种解毒和润肠的物质,能与侵入人体内的粉尘和金属微粒反应,转化为人体不易吸收的物质,直接排出体外,有除尘、清肠、通便的作用。

苹果:苹果中的半乳糖荃酸有助于排毒,果胶则能避免食物在肠道内腐化。

草莓:含有多种有机酸、果胶和矿物质,能清洁肠胃,强固肝脏。

蜂蜜:自古就是排毒养颜的佳品,含有多种人体所需的氨基酸和维生素。常吃蜂蜜在排出毒素的同时,对防治心血管疾病和神经衰弱等症也有一定效果。

糙米：是清洁大肠的“管道工”，当其通过肠道时会吸掉许多淤积物，最后将其从体内排除。

4. 芹菜：芹菜中含有的丰富纤维可以像提纯装置一样，过滤体内的废物。经常食用可以刺激身体排毒，对付由于身体毒素累积所造成的疾病，如风湿、关节炎等。此外芹菜还可以调节体内水分的平衡，改善睡眠。

苦瓜：苦味食品一般都具有解毒功能。对苦瓜的研究发现，其中有一种蛋白质能增加免疫细胞活性，清除体内有毒物质。尤其女性，多吃苦瓜还有通经的作用。

绿豆：绿豆味甘性凉，自古就是极有效的解毒剂，对重金属、农药以及各种食物中毒均有一定防治作用。它主要是通过加速有毒物质在体内的代谢，促使其向体外排泄。

多饮水可以促进新陈代谢，缩短粪便在肠道停留的时间，减少毒素的吸收，溶解水溶性的毒素。

茶叶：茶叶中的茶多酚、多糖和维生素 C 都具有加快体内有毒物质排泄的作用。特别是普洱茶，研究发现普洱茶有助于杀死癌细胞。常坐在电脑旁的人坚持饮用还能防止电脑辐射对人体产生不良影响。

牛奶和豆制品：所含有的丰富钙质是有用的“毒素搬移工”。

5. 多饮水，肠道尤其大肠是粪便堆积的地方。多饮水可以促进新陈代谢，缩短粪便在肠道停留的时间，减少毒素的吸收，溶解水溶性的毒素。最好在每天清晨空腹喝一杯温开水。

此外清晨饮水还能降低血液黏度，预防心脑血管疾病。

6. 每周吃两天素食，给肠胃休息的机会。因为过多的油腻或刺激性食物，会在新陈代谢中产生大量毒素，造成肠胃的巨大负担。

吃东西不要太快，多咀嚼，这样能分泌较多唾液，中和各种毒性物质，引起良性连锁反应，排出更多毒素。

7. 多吃新鲜和有机食品，少吃加工食品、速食品和清凉饮料，因为其中含有较多防腐剂、色素。

8. 在日常饮食中控制盐分的摄入，过多的盐会导致闭尿、闭汗，引起体内水分堆积。如果你一向口味偏重，可以试试用芹菜等含有天然咸味的蔬菜替代食盐。

9. 适当补充一些维生素 C、维生素 E 等抗氧化剂，以帮助消除体内的自由基。

10. 吃东西不要太快，多咀嚼，这样能分泌较多唾液，中和各种毒性物质，引起良性连锁反应，排出更多毒素。

## 绿茶排毒美颜效果好

绿茶中含有维生素 E 和维生素 C，能显著减少活性氧的产生，加速细胞的新陈代谢，减少因紫外线及污染而产生的游离基，防止毒素袭侵肌肤细胞并有效杀菌排毒，使肌肤美白柔嫩。

你可以使用含绿茶成分的保养品，也可以每天坚持喝二杯绿茶饮品，或者干脆直接嚼服绿茶，都可达到排毒美颜甚至瘦身的功效。

## 季节转换时的排毒饮食

转季时期，经常吃些有助排毒的饮食，可以帮助排出由于季节转换、盛夏期间积聚在体内和平时使用化妆品不当而“驻存”在体内的毒素。

常吃菌类植物。菌类植物特别是香菇和黑木耳，有清洁血液和解毒的功能。

常饮新鲜果汁、常吃生鲜蔬菜。新鲜的水果和不经煮炒的鲜菜叶是人体内的“清洁剂”，能清除体内堆积的毒素和废物。

动物血中的血浆蛋白，经过人体胃酸和消化液中的酶分解后，能产生一种解毒和润滑肠道的物质。

常饮豆类汤。豆类汤能帮助体内多种毒物的排泄，促进肌体内的新陈代谢。

常吃血豆腐。动物血中的血浆蛋白，经过人体胃酸和消化液中的酶分解后，能产生一种解毒和润滑肠道的物质。可与入侵肠道的粉尘和有害金属微粒发生化学反应，使它们不易为人体吸收而排出体外。

## 春天排毒吃点什么菜

春天燥，人易上火，火大时会出现口疮、大便涩滞等症。火不去，则体内毒素残留多了，就会引起多种疾病。有益健康的菠菜羹，春天不妨多吃一点。

春天上市较早的当属菠菜，对解毒颇有益处。《本草求真》记：“菠菜，何书皆言能利肠胃。盖因滑则通窍，菠菜质滑而利，凡人久病大便不通，及痔漏关塞之人，咸宜用之。又言能解热毒、酒毒，盖因寒则疗热，菠菜气味既冷，凡因痈肿毒发，并因酒湿成毒者，宜常服。且毒与热，未有不先由胃而始及肠，故药多从甘入，菠菜既滑且冷，而味又甘，故能入胃清解，而使其热与毒尽从肠胃而出矣。”

菠菜吃法很多，民间春夏之季多以做芥末菠菜粉居多，目前小馆子做这道凉菜的也很多。其做法是：用开水或凉水将芥末粉泼开，等出了辣味之后，再用水解稀，将菠菜用水洗净，再用热水氽一下，以去其表面的农药或杂质，然后用凉水将氽过的菠菜泼一下，捞出切成小段，放入瓷器中，加入解稀的芥末、醋、盐、芝麻酱等调料待用。将细粉丝剪成二寸长的段，用开水焯或煮一下，放在有调料的芥末菠菜中搅拌均匀，即可装盘食用。此道菜不宜放酱油，要放细盐，可略放一点味精、香油，切莫放多。

## 天然排毒小吃

饭前饭后吃排毒丸成为不少人的习惯，但药物始终是药物，多吃无益。其实马蹄（荸荠）、韭菜、苹果、罗卜、南瓜、豆类等食物，都含有丰富纤维，能刺激肠脏蠕动、帮助排泄、减少肠道废物和毒素积聚，“排毒”功效同样强劲。将它们制成菜式吃进肚里，怎么说也比药丸味道好。

### 马蹄（荸荠）西米绿豆爽

**材料：**大粒西米 170 克、去皮绿豆 140 克、冰糖 170 克、马蹄粉 2 汤匙、水 5 杯

**营养贴士：**马蹄（荸荠）、西米及绿豆均含有丰富食物纤维，而马（荸

荠)当中的糖粉、蛋白质、铁、钙、磷、和维生素 A、维生素 $B_1$、维生素 $B_2$、维生素 C 等,更有降血压和防癌功效,适合容易便秘的人士食用。

**制法:**1. 西米放入滚水中煮 5 分钟,熄火,合上盖 10 分钟至透明为止。盛起,冲洗干净后沥干水分。

2. 绿豆洗净,浸清水 3 小时,沥干水分后置碟内隔水约 10 分钟。

3. 将水煮滚,放入西米、绿豆及冰糖。冰糖溶化后,加入以 4 汤匙开水开匀的马蹄粉,拌匀至滚起即可食用。

### 韩式韭菜煎饼

**材料:**韩式薄饼粉 200 克、鸡蛋 1 只、水 250 毫升、韭菜(切段)100 克、洋葱(切丝)1/4 个、香肠(切粒)2 ~4 条

**营养贴士:**韭菜特有的成分硫化基,可促进消化酵素的分泌,增加食欲。平常怕冷又血压偏低的人士,常吃韭菜有暖胃作用,且帮助将毒素排出体外,有壮盛阳气的功效。

**制法:**1. 韩式薄饼粉与蛋及水拌匀。

2. 将镬烧热,加油 2 汤匙,加入韭菜、洋葱及香肠略炒,再注入 1 大汤匙薄饼粉浆,煎至两面金黄后盛起。

3. 将薄饼切片,盛起食用。

## 食物的自然排毒法

食物是人类赖以生存的物质基础,它除了具有营养和刺激味觉器官的功能外,还含有调解人体节律、抗体防卫、振奋精神、排毒等多种功效。伴随着社会发展而来的环境污染、辐射以及对有害气体的吸收,乃至食物在种植、加工过程中,受到来自化肥农药和化学添加剂的污染,都可能会导致人体的血液和各种器官受到伤害,因此,“排毒”

在当今已经受到了人们愈来愈多的关注。

苦瓜、苦菜、苦茶等一系列苦味食品，口感略苦而余味甘甜，可清热、祛火，因此具有解毒功能。苦瓜是近年来风靡餐桌的蔬菜。有科学家在对苦瓜所含成分进行分析后发现，苦瓜中存在一种具有明显抗癌生理活性的蛋白质，这种蛋白质能够激发人体免疫系统的防御功能，消除体内的有害物质。

中医认为，茶叶味甘苦，性微寒，能缓解多种毒素。因为茶叶中含有一种活性物质——茶多酚，所以它具有解毒作用。作为一种天然的抗氧化剂，茶多酚可清除活性氧自由基，对重金属离子也可进行沉淀或还原，还可以作为生物碱中毒的解毒剂。此外，茶多酚还能提高机体的抗氧化能力，降低血脂、缓解血液高凝状态，增强细胞弹性，防止血栓形式，缓解或延缓动脉粥样硬化和高血压的发生。

海带、海芥菜等海产品可清肠排毒，具有清热、解毒的功效。海带中含有一种叫做硫酸多糖的物质，能够吸收血管中的胆固醇，并把它们排出体外，使血液中的胆固醇保持正常含量。海带表面有一层略带甜味的白色粉末——甘露醇，具有良好的利尿作用，可以治疗肾功能衰竭、药物中毒、浮肿等症。

甜味的白色粉末——甘露醇，具有良好的利尿作用，可以治疗肾功能衰竭、药物中毒、浮肿等症。

在众多的排毒方法中，最简便易行的莫过于喝白开水了。白开水可以清除胃内的垃圾和污染物，可以防治胃癌、食道癌、肠癌和膀胱癌。凉开水还有祛火、消炎、解毒等功效，更为重要的是，大量水分能渗入人体的细胞与细胞之间，具有保护细胞、延长细胞生存寿命的作用。

一个人，最好是在早晨起床时缓慢喝下 500 ~ 600 毫升的白开水，这不仅可以促进大、小便的排泄，而且还具有清洗大肠、小肠的作用。

还有一种较为方便易行的排毒方法，那就是“果汁排毒法”。因为鲜果汁是机体内的“清洁剂”，它们能解除体内堆积的毒素和废物。当大量的鲜果汁进入人体消化系统以后，会使血液呈碱性，把积存在细胞里的毒素溶解，最后经排泄系统排出体外。我们知道，正常人血液中的 PH 值为 7.35～7.45，人们在食用鱼蛋类及谷类后，其体内的最终代谢产物呈酸性，如人体大量摄取，会对健康十分不利。而水果蔬菜中含有大量的钾、钠、镁等元素，在体内的代谢产物均呈碱性，可使机体维持酸碱平衡，确保血液 PH 值正常，因此有益于人体健康。

人体所需要补充的钙、磷、铁、钾等成分，大部分都来自于水果和蔬菜。若将其加工成鲜果汁、鲜菜汁，则更利于这些物质在体内的消化吸收，如苹果汁、草莓汁、番茄汁、猕猴桃汁……其实葡萄也具有排毒的效果，葡萄汁能帮助肠内黏液的组成，并有助于肝、肠、胃、肾清除体内垃圾。樱桃汁也是具有药用价值的天然果汁，它能去除毒素和不洁的体液，因而对肾脏排毒具有显著功效。

鲜果汁是机体内的“清洁剂”，它们能解除体内堆积的毒素和废物。

每天一杯鲜果汁还可使你远离脑中风。据芬兰的一项研究发现，维生素 C 血浓度较低的男性，患中风的机率要比其他男性高。该研究对近 2400 名年龄介于 42 岁至 60 岁的男性维生素 C 血浓度进行了检测，结果显示，维生素 C 血浓度相对较低的男性，其中风的发病率是维生素 C 血浓度相对较高的男性的 2.4 倍。个别伴有高血压或肥胖的男性，如果维生素 C 血浓度也处于低水平的话，那他患中风的机会就比别人要高 2.6 至 2.7 倍。因此，人们应遵从专家的建议，每天喝一杯鲜果汁。

我们平常只有及时排除体内的有害物质或过剩营养成分，保持五脏和体内的清洁，才是真正的卫生保健之道。

## 五款排毒养颜的蔬菜汁

人体内的有毒物质主要来源于两个途径：一是大气与水源中的污染物，通过呼吸及进餐侵入人体内，铅、铝、汞等重金属就是其代表；另一个是食物在体内代谢后的废物，如自由基、吲哚、硫化氢等。鲜果、鲜菜汁常常能解除体内堆积的毒素和废物，因为鲜果汁或鲜菜汁进入人体消化系统后，会使血液呈碱性，把积存在细胞中的毒素溶解，并排出体外。

蔬菜汁的制法很简单，将蔬菜洗净切成小片，放入榨汁机中搅拌即可，饮用时用白糖或蜂蜜调味。下面介绍几种常见的蔬菜汁的食疗保健功效。

## 胡萝卜汁

每天喝上一定数量的鲜胡萝卜汁，能改善整个机体的状况。胡萝卜汁能提高人的食欲和对感染的抵抗力。哺乳期的母亲每天多喝些胡萝卜汁，分泌出的奶汁质量要比不喝这种汁的母亲高得多。患有溃疡的人，饮用胡萝卜汁可以显著减轻症状，胡萝卜汁还有缓解结膜炎以及保养视觉系统的作用。

### 芹菜汁

芹菜味道清香，可以增强人的食欲。在天气干燥炎热的时候，清晨起床后喝上一杯芹菜汁，自我感觉会好得多。在两餐之间最好也喝些芹菜汁。芹菜汁也可作为利尿和轻泻剂以及降压良药。由于芹菜的根叶含有丰富的维生素 A、维生素 $B_1$、维生素 $B_2$、维生素 C 和维生素 P，故而芹菜汁尤其适合于维生素缺乏者饮用。

## 白菜汁

白菜，又称圆白菜。白菜对于促进造血机能的恢复、抗血管硬化和阻止糖类转变成脂肪、防止血清胆固醇沉积等具有良好的功效。白菜汁中的维生素 A，可以促进幼儿发育成长和预防夜盲症。白菜汁所含的硒，除有助于防治弱视外，还有助于增强人体内白细胞的杀菌力和抵抗重金属对机体的毒害。当牙龈感染引起牙周病时，饮用白菜和胡萝卜混合汁，不仅可以为人体供应大量维生素 C，同时还可以清洁口腔。

## 黄瓜汁

医学家排列的黄瓜汁医用价值表上，利尿功效名列前茅。黄瓜汁在强健心脏和血管方面也占有重要位置，能调节血压，预防心肌过度紧张和动脉粥样硬化。黄瓜汁还可使神经系统镇静和强健，能增强记忆力。黄瓜汁对牙龈损坏及对牙周病的防治也有一定功效。黄瓜汁所含的许多元素都是头发和指甲所需要的，能预防头发脱落和指甲劈裂。黄瓜汁含脂肪和糖较少，是比较理想的减肥饮料。

## 番茄汁

医学专家认为，每人每天吃上 2 ~ 3 个番茄，就可以满足一天维生素 C 的需要。喝上几杯番茄汁，可以得到一昼夜所需要的维生素 A 的一半。番茄含有大量柠檬酸和苹果酸，对整个机体的新陈代谢过程大有补益，可促进胃液生成，加强对油腻食物的消化。番茄中的维生素

P 有保护血管、防治高血压的作用，并能改善心脏的工作。此外，常饮番茄汁可使皮肤健美。番茄汁兑上苹果汁、南瓜汁和柠檬汁，还可起到减肥的作用。

## 回归自然的排毒餐

如果你觉得已经“中毒”很深了，那么有必要通过安排一段时间食用排毒餐来调整身体的新陈代谢，给肠胃以休息的机会。

排毒餐是一种回归自然的吃法，因为体内毒素使血液氧化变酸、循环不畅，所以呈碱性的水果、蔬菜、地瓜、糙米饭是排毒餐的重要角色。它们可以中和体内过多的酸性物质，同时将积累在细胞中的毒素溶解。食物中像腌制食品类，都含有亚硝氨，是造成身体老化的物质。此外，如果摄取太多脂肪，则会堵塞血管，变成对身体有害的毒性物质。

> 选择蔬菜的原则则是以根、茎、花、果四大类为主，要多吃萝卜、西兰花、芹菜、黄瓜、青椒、番茄等。

多补充蔬菜水果，像甘篮菜、洋葱等，里面有一些物质，可以去除亚硝氨，甚至可以阻止铅的吸收，以免吃进更多的毒素。不过，排毒餐的材料，要用自己常吃的蔬果，不要去用没听过药材，免得造成肝肾毒性。此外，要多补充膳食纤维，这是人体不可或缺的清道夫，除了可解决经常便秘的困扰，也有美容与减肥的功能。

特别注意：选择水果，必须注意要符合当地、当季、盛产的原则，而且能连皮吃的尽量连皮吃。选择蔬菜的原则则是以根、茎、花、果四大类为主，要多吃萝卜、西兰花、芹菜、黄瓜、青椒、番茄等。而对于米饭的选择也有讲究，南方人适宜吃糙米、红米、小米、薏米，而北方人适宜吃大麦、小麦、燕麦等。如果在煮米饭时再加上薏仁、红枣、莲子、核桃仁等做成五谷饭,就会更加促进营养的吸收。

贴心小提醒:1. 由于开始的一两天人容易感到饥饿和疲劳,为避免影响工作,建议从周六开始实施排毒计划。食用排毒餐期间可以提早上床睡觉,以免饥饿难忍。如果实在想吃东西,就吃点苹果或葡萄,不仅易消化,保持肠道清洁,而且其中丰富的维生素、矿物质、天然酶更能提供给身体足够的营养。

2. 每天饮水3000毫升以上,是达到快速排毒很重要的一点。选择温热的白水、白水加蜂蜜柠檬汁,不能喝可乐等碳酸饮料,以及牛奶或咖啡。但注意临睡前不要喝太多水。

如果平时习惯大鱼大肉,饮食没有规律,可以每星期利用休息日安排两天食用排毒餐进行体内清洁排毒。

3. 一定要将食用的蔬果洗干净,遵循“一洗二冲三烫四削皮”的工序,可以去除绝大部分水果蔬菜本身附着的毒素。

4. 如果平时习惯大鱼大肉,饮食没有规律,可以每星期利用休息日安排两天食用排毒餐进行体内清洁排毒。当然,如果能坚持食用10天以上,排毒效果是最好的。

5. 排毒期间不可以抽烟、喝酒,否则不仅前功尽弃,而且会毒上加毒。

6. 病人、孕妇以及一切身体不适者在排毒前都要请教医生,不可随意尝试。

7. 配合正确的睡眠时间,排毒餐效果更好。一般而言,晚上9点后最好处于休息状态,11点前最好入睡。

8. 食用排毒餐期间,尽量减少摄入以下食物:

鱼(含海鲜)

肉

蛋(含蛋糕)

奶(含所有乳制品,如优酪乳、奶油、牛油、它们不易被肠胃消化)

菠菜(酸性太强)

橙子(口味太酸,会对肠胃造成刺激)

鳄梨(含油脂太多)

香蕉(含淀粉太多)

扁豆(容易造成胀气)

花生(含淀粉、油脂太多)

油

盐

味精

酱油

所有精制与加工食品(如可乐、汽水、果汁、饼干、罐头、方便面……)

特别注意:每天摄取的食物纤维至少应达 30 ~ 35g 以上排毒效果才会明显。

含咖啡因的食品(如咖啡)

酒精类、冰品类

面包、巧克力、糖(扰乱血糖指数造成食欲过盛)

9. 食用排毒期间,食物调味可改为低油(橄榄油)、低盐(竹盐)、低糖(蜂蜜等),当然最好还是吃食物原味。

10. 特别注意:每天摄取的食物纤维至少应达 30 ~ 35g 以上排毒效果才会明显。膳食纤维可帮助人们预防结肠癌和大肠癌,避免便秘、降低血胆固醇、调节血糖、预防慢性疾病(如心血管疾病)等,并能控制体重,是维持健康的重饮食素之一。

11. 排毒早餐的最佳食用时间是早上 6 : 30 ~ 7 : 30 之间。

## 上班族怎么吃排毒餐

早上出门时带上一份水果、两份蔬菜，一份米饭或者中午到店里买些米饭，简单的排毒餐就完成了。

食用排毒餐后可能会带来的反应？

头痛、虚弱、拉肚子、疲倦、发热等感冒症状，但这些都是身体在排毒的现象，注意多休息、多睡觉、多喝水，症状就会减轻。

食用排毒餐会给身体带来什么好处？

让我们的身体变得洁净起来当然是排毒餐带给我们的最直接好处，同时食用排毒餐对治疗糖尿病、高血压和癌症等疾病还有帮助，当然减轻体重也是排毒餐的附加效果。

> 一份蔬菜（尽可能保持1/2到1/3生食，这样可以确保摄入足够的酵素，利于食物的分解、消化和吸收）。

早餐：一小碗糙米饭，一份新鲜水果，两份当季的有机蔬菜（以根、茎、花、果4类为主），一块地瓜（白薯，蒸后食用，也可以是烤的）。

午餐和晚餐：一碗糙米饭（也可以是其他的五谷杂粮），一份蔬菜（尽可能保持1/2到1/3生食，这样可以确保摄入足够的酵素，利于食物的分解、消化和吸收），一份豆类（癌症患者与肾脏病患者尽量不吃豆等蛋白质），一份汤（可用海带、紫菜等煮，能有效排出身体所受的辐射，并保持血液最佳弱碱性）。

## 轻身排毒佳物

### 消脂佳物

1. 藤黄果

在日本已有实验证明它能组织脂肪细胞的合成，达到减脂效果，其 HCA 成分更可以阻碍葡萄糖在体内合成脂肪，预防脂肪形成。

2. 铬

专为食用淀粉而致肥的人群设计，它可帮助身体消化碳水化合物、蛋白质等，再把这类型的食物转化为能量，消耗脂肪并帮助保存纤瘦肌肉，减低脂肪形成。

### 排毒佳物

1. 食用纤维

一般的食用纤维通常是以车前子外壳、燕麦麸、甜菜纤维等植物纤维为主，作用是促进大肠蠕动及软化粪便，减少便秘的形成，变相去除“小肚子”。

2. 小绿藻

含丰富叶绿素，能帮助正常排便，洁净肠道，同时分解脂肪毒素，更可以净化血液，减低肥腻食物留在血管里的胆固醇。

3. 芦荟

治疗便秘和排毒的佳品，提高消化系统的活性，从而排出体内毒素与脂肪，达到收瘦下身的效果。

## 吸脂佳物

### 1. 蟹壳素

提炼自蟹壳天然纤维，能吸收食物里的多余油分，并可把其排出体外，从而减少脂肪聚积，减少因吃肥腻及高糖食品所引起的肥胖。

### 2. 卵磷脂

作用与蟹壳素相似，不过它同时有强化肝脏及令身体更易吸收维生素 C 的功能，令肌肤更白皙。

注意：别以为这些就是灵丹妙药，它们只是铺助品，瘦身仍需配合运动与均衡的饮食，在服用此类营养补充口若悬河之前应先询问医生或营养师的意见。

## 推荐一周饮食排毒疗程

如果你最近疲乏无力、常常昏昏欲睡，无缘无故头痛、肌肉酸痛、心情烦躁，脸上出现艳若桃李的痘痘，口中长溃疡、出现难闻的气味，记忆力变差……那都是身体在提醒你——你已经“毒”债累累，需要实施排毒计划。

下面是专家推荐的“7 日饮食排毒”疗程。因为体内毒素使血液氧化偏酸、循环不畅，所以此疗程以蔬菜和水果为主，它们多呈碱性，可中和体内过多酸性物质，同时将积累在细胞中的毒素溶解。由于开始一两天人容易感到饿和疲乏，为避免影响工作，建议从周六开始实施此疗程。

### 第 1 ~ 2 天

1. 起床：一杯温白水、白水加蜂蜜或热柠檬汁

2. 早餐:1 个水果

3. 上午:少量干果

4. 午餐:1 碗糙米饭 + 2 份蔬菜

5. 下午:自制果汁(将 1 公斤苹果、梨、葡萄、芒果或草莓等水果榨汁后加等量的水。果汁里加水饮用有助于清洗消化道)

6. 晚餐:1 份蔬菜

补充维生素 专家分析:制作水果沙拉不要用沙拉酱,可选择苹果汁、柠檬汁或不含牛奶的天然酸乳酪。

7. 睡前:补充维生素 专家分析:开始的一两天很容易感到饥饿,尤其晚上,建议提早上床睡觉,以免饥饿难忍。如果实在想吃东西,就吃点苹果或葡萄。另外,一整天都要充分饮水,且选择温热的白水、白水加蜂蜜或热柠檬汁,不能喝可乐等碳酸饮料,以及牛奶或咖啡。但注意临睡前不要喝太多水。

**第 3 ~7 天**

1. 起床:一杯温白水、白水加蜂蜜或热柠檬汁

2. 早餐:麦片粥 + 1 份蔬菜 / 1 个水果/ 1 份水果沙拉

3. 上午:1 个水果 + 少量干果

4. 午餐:1 碗糙米饭/1 碗糙米粥 + 2 份蔬菜 + 1 份鱼 + 1 份豆类

5. 下午:1 个水果 / 1 份水果沙拉

6. 晚餐:1 份蔬菜 + 1 份鱼 + 1 份豆类

7. 晚上:1 个水果

8. 睡前:补充维生素 专家分析:制作水果沙拉不要用沙拉酱,可选择苹果汁、柠檬汁或不含牛奶的天然酸乳酪。烹饪用油选择橄榄油,且烹饪过程中不要加太多,也不要使用太多调料尤其是盐,否则可

能导致缺钾和闭尿、闭汗。蔬菜能生吃的就生吃，因为生的蔬菜可以提供大量纤维素，有助于排毒。另外注意每天的食物品种搭配尽量丰富。

## 巧用水果的排毒方法

别以为排毒工程浩大，其实说难不难，水果也可以排毒，不同的水果排不同的毒。

1. 樱桃的果肉，能去除毒素和不洁的体液，因而对肾脏排毒具有相当的功效。同时还有温和的通便作用。

2. 一年四季都能吃到的深紫色葡萄，其实也具有排毒的效果，它能帮助肠内黏液组，帮助肝、肠、胃、肾清除体内的垃圾。

3. 苹果除了丰富的纤维外，它所含的半乳糖荃酸，对排毒挺有帮助的，而果胶则能避免食物在肠内腐化。

4. 草莓热量不高，而且又有维生素 C，在自然疗法中，草莓可用来清洁肠胃道。

草莓热量不高，而且又有维生素 C，在自然疗法中，草莓可用来清洁肠胃道。

## 食盐蜂蜜排毒方法

食盐具有消炎杀菌的功效众所周知，其实它的排毒功效亦很独到。如果你是油性肌肤中毒者，可试着将一小勺盐与蜂蜜调匀后，涂在脸上并轻轻按摩五分钟后用清水洗去。盐有深层清洁皮肤毛孔的作用，而蜂蜜水则能及时补充肌肤营养，每天早晚各一次，可帮助清除皮肤毒素。

## 红糖排毒润白你肌肤

### 红糖排毒之缘由

也许你有这样的经历，顽皮的小孩子被蜜蜂蛰了，伤口处马上又红又肿，疼痛难熬，着急的父母把一些红糖，融化后涂在红肿处，不一会疼痛就会减轻，红肿也会逐渐退却。寒冷干燥的秋冬季节，皮肤会因失水而全身瘙痒，用红糖水洗擦、清洁皮肤后，可以有效地减轻干燥、瘙痒的感觉。

> 蔗浆中更含有豆甾醇、苯油甾醇等多种抗氧化的天然物质。

千百年来，红糖具有排毒滋润的作用妇孺皆知。红糖的这种特殊作用，主要得益于它的天然成分。

红糖，又叫赤砂糖，是禾本科植物甘蔗的茎汁经炼制而成的赤色结晶体。研究发现，甘蔗，这种多年生草本植物，全身内外都是宝。它含有多种人体必需氨基酸，如赖氨酸等，还有苹果酸、柠檬酸等，是合成人体蛋白质，支持新陈代谢，参与人体生命活动必不可少的基础物质之一；另外，蔗浆汁、蔗茎中还含有丰富的维生素 $B_1$、维生素 $B_2$、维生素 $B_6$ 及维生素 C 等，科研人员从蔗浆中提取的“糖蜜”实际上属于一种多糖。

研究表明，它对动物的肿瘤具有抑制作用并且具有强效的抗氧化功能。蔗浆中更含有豆甾醇、苯油甾醇等多种抗氧化的天然物质，经专家验证,这些物质对于抗衰老具有明显的作用。

日本美容界每年花巨资对中国的民间配方进行深入研究,力求找到安全又具疗效的美容新方法,近年,日本研究人员从中国古方及日本江户时代歌姬常用的“红糖排毒美白疗法”中得到启发,对红糖的天然成分及药理进行分析,发现从红糖中提炼的天然成分用在美白功效方面比时下流行的激光祛斑、果酸祛斑等方法更具安全性,疗效更彻底。还原健康细胞,真正做到美白从细胞开始。

## 细胞有“毒”,我无惧

人体通过新陈代谢,有用的物质被吸收,同时也产生一些废物和毒素,环境中的汽车废气、大气污染、农药和化学物质对环境的污染、化学药品的毒副作用、食品添加剂的应用等对人体的“无限”干扰,都形成了外来之毒。毒素聚积在体内长久后身体就会出现疾病,毒素聚积在皮肤细胞中,则形成皮肤问题,如色斑、暗疮、失去弹性、干燥等。

解决问题皮肤的关键就是对细胞进行排毒,红糖中含有的特殊成分“糖蜜”,具有强力的“解毒”功效,能将过量的黑色素从真皮层中导出,通过全身的淋巴组织排出体外,从源头阻止黑色素的生成。另外,红糖中蕴含的胡萝卜素、核黄素、烟酸、氨基酸、葡萄糖等成分对细胞具有强效抗氧化及修护作用,能使皮下细胞排毒后迅速生长,避免出现色素反弹,真正做到美白从细胞开始。

## 祛斑之横向对比

究竟“红糖排毒祛斑疗法”对比其他的美白祛斑方法有什么特别之处？为什么它能够令水银灯生涯下的日本艺员保持皮肤白滑，并且成为不少香港著名艺员的“护肤秘笈”，以下的对比令我们一目了然。

激光美容祛斑主要是利用激光治疗仪发出特定波长，不同波长的激光会被皮肤中特别的颜色或色素吸收。

**对比之一：迅速变白—饮鸩止渴**

不少的祛斑疗程号称“一两天极短的时间内使皮肤迅速变白、变嫩”，而一旦停用，皮肤立即变得更黑，色素反弹，皱纹加深。其实，这类祛斑产品往往添加了超标的铅、汞等对人体皮肤、神经系统有毒的物质。由于铅、汞等重金属离子能作用于黑色素生成过程中的酪氨酸酶，使其失活，从而阻止了色斑的形成，减少黑色素，让皮肤变白。但这一作用是短暂的，最终造成的后果是酪氨酸酶还是无限制地催化黑色素的生成，使皮肤变黑，色素反弹，甚至出现重金属中毒斑。

**对比之二：激光祛斑—治标不治本**

激光美容祛斑主要是利用激光治疗仪发出特定波长，不同波长的激光会被皮肤中特别的颜色或色素吸收，当色素渐渐被身体吸收后，色斑的颜色就会随之变淡。但毕竟激光祛斑是依靠外力的“强制性祛斑”，并不能从源头阻断斑的生成。

**对比之三：果酸换肤—透支青春**

果酸换肤祛斑所选用的果酸是从水果中提取的自然酸，一般低于10%的低浓度果酸配方有滋润的作用，可使皮肤细致富弹性；高于

20%的果酸则使肌肤外层老化细胞容易脱落，同时促进真皮层内胶原纤维、黏多蛋白的增生，能达到祛斑的效果。

果酸换肤祛斑可以祛除位于皮肤表皮浅层的斑点，但对位于皮肤表皮深层（基底层）或真皮层的色素斑点则无能为力。此外，利用果酸换肤祛斑的要求极高，首先要严格无菌控制；其次由于采用高浓度果酸，在面部停留时间也要严格监控，否则会起到适得其反的效果；再者，利用果酸换肤祛斑不可避免地要伤及皮肤角质层，使皮肤抵御外界侵害的功能降低，同时也令肌肤水分过度丧失，极易出现老化。

淋巴组织排出体外，同时，“糖蜜”的强抗氧化功能能够对受损细胞进行彻底修护，还原健康细胞。

**对比之四：红糖排毒一安全有效**

红糖排毒原理取自千百年前的美容古方，经过日本研究人员对红糖天然成分及药理进行分析，发现从红糖中提炼的天然成分“糖蜜”具有排毒美白的功效。由于它能够进入有毒细胞内，将过量的黑色素从真皮层中导出，通过全身的淋巴组织排出体外，同时，“糖蜜”的强抗氧化功能能够对受损细胞进行彻底修护，还原健康细胞。既排毒又修护、从源头阻止黑色素的生成是“红糖排毒白滑系列”能够在日本美容界及艺能界引起轰动的最重要原因之一。

# 第五章　无毒一身轻

## 粤港离子水沐足写真

足部SPA不新鲜，据说新兴的脚底SPA排毒法可把身体毒素完全排出，更可从足浴水的污浊度分析身体毛病。能否排毒则有待商榷，但最近在香港和广州都先后出现了此类沐足，利用微电流和离子水对脚部进行浸泡和按摩，能去除疲劳和改善脚部问题。我们就来一探究竟吧！

美容师事前先在足浴盆中放入矿物质，有助微电流导电

注意：下列人士不可接受排毒足浴：癫痫症患者、孕妇、感冒者、严重糖尿病者、足部有伤口者、金属或电子医疗器械植入人士。

港产01：离子排毒脚底排毒水疗法

卖点：以仪器释放电离子，利用极性离子把毒素吸引及排出体外，毒素会融入水中，长期做此疗程可增强身体免疫力、改善失眠、女性生理病、痛风及尿酸等毛病。

01－美容师同样于水中放入盐分，帮助水份释放电离子

02－水变成混浊的咖啡色及有泡沫，说明是吸烟或二手烟过量的表现

港产02：微电流排毒细胞排毒疗程

卖点：细胞排毒仪可释放出微电流，刺激循环系统把毒素从脚底

排出体外，可提高身体自然排毒能力及减轻身体器官排毒负担，促进全身血液循环。

01 – 美容师事前先在足浴盆中放入矿物质，有助微电流导电

02 – 水变成深咖啡色更有黑色小点，是身体中带有重金属的表现，可能是吃过海鲜所致

03 – 完成排毒疗程后，可同时选做脚底按摩，每次另加＄250，加强保健效果

不要轻信脚底排黑毒？

香港曹宏威博士认为：严格来说，身体内不应有毒，就算我们的排泄物也不是毒素，只是我们身体多余的废物而已。加上脚底无毛孔，不能排出任何物质，从科学角度来说，自来水含有矿物质，经过电极的氧化还原作用，会变成有颜色甚至有渣滓，于是浸脚久了，水自会变色。

模特试做约 70 分钟的足浴后，大赞足部和腿部开始变得光滑细腻，如需治疗脚气，则需连续沐 4 次。

广州：离子水沐足

卖点：据说因为去香港脚的效果不错，店里又多引进了一批离子热水器。将离子水接入木桶，配以专业的足部按摩，模特试做约 70 分钟的足浴后，大赞足部和腿部开始变得光滑细腻，如需治疗脚气，则需连续沐 4 次。

01 – 顾客将双脚泡入离子热水中大约 20 分钟，帮助水离子对脚部皮肤发生作用

02 – 如加放香薰、啫喱也可以，不过记者建议大家勿用离子水感受效果。美容师按摩脚大约 30 分钟

03 – 用毛巾热敷。整个过程大约 70 分钟，浴后，足部柔软，走路像踩在棉花上，十分舒服。

## 感受香熏美肤的魅力

这段时间工作压力大，很累，家中老人生病，孩子又需要照顾和辅导功课，笔者实在疲惫不堪。经思考后决定去香熏美肤桑拿室去轻松一下。

据美容顾问介绍，香熏美肤在欧洲已有悠久的历史，被认为是一种可让精神放松、增进身心和环境协调、令皮肤细腻光滑、重现青春活力、具有治疗作用的自然美容健康疗法。它通过视觉、嗅觉、听觉、触觉等有机的结合，能给人以身心愉悦、精神放松、肌肤柔美感，也是香熏美容的最高境界。

> 闭上眼睛，放缓呼吸，想像自己成为自由飞翔在无际蓝天的小鸟。

用于香熏的精油从天然植物的花、根、叶、果中提取，提炼过程极美，如玫瑰，每滴精油的提炼需用500朵拳头般大的新鲜玫瑰花。试想一下：堆成小山一样的玫瑰花朵，在先进仪器的提炼中散发浓香，最终变成一滴滴晶莹剔透的玫瑰精油，真是滴滴香浓，弥足珍贵啊！

在美容顾问的引导下，笔者首先进入芳香美体室，美容师为我选择了茶树和熏衣草香精油，一边感受着花瓣芳香所营造的浪漫，一边尽情享受木桶浴带来的放松，全身浸泡在这芬芳的清水中约20分钟，闭上眼睛，放缓呼吸，想像自己成为自由飞翔在无际蓝天的小鸟，轻轻地在水中划动双臂，任水轻抚全身……蒸桑拿前在腹部涂上瘦身精油，胸部涂健乳油，粗糙皮肤处涂滋润精油，身体分区域护理更使我的肌肤尽善尽美。

循香进入美体室，美容师已为我铺好洁净的床单，并递过一杯温水，置身于帷幔轻銮、柔柔的背景音乐中，感受着美容师动静结合、刚柔相济、犹如一组优美的舞蹈的按摩手法——香熏美容中最关键的按摩法——淋巴引流排毒法。美容师用调配好的植物芳香精油与天然植物油混合而成的“液体黄金”安抚我的身体和面部，手法缓慢，使我顿时产生一些极佳的生理和心理反应：紧张松弛的肌肉舒展了，不安、焦虑、惊恐的心情平静了。

本以为已充分领略了香熏的魅力，可美容师又建议我再做一个香熏热毯理疗，因为“植物中的生命荷尔蒙”——纯植物香精油，只有在38℃时，才能完全渗入到人体内，促使细胞再生代谢加速，达到体内环保、排毒、肌肤美白、紧实和嗅觉愉悦之多重功效，而热毯恰好恒温在38℃……

香熏，使我身心更健康，肌肤更美丽，成为我摆脱工作压力的好方式，恢复青春自信的绝招。

香熏，使我身心更健康，肌肤更美丽，成为我摆脱工作压力的好方式，恢复青春自信的绝招。

## 柠檬美女 净白排毒法

这里介绍一个来自瑞士的简单、经济、天然、有效的柠檬食谱。它能激发身体的自我净化过程，瘦身排毒，恢复活力。

### 净白柠檬的美容下午茶

一周减重7~12磅！这决不是一句招揽减肥人士的醒目标语，比较其他方法，它的确是更快、更有效的健康减肥的全新途径。柠檬食谱，不仅能减去多余的脂肪和体重，更使整个身体强壮与健康。

柠檬食谱的主要目的是启动身体的自我净化过程，溶解多余的脂肪，清除身体各种器官（肝、肾、肺、淋巴系统以及皮肤）的废物和毒素，净化血液，改善血质，促进新陈代谢，清洁并修复整个消化吸收系统，增强消化能力，调整吸收平衡。

成功完成整个自我净化过程只需要短短的 5 ~ 7 天，这是获得自我康复的健康之旅，也是体验自身能力的感受之旅，更是提升心理毅志的轻松之旅。

## 柠檬好吃又减肥

众所周知，柠檬是一种富含维生素 C 的营养水果，一般人都将之作为美容食品。

其实，柠檬中所含的物质，经过合理的调配，还是十分有效的减肥物质。可以使你在享受柠檬的美味同时，让你成为一个美貌与身材俱备的出众女人。

### 柠檬醋

柠檬与醋同样具有减肥效果，这样看来，柠檬醋的确是能养颜美容，也可以说是一种健康食品。

一种可食用的醋，具有减肥养颜美容的功效。柠檬耐久易保存，含丰富的维生素 C，能防止牙龈红肿出血，还可减少黑斑、雀斑发生的几率，并有部分美白的效果。柠檬皮还有丰富的钙质，所以为了达到理想的效果，最好还是连皮榨汁最有营养。

柠檬与醋同样具有减肥效果，这样看来，柠檬醋的确是能养颜美容，也可以说是一种健康食品。如果你饭后喝一小杯，就能让自己元气大增，精神焕发，也更美丽窈窕。但是柠檬与醋的酸度都很高，空腹喝太多会伤胃，要尝试不可不小心。

### 自然柠檬水减肥法

柠檬水可以解渴且冲淡想吃东西的欲望，因此可有效抑制不当饮食，加上一天总共15分钟的运动，效果会十分显著。这套减肥法现在在日本是最流行的，在家里自己操作就可以达到减肥的效果，所以被称为“家庭主妇”式的喝水节食法，十分有效。减肥方法如下：

1. 一公升的水里加上半粒柠檬原汁，并置于冰箱里，温度较低易有清凉爽口的感觉。

2. 每日至少喝下三公升的柠檬水，不需特别节食或禁绝零食，但必须时时补充柠檬水。

3. 必须搭配每日15分钟运动，不必持续进行，分散时间亦可有助于排汗，目的是为了排除体内有害物质。

## SPA水疗排毒法

SPA水疗排毒通常与之后的香薰按摩一同进行。一整套的SPA水疗排毒过程一般为在沐浴、去角质、敷泥之后，利用高科技水疗仪的冷暖沐浴水柱为躺在水疗床上的客人做身体冲射，刺激身体细胞呈现活跃状态，再配合手法专业的推拿按摩，保持细胞良好状态，加速代谢和循环，达到排毒、耗脂、减肥的目的。最为适合体内循环不畅、易水肿的人士。

根据统计，许多女性不爱运动，但却又希望拥有健康又漂亮的外表与内在。这些怕懒，却又爱美的女性，藉由SPA的机器或是手法按摩，进而达到“淋巴引流排毒”的作用，是相当不错的一个好选择。

> 现代人求快速，但体质的改变却非一天两天，必须维持正常的生活习惯，并变成一种生活方式，才能够无毒一身轻。

不过，不是一次的SPA就可以将所有身体内的毒素排干净，因为每个人的新陈代谢能力不同，通常至少要两个月左右，才能将旧有的毒素排掉。如果代谢不好的人，还是要尽量摄取低盐食品，如果可以，最好每天可以稍微以竞走的方式走路，让身体发汗，达到运动的效果。虽然现代人求快速，但体质的改变却非一天两天，必须维持正常的生活习惯，并变成一种生活方式，才能够无毒一身轻。

## 药物排毒难道人人需要

Kelly一向紧跟时尚，眼下风行的“排毒”自然也要去尝试一番。美容院里各式各样的排毒疗法着实太贵，还是买两盒排毒药物吧，既方便又实惠。

日后每次如厕，美其名曰又给身体排了一次毒。

我们都很熟悉肝脏，各种毒素经过肝脏的一系列化学反应后，变成无毒或低毒物质。

中医有“正气存内，邪不可干”之说，人体正气旺盛，抵抗力强，就会抵御各种“毒”的侵袭。排毒在临床医学上只是作为一种治疗疾病的方法，没有疾病自然也勿需治疗。

## 滥用排毒药损害胃肠道

英国一些毒物学家和化学家提出，目前市场上流行的很多排毒产品，其实根本没什么作用，因为人体自身就有很好的自净能力，能有效地清除掉摄入体内的“垃圾”。

在国内，排毒养颜的药物近年来也大行其道，在国家药监局基础数据库中查询发现，称有排毒功效的药物基本都是中药或中成药。不过，也有中医专家告诫，即便是中药排毒，也并非百试百灵，长期服用还会带来一系列副作用，对肠胃等功能有较大的损害。

皮肤上的痤疮等，而更大的影响在于身体机能，比如导致人的肝脏、肾脏，还有肠道的病变。

**“毒素”累积体内影响身体机能**

西医认为“毒”是进入人体之后，使机体产生化学变化并破坏机体组织的一种物质。同时，人体内脂肪、糖、蛋白质等物质在新陈代谢过程中产生的废物和肠道内食物残渣的腐败产物等也是有毒物质的主要来源之一。中医里“毒”的概念更加广泛，体内代谢出来的产物都叫毒。

北京中医药大学从事人体体质研究的博士董静解释说，人体的排“毒”方式无外乎是大小便和汗液，呼吸，皮肤分泌等几种，最主要的就是前三种。特别是当人大小便不畅通时，这些“毒素”最容易在体内积聚，影响身体的健康。

我们看得见的影响，有皮肤上的痤疮等，而更大的影响在于身体机能，比如导致人的肝脏、肾脏，还有肠道的病变，像原本是人体内正常物质的甘油三酯、胆固醇堆积过多，还会引起动脉硬化等心脑血管疾病。

**排毒未必能养颜**

现在市场上比较流行的排毒药物，主要有排毒养颜胶囊、芦荟胶囊等，前者的主要成分是大黄、芒硝等，后者主要是芦荟，在中药里边这些都是泻药，能起到帮助通便的作用。但是排毒药物并不是人人都适合的，而且对人起的作用也不尽相同。像长有痤疮的青年女性、饱受便秘（通便不畅）之苦的老年人，甚至不同地域、不同性别的人，服用的排毒药物都是不一样的，都应在医生指导下区别对待。

都说洗肠能排毒养颜，这是真的吗？

而且，即便是“排毒”了，却不见得就能“养颜”，就像它能对女性的因“毒素”积累过多而引起的痤疮起作用，可是对于那种源于女性内分泌系统紊乱引发的痤疮，大便再怎样保持顺畅也是无济于事的。而像面色苍白，灰暗，气虚的女性，不仅不能“泻”，还要进行补气养血才能美容。

任何药物，长期服用都会有副作用，尤其是以“泻”为主的排毒药物。

**长期“排毒”损害肠胃功能**

任何药物，长期服用都会有副作用，尤其是以“泻”为主的排毒药物。长期服用排毒类“泻”药，会让肠道反射功能、敏感性降低，肠蠕动的力量减弱，消化功能受损，影响对食物的消化吸收，造成营养不良等后果。据了解，一些排毒药物中的大黄成分如果长期服用，容易引起继发性便秘，也就是说，可能形成依赖，一旦停药，便秘又会出现了。

**运动才是最好的排毒方式**

其实人们还有很多天然的“排毒”方式，比如保持良好的睡眠习惯，生活有规律，不暴饮暴食，适当多吃一些含粗纤维的蔬菜，还有水果等。绿色蔬菜及水果多呈碱性，可中和饮食中糖、肉、蛋等摄入后产生的过多酸性物质，又可将积聚在细胞中的毒素溶解。更为重要的是，良好的饮食习惯，有利于形成良好的大小便排泄规律，使肠道功能维持在比较好的状态。

还有适度的运动，比如散步、慢跑、骑自行车、登山、游泳等，对于胃肠蠕动功能都有一种加速作用，会使血液循环增快一些。同时运动往往要喝水，通过小便等，更有利于“毒素”排出体外。

## 药物排毒 因“毒”而易

近年来,冠以“排毒养颜”之名的保健品异常走俏,不少人争相购买。“排毒”保健品真的这么神奇吗?

其实,每个正常人的体内都有清除各种毒物的本领,如最大的解毒器官肝脏,可通过一系列生化反应,将体内的有毒物质分解。人体排泄、出汗、呼吸、咳嗽、呕吐等也可将代谢废物排出体外。中医有“正气存内,邪不可干”之名言,人体正气旺盛,抵抗力强,就会抵御各种“毒”的侵袭,自然而然将“毒”排出体外。

> 气血虚的女性面色萎黄,皮肤干燥无华,头晕乏力,气虚懒言,动辄心慌气短,需补气血而不能泻下。

值得提及的是,要想“排毒”,应看“毒”在何处。比如刚刚误吃了某一毒物,就需用催吐或洗胃的方法来“排毒”;得了外感热病,应采用发汗解表来清热祛毒;肾脏有病,甚至发生了尿毒症,可通过透析以清除体内废物毒素;若是患感染性疾病,“毒”入侵到血液里发生毒血症或败血症,需用抗生素类药物。可见“排毒”途径不只是通大便,该如何“排毒”,须听从医生指导,因病采用不同方法。

有的“排毒”类保健品主要成分大多是以含大黄为主的通便药物,对经常便秘,胃肠有积滞,属热属实症者,泻下通便可起到“排毒”的作用。但个体差异使不同的人对通便药的耐受性不同,有的人吃 10 克大黄不见得会拉肚子,而有的人吃 3 克就泻得很厉害,还会出现腹痛、恶心、胃部不适等副作用。大黄只能短期服用,否则会伤害胃肠道,影响对食物的消化吸收,造成营养不良等后果。

从中医角度来说，气血虚的女性面色萎黄，皮肤干燥无华，头晕乏力，气虚懒言，动辄心慌气短，需补气血而不能泻下，否则虚者更虚，何来养颜美容？所以说泻可“排毒”，补也可“排毒”。

中老年人“排毒”更应分清虚实寒热的体质类型，该补该泻应视体质状况，不可人云亦云，步入“排毒”误区。

## 简便借助药物来排毒

salon 是一名时尚杂志策划。她一直选择服用药物的方式进行排毒。她认为：

“我就是属于那种典型的需要排毒的那一种，由于我长期的坐在电脑前，再加上我不爱运动，不喜欢喝水，所以我的胃肠蠕动的速度很慢，有习惯性便秘，由于毒素的长期侵害，现在我的脸上也长了一些很象“痘痘”的小家伙，没有办法，为了简便，我求助于清肠药物，效果不错的，不过要告诉大家，我这种方法不要多用呀，你如果很严重，也可选择一些副作用比较小的决明子茶什么的，副作用相对小些。”

salon 是一名时尚杂志策划。她一直选择服用药物的方式进行排毒。

专家认为现在有相当一部分白领女性患有便秘，长期的便秘对身体的危害性很大，还可能促进乳腺癌、直肠癌的发生，不过便秘的治疗最好通过饮食、运动等，并且按时蹲厕所，不主张通过药物，以免形成依赖，还有一部分女性没有便秘，也想通过药物来清肠减肥，这也是不可取的，长期会扰乱肠道的正常功能，影响健康。

### 药物排毒是主要途径

在诸多方法中，药物排毒可算是主要途径，因为与其他方法相比，它显得更为成熟，作用更加显著。它可针对体内毒素，进行吸附、荡涤、分解和中和，然后将废物再通过消化道、泌尿道、汗腺排出体外。

药物排毒是治标不治本的疗法，有时可能使人体对它产生依赖，使自身功能丧失。此外，排毒价格昂贵及其副作用，也是不容忽视的问题。而且"是药三分毒"，即使是天然的药物，有时也会给人体带来不利影响。各种排毒方法，都有一定的针对性，而每个人的身体状况差异显著，因此只有使用针对性较强的排毒方法，才能取得较好的效果。

专家们指出，发生便秘的患者使用这种药物确实可以起到排泄的作用。

### 排毒药物不可随意服用

"排毒养颜胶囊是以大黄和芒硝作为主要原料的药物，绝对不可以长期服用。"包括中国中医研究院、中国科学院药物研究所和东直门医院、广安门医院的多位药学和医学专家，日前纷纷表达了这样的观点。

今年7月，北京一消费者因长期服用排毒养颜胶囊导致继发性便秘而将生产企业告上法庭，此后，有关中药大黄及其代表性产品——排毒养颜胶囊的安全问题，成为社会关注的焦点。

这位消费者在接受记者电话采访时称，她从1998年开始以养颜为目的服用此药，几个月后一停用，即出现便秘症状，继续服用后症状有所缓解，而一旦停用便会出现严重的便秘症状，所以几年来一直在服用。今年初因工作原因偶然了解到此药的副作用后去医院就诊，令她感到惊讶的是，所有接诊的医生均建议她立即停用排毒养颜胶囊，认定或怀疑药中的大黄和芒硝是导致她出现严重便秘的"罪魁祸首"。

这位消费者无奈地表示，由于产生了很强的依赖性，所以她现在仍然在服用排毒养颜胶囊。几年来她买药至少花费了数千元钱，可没想到换来的却是今天这样一个结果。

专家们指出，发生便秘的患者使用这种药物确实可以起到排泄的作用，但长期服用往往产生依赖性，并导致继发性便秘，而且很难在短时间内治愈。大家普遍认为，大黄是一味常用中药，很多中成药均将其作为重要成分，但仅限于治病，从无久用之理。

排毒养颜胶囊的说明书上所写症状“便秘、痤疮、色斑”等又是慢性病，所以懂中医的人一看就知道有问题。

长期从事天然药物研究的中国科学院药物研究所马林副研究员指出，长期服用大黄类药物很容易出现像吸食毒品一样的依赖性，这位消费者出现的症状是典型的药物依赖，属于药物不良反应的范畴。

而中国中医研究院中药所的杜贵友教授则认为，从中医药的角度来评价，排毒养颜胶囊的方子把大泻和大补的药放在一起不合适。从我国传统医学来讲，把大泻和大补的药放在一起，只是针对疾病的特殊情况，本来是治急症的药，可排毒养颜胶囊的说明书上所写症状“便秘、痤疮、色斑”等又是慢性病，所以懂中医的人一看就知道有问题，可老百姓不知道，而且说明书上对服用多长时间没有标明，长期服用肯定要出问题。

专家们表示，现阶段滥用中药、用药不当和企业宣传误导已经成为中药不良反应事件频繁发生的一个最重要的原因，加大对中药不良反应事件的监测力度和广度，已成为维系中药安全的当务之急。

# 第六章　排毒养颜药物

## 金银花

本品为忍冬科植物忍冬、红腺忍冬、山银花或毛花栓忍冬的干燥花蕾或初开的花。主产于河南、山东。此外，广西、安徽、浙江、陕西、四川、贵州均有野生。以花蕾大，含苞待放，色黄白，滋润丰满，香气浓，无叶片及杂质者为佳。

本品花含木犀草素、肌醇约1%及皂甙、鞣质等成分。药理：

①有抗菌作用。在体外对多种细菌（伤寒杆菌、副伤寒杆菌、大肠杆菌、变形杆菌、绿脓杆菌、耳目咳杆菌、霍乱弧菌以及葡萄球菌、链球菌、肺炎双球菌、脑膜炎球菌等）均有抑制作用。

②金银花在体外对人型结核杆菌有某些抑制作用。

③金银花热水浸剂对大鼠幽门结扎性胃溃疡有轻度预防作用，如与猪肾、茯苓、人参、芡实及珍珠等组成合剂，则预防作用更强。

【性味归经】甘、寒。入肺、胃、大肠经。

【效用与常见配方】本品具有清热解毒、疏散风热之功效。适用于温病发热、斑疹、咽喉肿痛、痢疾便血、疮痈肿毒等症。

常见配方：

**方一：**治温病初起、发热无汗：金银花、连翘、桔梗、薄荷、竹叶、生甘草、荆芥穗、淡豆豉、牛蒡子、鲜芦根为“银翘散”。

**方二：**预防乙脑、流脑：金银花、连翘、大青根、芦根、甘草各三钱。水煎代茶饮，每日一剂，连服三至五天。

**方三：**治热淋：金银花、海金沙藤、天胡荽、金樱子根、白茅根各一两。水煎服，每日一剂，五至七天为一疗程。

**方四：**治痢疾：金银花（入铜锅内，焙枯存性）五钱。红痢以白蜜水调服，白痢以沙糖水调服。

**方五**：治胆道感染，创口感染：金银花一两，连翘、大青根、黄芩、野菊花各五钱。水煎服，每日1剂。

**方六**：治一切肿毒，不问已溃未溃，或初起发热，并疗疮肿毒，喉痹乳蛾：金银花（连茎叶）自然汁半碗，煎八分服之，以滓敷上，败毒托里，散气和血，其功独胜。

**方七**：治痈疽发背初起：金银花半斤，水十碗煎至二碗，入当归二两，同煎至一碗，一气服之。

**方八**：治一切内外痈肿：金银花四两，甘草三两。水煎顿服，能饮者用酒煎服。

**方九**：治杨梅结毒：金银花一两，甘草二钱，黑料豆二两，土茯苓四两。水煎，每日一剂，须尽饮。

**方十**：解农药（1059、1609、4049等有机磷制剂）中毒：金银花二至三两，明矾二钱，大黄五钱，甘草二至三两。水煎冷服。每剂作一次服，一日二剂。

**方十一**：治疗荨麻疹：采取新鲜金银花1两，每天3次，煎服。

【药膳】

**净金银花**：拣去杂质，筛去泥砂，晒干即得。

**金银花炭**：取净金银花，置锅内，用武火炒至焦褐色，喷淋清水，取出，晒干即得。

**金银花液**：取净金银花，加入清水煮沸，浓缩，去滓即得。

**金银花炒苦瓜**：金银花20克，苦瓜300克，加调料炒食。

**金银花炒莴苣**：金银花20克，莴苣300克，加调料炒食。

**金银花炒鹌鹑**：金银花30克，鹌鹑250克，加调料炒食。

**金银花炖老鸭**：金银花30克，老鸭1只，辅料、调料炖食。

**金银花炖老龟**：金银花25克，老龟1只，辅料、调料炖食。

**金银花炖冬瓜**：金银花25克，冬瓜500克，炖食。

**金银花蒸鹌鹑**:金银花 15 克,鹌鹑 250 克,加调料蒸食。

**金银花蒸鲈鱼**:金银花 25 克,鲈鱼 1 尾(500 克),加调料蒸食。

**金银花蒸白鸭**:金银花 25 克,白鸭 500 克,加调料蒸食。

**金银花粥**:金银花 6 克,粳米 150 克,煮粥。

**金银花枸杞粥**:金银花 10 克,枸杞 15 克,粳米 150 克,煮粥。

**金银花大枣粥**:金银花 6 克,大枣 4 枚,粳米 150 克,煮粥。

**金银花饮**:金银花 6 克,白糖 15 克,水 300 克,煮成饮料。

**金银花菊花饮**:金银花、菊花各 4 克,水 300 克,白糖 15 克,煮成饮料。

**金银花枸杞饮**:金银花 6 克,枸杞子 10 克,白糖 15 克,水 300 克,煮成饮料。

## 蒲公英

本品为菊科植物蒲公英的带根全草。各地均产。以身干,叶多,色绿,无杂草者为佳。

含蒲公英甾醇、胆碱、菊糖和果胶等成分。药理:

①蒲公英注射液试管内对金黄色葡萄球菌耐药菌株、溶血性链球菌有较强的杀菌作用。

②有利胆作用。

③蒲公英提取液 1∶400 在试管内能抑制结核菌。

【性味归经】苦,甘,塞。入肝、胃经。

【效用与常见配方】本品具有清热解毒、利湿之功效。适用于热毒痈肿疮疡、肺痈、胸痛、湿热黄疸及小便淋沥涩痛等症。

常见配方:

**方一**:乳痈肿毒:蒲公英、夏枯草、贝母、连翘、白芷、天花粉、橘叶、甘草、山豆根等配伍。

**方二**:治目赤肿痛:单用蒲公英或配伍龙胆草、黄芩等。

**方三**:治乳痈:蒲公英(洗净细锉),忍冬藤同煎浓汤,入少酒佐之,服罢,即欲睡,是其功也。

**方四**:治瘰疬结核,痰核绕项而生:蒲公英三钱,香附一钱,羊碲根一钱五分,山慈菇一钱,大蓟独根二钱,虎掌草二钱,小一枝箭二钱,小九左牛一钱。水煎,点水酒服。

**方五**:治痈疮疔毒:蒲公英捣烂覆之,别更捣汁,和酒煎服,取汁。

**方六**:治急性结膜炎:蒲公英、金银花。将两药分别水煎,制成两种滴眼水。每日滴眼三至四次,每次二至三滴。

**方七**:治急性化脓性感染:蒲公英、乳香、没药、甘草,煎服。

**方八**:治多年恶疮及蛇螯肿毒:蒲公英捣烂,贴。

**方九**:治肝炎:蒲公英干根六钱,茵陈蒿四钱,柴胡、生栀子、郁金、茯苓各三钱。煎服。或用干根、天名精各一两,煎服。

**方十**:治胆囊炎:蒲公英一两,煎服。

**方十一**:治慢性胃炎、胃溃疡:蒲公英干根、地榆根各等分,研末,每服二钱,一日三次,生姜汤送服。

**方十二**:治胃弱、消化不良,慢性胃炎,胃胀痛:蒲公英一两(研细粉),橘皮六钱(研细粉),砂仁三钱(研细粉)。混合共研,每服二至三分,一日数回,食后开水送服。

【药膳】

**净蒲公英**:拣去杂质,洗净泥土,切段,晒干即得。

**蒲公英液**:取净蒲公英,加水煎煮,过滤,留汁液即得。

**蒲公英粉**:取净蒲公英,碾成细粉,过筛即得。

**素炒蒲公英**:鲜嫩蒲公英300克,加调料炒食。

**蒲公英炒猪肝**:鲜嫩蒲公英100克,猪肝250克,加调料炒食。

**蒲公英炒莴苣**:嫩蒲公英50克,莴苣300克,加调料炒食。

**蒲公英炖羊肝**:蒲公英30克,羊肝250克,加调料炖食。

**蒲公英炖苦瓜**:蒲公英30克,苦瓜300克,加调料炖食。

**蒲公英拌鱼腥草**:鲜嫩蒲公英150克,鲜鱼腥草300克,加调料拌食。

**蒲公英饮**:蒲公英20克,水300克,白糖15克,煮成饮料。

**蒲公英粥**:蒲公英50克,粳米150克,煮粥。

## 紫花地丁

本品为堇菜科植物紫花地丁的干燥全草。主产江苏、浙江等地。以身干,色绿,花紫色,无杂质者为佳。

含甙类、黄酮类、蜡(为蜡酸及不饱和酸等的酯类)等成分。花中亦含蜡,蜡中含饱和酸(主要为蜡酸),不饱和酸,醇类,烃等成分。药理:

①紫花地丁在试管内有抑制结核杆菌生长的作用。

②本品醇提物31毫克/毫升,对钩端螺旋体即有作用,而水煎剂62毫克/毫升才有效。

③紫花地丁尚有清热、消肿、消炎等作用。

【性味归经】苦、辛,寒。入心、肝经。

【效用与常见配方】本品具有清热解毒之功效。适用于疔疮痈肿、瘰疬、疮毒、毒蛇咬伤等症。

常见配方:

**方一:**治疗疮毒瘰疬:紫花地丁、连翘、甘菊、贝母、金银花、甘草、夏枯草等配伍。

**方二:**治肝热目赤肿痛:紫花地丁、菊花、蝉蜕等配伍。

**方三:**治疔疮肿毒:紫花地丁草,捣汁服。

**方四:**治痈疽发背,无名诸肿:紫花地丁草,三伏时收,以白面和成,盐醋浸一夜贴之。

**方五:**治乳吹并一切毒:黄花地丁(即蒲公英)、紫花地丁各八两。以长流水洗净,用水熬汁去渣,又熬成膏摊贴。

**方六:**治实热肠痈下血:鲜紫花地丁八钱至一两(干的五至八钱),和水煎成半碗,饭前服。日服二次。

**方七:**治黄疸内热:地丁末。酒服三钱。

**方八:**治肠炎、痢疾:紫花地丁、红藤各一两,蚂蚁草二两,黄芩三钱。煎服。

**方九:**治前列腺炎:紫花地丁、紫参、车前草各五钱,海金沙一两。煎汤,每日一剂,分二次服,连服数日。

**方十**:治喉痹:箭头草叶,研,入酱少许,笔蘸入喉中,吐。

【药膳】

**净紫花地丁**:拣去杂质,甩水洗去泥土,切段,晒干即得。

**紫花地丁液**:取净紫花地丁,加清水煮熬,去渣,留汁液即得。

**紫花地丁粉**:取紫花地丁,碾成细末,过筛即得。

**紫花地丁炒莴苣**:紫花地丁液 20 克,莴苣 300 克,加调料炒食。

**紫花地丁炒苦瓜**:紫花地丁液 20 克,苦瓜 300 克,加调料炒食。

**紫花地丁炒茄子**:紫花地丁液 20 克,茄子 300 克,加调料炒食。

**紫花地丁炖鲜藕**:紫花地丁 30 克,鲜藕 300 克,加调料炖食。

**紫花地丁炖仔鸭**:紫花地丁 30 克,仔鸭肉 500 克,辅料、调料炖食。

**紫花地丁炖团鱼**:紫花地丁 30 克,团鱼 1 个(500 克),辅料、调料炖食。

**紫花地丁蒸鹌鹑**:紫花地丁 15 克,鹌鹑 2 只,辅料、调料蒸食。

**紫花地丁蒸白鸭**:紫花地丁 20 克,白鸭 1 只,辅料、调料蒸食。

**紫花地丁蒸鲜鱿**:紫花地丁 20 克,鲜鱿鱼 500 克,辅料、调料蒸食。

**紫花地丁粥**:紫花地丁 10 克,粳米 150 克,煮粥。

**紫花地丁鸭肉粥**:紫花地丁 15 克,鸭肉 50 克,加调料煮粥。

**紫花地丁苡仁粥**:紫花地丁 15 克,薏苡仁 20 克,粳米 120 克,煮粥。

## 鱼腥草

本品为三白草科植物蕺菜的干燥地上部分。主产于浙江、江苏、安徽、四川等地。以身干,无根,茎软,香气浓者为佳。

全草含挥发油,油中含抗菌成分鱼腥草素(即癸酰乙醛)、甲基正壬基酮、月桂烯、月桂醛、癸醛、癸酸。尚含氯化钾、硫酸钾、蕺菜碱等成分。根茎挥发油亦含鱼腥草素。药理:

①有抗菌作用。鱼腥草素在体外试验对卡他球菌、流感杆菌、肺炎球菌、金黄色葡萄球菌有明显抑制作用,对痢疾杆菌、大肠杆菌、伤寒杆菌则较差。鱼腥草能延缓小鼠实验性结核病变的发展,延长小鼠寿命。

②有抗病毒作用；有利尿作用。

③有镇痛、止血、抑制浆液分泌、促进组织再生等作用。

【性味归经】辛，微寒。入肺经。

【效用与常见配方】本品具有清热解毒、排脓、利尿功效。适用于肺痈、咳吐脓血、疮痈肿毒、热淋、小便涩痛等症。

常见配方：

**方一：**治肺脓疡（肺痈）：鱼腥草、鲜芦根、冬瓜子、生薏苡仁、桔梗、忍冬藤、甘草等配方。

**方二：**治肺痈吐脓血：鱼腥草、天花粉、侧柏叶等分。煎汤服之。

**方三：**治肺痈：蕺菜，捣汁，入年久芥菜卤饮之。

**方四：**治病毒性肺炎，支气管炎，感冒：鱼腥草、厚朴、连翘各三钱。研末，桑枝一两，煎水冲服药末。

**方五：**治肺病咳嗽盗汗：侧耳根叶二两，猪肚子一个。将侧耳根叶置肚子内炖汤服。每日一剂，连用三剂。

**方六：**治痢疾：鱼腥草六钱，山楂炭二钱。水煎加蜜糖服。

**方七：**治热淋、白浊、白带：鱼腥草八钱至一两。水煎服。

**方八：**治痔疮：鱼腥草，煎汤点水酒服，连进三服。其渣熏洗，有脓者溃，无脓者自清。

**方九：**治慢性鼻窦炎：鲜蕺菜捣烂，绞取自然汁，每日滴鼻数次。另用蕺菜七钱，水煎服。

**方十：**治痈疽肿毒：鱼腥草晒干，研成细末，蜂蜜调敷。未成脓者能内消，已成脓者能排脓（阴疽忌用）。

**方十一：**治方疮作痛：鱼腥草捣烂敷之，痛一二时，不可去草，痛后一二日愈。

**方十二：**治妇女外阴瘙痒，肛痛：鱼腥草适量，煎汤熏洗。

**方十三：**治恶蛇虫伤：鱼腥草、皱面草、槐树叶、草决明。一处杵烂敷之。

【药膳】

**净鱼腥草：**拣去杂质，除去残根、老叶，洗净切段，晒干即得。

**鲜鱼腥草**:取净鱼腥草,不用切段,保持全草即得。

**鱼腥草液**:取净鱼腥草段,加水煮25分钟,过滤,留汁液即得。

**鱼腥草炒猪肚**:鱼腥草50克,猪肚300克,辅料、调料炒食。

**鱼腥草炒苦瓜**:鱼腥草50克,苦瓜300克,加调料炒食。

**鱼腥草炒鹌鹑**:鱼腥草50克,鹌鹑250克,加调料炒食。

**鱼腥草炖猪肚**:鱼腥草100克,猪肚1个,加调料炖食。

**鱼腥草炖乌鸡**:鱼腥草100克,乌鸡1只,加调料炖食。

**鱼腥草炖仔鸭**:鱼腥草100克,仔鸭1只,加调料炖食。

**鱼腥草蒸肚条**:鱼腥草液30克,肚条300克,辅料、调料蒸食。

**鱼腥草蒸生鱼**:鱼腥草液20克,生鱼1尾(500克),加调料蒸食。

**鱼腥草液蒸雪梨**:鱼腥草液20克,雪梨2个,冰糖15克,蒸食。

**鱼腥草饮**:鱼腥草25克,水300克,白糖15克,煮成饮料。

**鱼腥草蜂蜜饮**:鱼腥草30克,水300克,蜂蜜25克,煮成饮料。

**鱼腥草芦根饮**:鱼腥草30克,芦根30克,水500克,白糖25克,煮成饮料。

**拌鱼腥草**:鲜鱼腥草250克,加入调料、香油,醋拌食。

**鱼腥草拌莴苣**:鲜鱼腥草100克,莴苣200克,加调料拌食。

**鱼腥草拌黄瓜**:鲜鱼腥草100克,黄瓜200克,加调料拌食。

**鱼腥草粥**:鱼腥草50克,粳米150克,煮粥。

**鱼腥草猪肚粥**:鱼腥草50克,猪肚50克,粳米150克,加调料煮粥。

**鱼腥草萝卜粥**:鱼腥草50克,白萝卜50克,粳米150克,煮粥。

## 鸡血藤

本品为木通科植物鸡血藤的茎。主产于湖北、四川、江西、河南等地。以藤茎粗长,质坚韧,断面纹理明显者为佳。

茎含鞣质(约7%)等成分。有抑菌作用。用25%煎剂对金黄色葡萄球菌、乙型链球菌有极敏感抑制作用,对大肠杆菌、绿脓杆菌、甲型链球菌、卡他球菌、白色葡萄球菌均有高敏感抑菌作用。

【性味归经】苦，平。入大肠经。

【效用与常见配方】本品具有清热解毒、活血止痛功效。适用于肠痈腹痛、乳痈疮毒、瘀血等症。

常见配方：

**方一：**治乳痈肿痛：鸡血藤、金银花、贝母、蒲公英、夏枯草、连翘、天花粉等配方。

**方二：**治急、慢性阑尾炎，阑尾脓肿：红藤二两，紫花地丁一两。水煎服。

**方三：**治风湿筋骨疼痛，经闭腰痛：鸡血藤六钱至一两。水煎服。

**方四：**治风湿腰腿疼痛：红藤、牛膝各三钱，青皮、长春七、朱砂七各二钱，水煎服。

**方五：**治胃炎腹痛：鸡血藤三至五钱，水煎服。

**方六：**治钩虫病：鸡血藤、钩藤、喇叭花、凤叉蕨各三钱，水煎服。

**方七：**治小儿疳积，蛔虫或蛲虫症：红藤五钱，或配红石耳五钱，共研细末，拌白糖食。

**方八：**治小儿蛔虫腹痛：红藤根研粉，每次吞服一钱半。

**方九：**治跌打损伤：鸡血藤，骨碎补各适量共捣烂，敷伤处。

**方十：**治血虚经闭：鸡血藤五钱，益母草三钱，叶下红四钱，香附二钱。水煎，配红砂糖适量调服。

**方十一：**治血崩：红藤、仙鹤草、茅根各五钱。水煎服。

【药膳】

**净鸡血藤：**拣去杂质，用水泡，洗净，润透，切片，晒干即得。

**鸡血藤液：**取净鸡血藤，用水煎煮，去滓，留汁液即得。

**鸡血藤炒猪肉：**鸡血藤液 20 克，猪瘦肉 250 克，辅料、调料炒食。

**鸡血藤炒鹌鹑：**鸡血藤液 20 克，鹌鹑 250 克，辅料、调料炒食。

**鸡血藤炖乌鸡：**鸡血藤 20 克，乌鸡 1 只，辅料、调料炖食。

**鸡血藤炖团鱼：**鸡血藤 20 克，团鱼 1 个(500 克)，辅料、调料炖食。

**鸡血藤蒸乳鸽：**鸡血藤 15 克，乳鸽 1 只，辅料、调料蒸食。

**鸡血藤蒸鳝段**:鸡血藤15克,鳝鱼段250克,辅料、调料蒸食。

**鸡血藤饮**:鸡血藤20克,水300克,红糖15克,煮成饮料。

**鸡血藤益母草饮**:鸡血藤、益母草各15克,红糖15克,水300克,煮成饮料。

**鸡血藤粥**:鸡血藤15克,粳米150克,煮粥。

**鸡血藤枸杞粥**:鸡血藤15克,枸杞子15克,粳米150克,煮粥。

## 垂盆草

本品为景天科植物垂盆草的干燥或新鲜全草。主产于浙江、江苏等地。以身干、色黄绿,无杂质者为佳。

主要含垂盆草甙等成分。经临床用于肝类患者,对降低肝炎患者血清谷丙转氨酶,控制病情活动有一定疗效。

【性味归经】甘、淡、微酸,凉。入肝、胆、小肠经。

【效用与常见配方】本品具有清热解毒、利湿之功效。适用于痈肿疮疡、毒蛇咬伤、湿热黄疸、小便不利等症。

**常见配方:**

**方一**:治传染性肝炎、急性黄疸型肝炎和无黄疸型肝炎:垂盆草(干品)30克,煎水服或鲜品100克,煎水服。每日3次,每次服50毫升。

**方二**:治传染性肝炎:垂盆草冲剂或"景垂片"等中成药。

【药膳】

**净垂盆草**:拣去杂质,洗净,切段,晒干即得。

**垂盆草液**:取净垂盆草,加清水煮25分钟,过滤,去滓,留汁液即得。

**垂盆草炒苦瓜**:垂盆草液30克,苦瓜300克,炒食。

**垂盆草炒苋菜**:垂盆草液30克,苋菜300克,加调料炒食。

**垂盆草炖鲜藕**:垂盆草30克,鲜藕500克,加调料炖食。

**垂盆草炖冬瓜**:垂盆草30克,冬瓜500克,加调料炖食。

**垂盆草蒸鲜鱿鱼**:垂盆草液20克,鱿鱼500克,加调料蒸食。

**垂盆草蒸鹌鹑**:垂盆草液30克,鹌鹑250克,加调料蒸食。

**垂盆草粥：**垂盆草液30克，粳米150克，煮粥。

**垂盆草鸭肉粥：**垂盆草液20克，鸭肉50克，粳米150克，加调料煮粥。

## 土茯苓

本品为百合科植物土茯苓的根茎。主产于浙江、江苏、广东、广西、福建等地。以身干，淡棕色，筋少，粉性大者为佳。

根含皂甙、鞣质、树脂等成分。具有除湿、解毒的作用。临床用于疮毒、梅毒、淋浊等症。

**【性味归经】**甘、淡，平。入肝、胃经。

**【效用与常见配方】**本品具有利湿解毒、利关节之功效。适用于痈肿疮毒、梅毒、肝炎、热淋涩痛、关节痛、解汞毒。

**常见配方：**

**方一：**治红斑狼疮：土茯苓、葎草、鸭跖草、紫草、苍耳草、金银花、连翘、牡丹皮等配方。

**方二：**治杨梅疮毒：土茯苓一两或五钱，水酒浓煎服。

**方三：**治血淋：土茯苓、茶根各五钱。水煎服，白糖为引。

**方四：**治风湿骨痛，疮疡肿毒：土茯苓500克，去皮，和猪肉炖烂，分数次连滓服。

**方五：**治风气痛及风毒疮癣：土茯苓（不犯铁器）八两。石臼内捣为细末，糯米一斗，蒸熟，白酒药造成醇酒用，酒与糟俱可食

**方六：**治瘰疬溃烂：冷饭团，切片或为末，水煎服。或入粥内食之，须多食为妙。忌铁器、发物。

**方七：**治皮炎：土茯苓二至三两。水煎，当茶饮。

**方八：**治妇人红崩、白带：土茯苓，水煨，引用红糖治红崩，白糖治白带。

**方九：**治瘿瘤：土茯苓五钱，金锁银开、黄药子各三钱，白毛藤五钱，乌蔹莓根、蒲公英各四钱，甘草、金银花各二钱，煎服。

【药膳】

**净土茯苓**：用水浸漂，夏季每日换水1次，春、秋每2日换水1次，冬季每3日换水1次，防止发臭，以泡透为度，捞出切片，及时干燥即得。

**土茯苓液**：取净土茯苓，加水煮30分钟，过滤，去滓，留汁液即得。

**土茯苓液**：取净土茯苓，打成细粉，过筛即得。

**土茯苓炒肉丝**：土茯苓液30克，肉丝300克，辅料、调料炒食。

**土茯苓炒鸡丝**：土茯苓液20克，鸡丝300克，辅料、调料炒食。

**土茯苓炒鱼片**：土茯苓液30克，鱼片300克，辅料、调料炒食。

**土茯苓炖猪肘**：土茯苓25克，猪肘肉500克，辅料、调料炖食。

**土茯苓炖乌鸡**：土茯苓20克，乌鸡1只，辅料、调料炖食。

**土茯苓炖鳗鱼**：土茯苓20克，鳗鱼1条，辅料、调料蒸食。

**土茯苓蒸冬瓜**：土茯苓20克，冬瓜500克，加调料蒸食。

**土茯苓蒸鹌鹑**：土茯苓20克，鹌鹑250克，加调料蒸食。

**土茯苓蒸白鸭**：土茯苓20克，白鸭肉500克，加调料蒸食。

**土茯苓粥**：土茯苓20克，粳米150克，煮粥。

**土茯苓红糖粥**：土茯苓20克，红糖15克，粳米150克，煮粥。

**土茯苓大枣粥**：土茯苓20克，大枣4枚，粳米150克，煮粥。

## 挂金灯

本品为茄科植物酸浆的干燥带宿萼的果实。主产于江苏，其他全国各地亦产。以身干、个大、外色红、内实不霉者为佳。

【性味归经】酸、寒。入肺经。

【效用与常见配方】本品具有清热消肿、利尿之功效。适用于肺热咳嗽、咽喉肿痛、黄疸水肿、天疱湿疮等症。

常见配方：

**方一**：治肺热咳嗽：挂金灯、桑叶、枇杷叶等配方。

**方二**：治肺热咳嗽：挂金灯10克，蜂蜜15克，水300克，煮饮料，代茶饮用。

【药膳】

**净挂金灯：**将成熟果实摘下，晒干即得。

**挂金灯液：**取净挂金灯，加清水煮30分钟，去滓，留汁液即得。

**挂金灯炒苦瓜：**挂金灯液30克，苦瓜300克，加调料炒食。

**挂金灯苡仁炖冬瓜：**挂金灯30克，薏苡仁50克，冬瓜500克，加调料炖食。

**挂金灯蒸仔鸭：**挂金灯30克，仔鸭1只，加调料蒸食。

**挂金灯粥：**挂金灯15克，粳米150克，煮粥。

## 马勃

本品为马勃科植物脱皮马勃、大颓马勃、紫颓马勃的干燥子实体。主产于内蒙古、辽宁、安徽、广西、湖北、河北、广东、甘肃、浙江、江苏。以子实体大，皮薄，饱满，松泡有弹性者为品质优良。

脱皮马勃子实体含亮氨酸、酪氨酸、尿素、麦角甾醇、类脂质、马勃素及磷酸钠等成分。药理：

①有止血作用。经实验临床，脱皮马勃对口腔出血性疾病有明显的止血功效。

②有抗菌作用。经体外试验，脱皮马勃煎剂对金黄色葡萄球菌、绿脓杆菌、变形杆菌及肺炎双球菌有一定的抑制作用。

【性味归经】辛，平。入肺经。

【效用与常见配方】本品具有清热解毒、止血之功效。适用于肺热咳嗽、咽喉肿痛、失音、血热、吐血、鼻衄等症。

常见配方：

**方一：**治急性喉炎、腮腺炎：马勃、板蓝根、牛蒡子、玄参、桔梗、连翘、僵蚕、薄荷、荆芥、金银花、甘草、鲜芦根等配伍。

**方二：**治冻疮溃烂，湿疮：将马勃研粉，水调匀，外敷。

**方三：**治急喉闭：马勃、焰硝各一两。上为末，每用一字许，吹入喉内，吐涎血出，愈。

**方四**:治久嗽:马勃不以多少,细末,炼蜜为丸,如梧桐子大,每服二十丸,汤送下。

**方五**:治声失不出:马勃、马牙消等分,研末,沙糖和丸芡子大,噙之。

**方六**:治吐血:马勃,为末,砂糖丸如弹子大,每服半丸,冷水下。

**方七**:治妊娠吐衄不止:马末,浓米饮服半钱。

**方八**:治臁疮不敛:葱盐汤洗净,拭干,以马勃末敷之。

【药膳】

**净马勃**:除去硬皮,切小方块即得。

**马勃粉**:取净马勃方块,研粉,过筛即得。

**马勃炒香菇**:马勃粉20克,香菇300克,加调料炒食。

**马勃炖乌蛇**:马勃30克,乌梢蛇1条,加调料炖食。

**马勃蒸白鸭**:马勃20克,白鸭1只,加调料蒸食。

**马勃粥**:马勃20克,粳米150克,煮粥。

## 诃子

本品为使君子科植物诃子的果实。主产于印度、马来西亚、缅甸。国内云南亦产。以身干、个匀,质坚实,断面无空心,无破碎者为佳。

本品果实含鞣质,其成分为诃子酸、诃黎勒酸、1,3,6-三没食子酰葡萄糖及1,2,3,4,6-五没食子酰葡萄糖、鞣云实精、原诃子酸、葡萄糖没食子鞣甙、并没食子酸及没食子酸等。又含莽草酸、奎宁酸、阿拉伯糖、果糖、葡萄糖、蔗糖、鼠李糖和氨基酸。还含番泻甙A、诃子素、鞣酸酶、多酚氧化酶、过氧化物酶、抗坏血酸氧化酶等成分。药理:

①有收敛、止泻作用。

②有抗菌作用。诃水煎剂(100%)除对各种痢疾杆菌有效外,且对绿脓杆菌、白喉杆菌作用较强,对金黄色葡萄球菌、大肠杆菌、肺炎球菌、溶血性链球菌、变形杆菌、鼠伤寒杆菌亦有作用。

③有降压作用。

**【性味归经】**酸、苦、涩，微寒。入肺、胃经。

**【效用与常见配方】**本品具有清热解毒之功效。适用于咽喉肿痛、喉炎、扁桃体炎、菌痢等症。

**常见配方：**

**方一：**治音哑、咽喉肿痛：诃子、蝉衣、玉蝴蝶、板蓝根等配方。

**方二：**治久咳语声不出：诃子（去核）一两，杏仁（泡，去皮，尖）一两，通草二钱五分。上细切，每服四钱，水一盏，煨生姜切五片，煎至八分，去滓，食后温服。

**方三：**治结膜炎：诃子、栀子、楝子各等量。共研细末，每次二钱，水煎服，每日服三次。

**方四：**治老人久泻不止：诃黎勒三分（煨，用皮）、白矾一两（烧灰）。上药捣细罗为散。每服不计时候，以粥饮调下二钱。

**方五：**治肠风血：诃黎勒十个（酒润，草纸裹，煨熟，肉与核共捣细），白芷、防风、秦艽各一两。俱微炒，研为末，米糊丸，梧桐子大。每早晚各服三钱，白汤下。

**方六：**治老人气虚不能收摄，小水频行，缓放即自遗下，或涕泪频来，或口涎不收：诃黎勒，不用煨制，取肉，时时干嚼化，徐徐含咽。

**方七：**治口疮经久不愈：诃黎勒五个（酒润，草纸裹煨熟，肉与核共捣细），好冰片一分。共研匀细，不时掺入少许，口含徐徐咽下。

**【药膳】**

**净诃子肉：**用锤打开诃子果皮，除去果核即得。

**炒诃子：**清水洗净，晒干，入锅内用武火炒至表面浑黄色为度，取出放凉即得。

**诃子液：**取净诃子，加水煮 25 分钟，过滤，去滓，留汁液即得。

**诃子炒菠菜：**诃子液 20 克，菠菜 300 克，加调料炒食。

**诃子炒苦瓜：**诃子液 20 克，苦瓜 300 克，加调料炒食。

**诃子炖兔肉：**诃子 20 克，兔肉 500 克，辅料、调料炖食。

**诃子炖仔鸭：**诃子 20 克，仔鸭 1 只，辅料、调料炖食。

**诃子蒸生鱼**：诃子20克，生鱼1尾（500克），辅料、调料蒸食。

**诃子蒸冬瓜**：诃子20克，冬瓜500克，加调料蒸食。

**诃子饮**：诃子15克，白糖15克，水300克，煮成饮料。

**诃子粥**：诃子15克，粳米150克，煮粥。

## 马齿苋

本品为马齿苋科植马齿苋的全草。主产全国各地。

以干燥，无霉，无杂质者为佳。

全草含大量去甲基肾上腺素和多量钾盐。此外尚含二羟基苯乙胺、二羟基苯丙氨酸、草果酸、柠檬酸、谷氨酸、天冬氨酸、丙氨酸及蔗糖、葡萄糖、果糖等。在每百克可食部分中含蛋白质2.3克，铁1.5毫克，脂肪0.5克，糖3克，粗纤维0.7克，钙85毫克，磷56毫克，胡萝卜素2.23毫克，硫胺素0.23毫克，核黄素0.11毫克，尼克酸0.7毫克，维生素C 23毫克等成分。药理：

①抗菌作用。试管内在1∶4浓度时，对痢疾杆菌有杀菌作用，此种杀菌作用不是由于药物本身较强的酸性所致。对伤寒杆菌、大肠杆菌、金黄色葡萄球菌也有一定的抑制作用。

②对子宫有明显的兴奋作用。

【性味归经】酸，寒。入大肠经。

【效用与常见配方】本品具有清热解毒、凉血、止血之功效。适用于湿热泻痢、疮痈肿毒、赤白带下、火毒痈疖等症。

常见配方：

**方一**：治丹毒：马齿苋、土牛膝、枸骨根、蒲公英等配方。

**方二**：治热淋、血淋：鲜马齿苋150克，煎汤服。

**方三**：治血痢：马齿菜一大握（切），粳米三合。上以水和马齿苋煮粥，不着盐醋，空腹淡食。

**方四**：治小便热淋：马齿苋汁服之。

**方五**：治赤白带下，不问老稚孕妇悉可服：马齿苋捣绞汁三大合，和鸡子白一枚，先温令热，乃下苋汁，微温取顿饮之。

**方六**:治痈久不瘥:马齿苋捣汁,煎以敷之。

**方七**:治耳有恶疮:马齿苋一两(干者),黄柏半两(锉)。捣罗为末,每取少许,绵裹纳耳中。

**方八**:治瘰疬未破:马齿苋同靛花捣掺,日三次。

**方九**:治肛门肿痛:马齿苋叶、三叶酸草等分。煎汤熏洗,一日二次有效。

**方十**:治蜈蚣咬伤:马齿苋汁涂之。

【药膳】

**净马齿苋**:拣净杂质,除去残根,以水稍润,切段晒干。

**鲜马齿苋**:拣去杂质,洗净即得。

**马齿苋液**:马齿苋洗净,切成2厘米长的段,用纱布绞取汁液即得。

**素炒马齿苋**:鲜马齿苋300克,蒜20克,加调料炒食。

**马齿苋炒莴苣**:马齿苋250克,莴苣250克,加调料炒食。

**马齿苋炒黄瓜**:马齿苋200克,黄瓜300克,加调料炒食。

**马齿苋炖仔鸭**:马齿苋250克,仔鸭1只,辅料、调料炖食。

**马齿苋蒸鱿鱼**:马齿苋汁液30克,鱿鱼(鲜品)300克,加调料蒸食。

**大蒜拌马齿苋**:大蒜30克,马齿苋(鲜品)300克,加调料拌食。

**马齿苋蜂蜜饮**:马齿苋液50克,冷开水250克,蜂蜜15克,煮成饮料。

**马齿苋粥**:鲜马齿苋50克,粳米150克,白糖15克,煮粥。

## 半枝莲

本品为马齿苋科植物大花马齿苋的全草。主产于浙江、江苏、安徽、江西等地。以身干,茎色紫绿,带叶,无杂质者为佳。

本品含马齿苋醛,是调节植物生长的物质。茎和花含甜菜花青素,主要为甜菜甙,甙元是甜菜素。具有清热解毒作用。经实验对湿疹、湿热有疗效。

【性味归经】辛,寒。入肝、胃经。

【效用与常见配方】本品具有清热、解毒之功效。适用于咽喉肿痛、烫伤、跌打损伤、湿疮等症。

常见配方：

**方一：**治咽喉肿痛：佛甲草（半枝莲）捣烂，绞汁一杯，加硼砂末含漱。

**方二：**治婴儿湿疹：鲜半枝莲捣烂绞汁，涂患处。

**方三：**治湿烂皮疮：鲜半枝莲杵烂敷患处。

**方四：**治水肿肝炎：鲜半枝莲 50 克，煎汤服用。

**方五：**治各种癌症：鲜半枝莲 100 克，水 500 克，煎熬成 300 克，每日服 3 次，每次服 100 克。对消化道肿瘤，肝癌，肺癌，子宫颈癌，绒毛膜上皮癌，乳腺癌有疗效。

【药膳】

**净半枝莲：**除去杂质，洗净，切段，晒干即成。

**半枝莲液：**取净半枝莲，煎煮 25 分钟，去滓，留汁液即得。

**半枝莲炒溪螺：**半枝莲液 30 克，溪螺 500 克，加调料炒食。

**半枝莲炒牡蛎肉：**半枝莲液 25 克，牡蛎肉 300 克，加辅料、调料炒食。

**半枝莲炒苦瓜：**半枝莲液 25 克，苦瓜 300 克，加调料炒食。

**半枝莲炖仔鸭：**半枝莲 30 克，仔鸭 1 只，辅料、调料炖食。

**半枝莲炖白鸭：**半枝莲 30 克，白鸭 1 只，辅料、调料炖食。

**半枝莲蒸鲜墨鱼：**半枝莲液 30 克，鲜墨鱼 300 克，调料，蒸食。

**半枝莲饮：**鲜半枝莲 50 克，白糖 15 克，水 300 克，煮成饮料。

**半枝莲粥：**半枝莲液 25 克，粳米 150 克，煮粥。

## 蜀羊泉

本品为茄科植物白英的干燥地上部分。主产于江苏、浙江地区。以身干、质嫩，色绿，无杂质者为佳。

【性味归经】甘，寒。

【效用与常见配方】本品具有清热解毒、祛风湿之功效。适用于感冒发热、黄疸、皮肤瘙痒、风湿痛等症。

常见配方：

**方一：**治风湿关节疼：蜀羊泉、豨莶草、茅莓根、金雀根、虎杖根配方。

**方二：**治癌肿：蜀羊泉、蛇莓、龙葵等配方。

【药膳】

**净蜀羊泉：**除去杂质，洗净，晒干即得。

**蜀羊泉液：**取净蜀羊泉，用清水煎煮25分钟，过滤，去滓，留汁液即得。

**蜀羊泉炒苦瓜：**蜀羊泉液25克，苦瓜300克，加调料炒食。

**蜀羊泉炖老鸭：**蜀羊泉30克，老鸭1只，辅料、调料炖食。

**蜀羊泉蒸鲜鱿鱼：**蜀羊泉液25克，鲜鱿鱼350克，加调料蒸食。

**蜀羊泉饮：**蜀羊泉液15克，白糖15克，水300克，煮成饮料。

**蜀羊泉粳米粥：**蜀羊泉液20克，粳米150克，煮粥。

## 白花蛇舌草

本品为茜草科植物白花蛇舌草的带根全草。主产于福建、广东、浙江等地。以身干，色黄绿，质嫩者为佳。

本品含生物碱、强心甙、酮类、蒽醌类、香豆精类等成分。有抗肿瘤、抗菌、消炎作用。

【性味归经】微苦、甘，寒。入胃、大肠、小肠经。

【效用与常见配方】本品具有清热、利湿、解毒、消痈之功效。适用于痈肿疮毒、咽喉肿痛，热淋小便不利等症。

常见配方：

**方一：**毒蛇咬伤：鲜白花蛇舌草100克，捣烂，敷患处。

**方二：**治胃癌、食管癌：白花蛇舌草30克，煎水服用。

**方三：**治各种癌肿：白花蛇舌草、半枝莲、龙葵等配伍。

**方四：**治痢疾、尿道炎：白花蛇舌草一两。水煎服。

**方五：**治黄疸：白花蛇舌草一至二两。取汁和蜂蜜服。

**方六：**治急性阑尾炎：白花蛇舌草二至四两，羊蹄草一至二两，两面针根三钱。水煎服。

**方七：**治小儿惊热，不能入睡：鲜白花蛇舌草打汁一汤匙服。

**方八：**治疮肿热痛：鲜白花舌草洗净，捣烂敷之，干即更换。

**方九**:治毒蛇咬伤:鲜白花蛇舌草一至二两。捣烂绞汁或水煎服,渣敷伤口。

【药膳】

**净白花蛇舌草**:拣去杂质,洗净,切段,晒干即得。

**白花蛇舌草液**:取净白花蛇舌草,加水煎煮25分钟,过滤,去渣,留汁液即得。

**白花蛇舌草炒苦瓜**:白花蛇舌草液25克,苦瓜300克,加调料炒食。

**白花蛇舌草炒莴苣**:白花蛇舌草液25克,莴苣300克,加调料炒食。

**白花蛇舌草炒香菇**:白花蛇舌草液30克,香菇300克,加调料炒食。

**白花蛇舌草炖老鸭**:白花蛇舌草液30克,老鸭1只,加辅料、调料炖食。

**白花蛇舌草炖老龟**:白花蛇舌草30克,老龟1只,辅料、调料炖食。

**白花蛇舌草蒸团鱼**:白花蛇舌草液30克,团鱼1只(500克),加调料蒸食。

**白花蛇舌草饮**:白花蛇舌草液30克,水300克,白糖15克,煮成饮料。

**白花蛇舌草粥**:白花蛇舌草液25克,粳米150克,煮粥。

## 猫爪草

本品为毛茛科植物小毛茛的干燥块根。主产于河南、江苏、浙江等地。以色黄褐,质坚实者为佳。

【性味归经】辛,平。入肝经。

【效用与常见配方】本品具有清热解毒、散结祛瘀之功效。适用于淋巴结核、痰结、疟疾等症。

常见配方:

**方一**:治肺结核:猫爪草30克,煎汤服用。

**方二**:治瘰疬:猫爪草、夏枯草各适量。水煮,过滤取汁,再熬成膏,贴患处。

**方三：**治肺结核：猫爪草二两。水煎，分二次服。

【药膳】

**净猫爪草：**拣净杂质，洗净，切段，晒干即得。

**取净猫爪草：**加清水煮25分钟，加以过滤，去渣，留汁液即得。

**猫爪草炒黄瓜：**猫爪草液25克，黄瓜300克，加调料炒食。

**猫爪草炖老鸭：**猫爪草30克，老鸭1只，辅料、调料炖食。

**猫爪草蒸白鸭：**猫爪草液30克，白鸭1只，辅料、调料蒸食。

**猫爪草饮：**猫爪草25克，白糖15克，水300克，煮成饮料。

**猫爪草粥：**猫爪草30克，粳米150克，煮粥。

## 枳椇子

本品为鼠李科植物枳椇的干燥成熟种子。主产于陕西、湖北、浙江、江苏等地。以身干，色红棕，有光泽，饱满者为佳。

含葡萄糖、苹果酸钙等成分。对家兔有显著利尿作用。

【效用与常见配方】本品具有止烦渴、解酒之功效。适用于心烦口渴、酒精中毒、呕吐、二便不利，本品用水煎服，可治疗小儿惊风等症。

**方一：**治饮酒多发积，为酷热蒸熏，五脏津液枯燥，血泣小便多，并肌肉消烁，专嗜冷物寒浆：枳椇子一两，麝香一钱。为末，面糊丸，如梧子大。每服三十丸，空心盐汤吞下。

**方二：**治酒色过度，成劳吐血：拐枣四两，红甘蔗一根。炖猪心肺服。

**方三：**治小儿惊风：枳椇子果实一两。水煎服。

**方四：**治手足抽搐：枳椇子果五钱，四匹瓦五钱，蛇莓五钱。水煎服。

**方五：**治小儿黄瘦：枳椇子果实一两。水煎服。

【药膳】

**净枳椇子：**拣去杂质，洗净，晒干即得。

**枳椇子液：**取净枳椇子，加清水煮25分钟，停火，过滤，去渣，留汁液。

**枳椇子炒地瓜：**枳椇子液30克，地瓜300克，加调料炒食。

**枳椇子甘蔗炖猪心肺：**枳椇子200克，红甘蔗500克，猪心肺1具，辅料、调料炖食。

**枳椇子蒸仔鸭：**枳椇子100克，仔鸭1只，辅料、调料蒸食。

**枳椇子饮：**枳椇子50克，水300克，白糖10克，煮成饮料。

**枳椇子酒：**枳椇子500克，白酒1000克，冰糖30克，浸泡。

**枳椇子粥：**枳椇子30克，粳米150克，煮粥。

## 绿豆

本品为豆料植物绿豆的种子。全国大部分地区均产。以身干，粒壮，色绿，质坚者为佳。

每百克含蛋白质22.1克，脂肪0.8克，碳水化合物59克，钙49毫克，磷268毫克，铁3.2毫克，胡萝卜素0.22毫克，硫胺素0.53毫克，核黄素0.12毫克，尼克酸1.8克。蛋白质主要为球蛋白类，其组成中蛋氨酸、色氨酸和酪氨酸较少。绿豆的磷脂成分中有磷酰胆碱、磷脂酰乙醇胺、磷脂酰肌醇、磷脂酰甘油、磷脂嵌丝氨酸、磷脂酸等成分。具有清热解毒、利尿作用。

【性味归经】甘，寒。入心、胃经。

【效用与常见配方】本品具有清热解毒、消暑利尿之功效。适用于暑热烦渴，痈肿疮毒，服巴豆、附子或其他热毒之剂中毒，烦躁闷乱，呕吐口渴等症。

常见配方：

**方一：**治热毒：绿豆、黄连、甘草等配伍。

**方二：**治农药中毒：绿豆150克，煮粥服。

**方三：**治腮腺炎：绿豆50克，粳米150克，煮粥服。

**方四：**解暑：绿豆150克，煮成粥，服用。

**方五：**治消渴，小便如常：绿豆二升，净淘，用水一斗，煮烂研细，量滤取汁，早晚食前各服一小盏。

**方六：**治赤痢经年不愈：绿豆蒸熟，随意食之。

**方七**:治小儿遍身火丹并赤游肿:绿豆、大黄。为末,薄荷蜜水调。

**方八**:治痈疽:赤小豆、绿豆、黑豆、川姜黄。上为细末,未发起,和井水调敷;已发起,蜜水调敷。

**方九**:治金石丹火药毒,并酒毒、烟毒、煤毒为病:绿豆一升,生捣碎,豆腐浆二碗,调服。一时无豆腐浆,用糯米泔炖温亦可。

**方十**:解乌头毒:绿豆四两,生甘草二两,煎服。

【药膳】

**净绿豆**:拣去杂质,除去泥土,晒干即得。

**绿豆粥**:取绿豆浸泡一夜,磨成浆,将浆放入布袋内,过滤、沉淀即成。

**素炒绿豆芽**:绿豆芽 300 克,加调料炒食。

**绿豆芽炒芹菜**:绿豆芽、芹菜各 250 克,加调料炒食。

**绿豆芽炒鸡蛋**:绿豆芽 250 克,鸡蛋 2 枚,加调料炒食。

**绿豆炖海带**:绿豆 200 克,海带 500 克,加调料炖食。

**绿豆炖老鸭**:绿豆 200 克,老鸭 1 只,加调料炖食。

**绿豆炖鹌鹑**:绿豆 200 克,鹌鹑 300 克,加调料炖食。

**绿豆蒸墨鱼**:绿豆 150 克,墨鱼 250 克,加调料蒸食。

**绿豆蒸团鱼**:绿豆 150 克,团鱼 1 只,加调料,隔水蒸食。

**绿豆蒸白鸭**:绿豆 150 克,白鸭 1 只,加调料蒸食。

**绿豆饮**:绿豆 150 克,加适量水煮成饮料。

**绿豆粥**:绿豆 50 克,粳米 150 克,煮粥。

**二豆粥**:赤小豆、绿豆各 50 克,粳米 150 克,煮粥。

**绿豆鲜藕粥**:绿豆 50 克,鲜藕 50 克,粳米 150 克,煮粥。

## 何首乌

本品为蓼科植物何首乌的块根。主产于河南、湖北、广西、广东、贵州、四川、江苏等省。以身干,质坚实,外皮红棕色,断面显粉性者质优。

本品含蒽醌类,主要为大黄酚和大黄素,其次为大黄酸、大黄素甲醚和大黄酚蒽酮等成分。此外,还含淀粉、粗脂肪、卵磷脂等。药理:

①降血脂作用。给家兔同时喂饲何首乌和胆甾醇，其所形成的动脉粥样病变较单喂胆甾醇之对照组轻，血清胆甾醇水平亦较低，体外试验何首乌能与胆甾醇结合，在兔肠道能减少胆甾醇的吸收。有人认为何首乌中含的卵磷脂与治疗动脉粥样硬化有关。

②对血糖的作用。给家兔口服煎剂后30～60分钟内血糖量上升达最高度，然后逐渐降低，6小时后血糖量比正常低0.033%。

③抗菌作用。何首乌对人型结核菌、弗氏痢疾杆菌试验有抑制作用。

④何首乌有强心作用。

【性味归经】苦、甘、涩，微温。入肝、肾经。

【效用与常见配方】本品具有补肝肾、益精血之功效。生首乌具有润肠、解疮毒之功效。制首乌适用于血虚头晕眼花、腰酸、须发早白、遗精、崩带等症。生首乌适用于肠燥便秘、疮疖、瘰疬等症。

常见配方：

**方一**：治血虚发白、遗精腰酸：何首乌(制)、茯苓、牛膝、当归、枸杞子、菟丝子、补骨脂等配伍。

**方二**：治肠燥便秘，疮疖，瘰疬：生首乌、防风、薄荷、苦参。

**方三**：治疮肿痒痛：鲜首乌捣烂敷患处。

**方四**：乌须发，壮筋骨，固精气：赤白何首乌各一斤(米泔水浸三四日，瓷片刮去皮，用淘净黑豆二升，以砂锅木甑铺豆及首乌，重重铺盖，蒸至豆熟取出，去豆，暴干，换豆再蒸，如此九次，暴干为末)，赤、白茯苓各一斤(去皮，研末，以水淘去筋膜及浮者，取沉者捻块，以人乳十碗浸匀，晒干，研末)，牛膝八两(去苗，酒浸一日，同何首乌第七次蒸之，至第九次止)，晒干，当归八两(酒浸，晒)，枸杞子八两(酒浸，晒)，菟丝子八两(酒浸生芽，研烂，晒)，补骨脂四两(以黑芝麻炒香，并忌铁器，石臼捣为末)。炼蜜和丸弹子大一百五十丸，每日三丸，晨温酒下，午时姜汤下，卧时盐汤下。其余并丸梧桐子大，每日空心酒服一百丸，久服极验。

**方五**：治骨软风，腰膝疼，行履不得，遍身瘙痒：首乌大而有花纹者，同牛膝（锉）各一斤。好酒一升，浸七宿，曝干，于木臼内捣末，蜜丸。每日空心食前酒下三五十丸。

**方六**：治久疟阴虚，热多寒少，以此补而截之：何首乌为末，鳖血为丸，黄豆大，辰砂为衣，临发，五更白汤送下二丸。

**方七**：治气血俱虚，久疟不止：何首乌（自三钱以至一两，随轻重用之），当归二三钱，人参三五钱（或一两），陈皮二三钱（大虚不必用），煨生姜三片（多寒者用三五钱）。水二盅，煎八分，于发前二三时温服之。若善饮者，以酒浸一宿，次早加水一盅煎服亦妙，再煎不必用酒。

**方八**：治遍身疮肿痒痛：防风、苦参、何首乌、薄荷各等分，上为粗末，每用药半两，水、酒各一半，共用一斗六升，煎十沸，热洗，于避风处睡一觉。

**方九**：治颈项生瘰疬，咽喉不利：何首乌二两，昆布二两（洗去咸味），雀儿粪一两（微炒），麝香一分（细研），皂荚十挺（去黑皮）涂酥，炙令黄，去子。上药，捣罗为末，入前研药一处，同研令匀，用精白羊肉一斤，细切，更研相和，捣五七百杵，丸如梧桐子大。每于食后，以荆芥汤下十五丸。

**方十**：治瘰疬延蔓，寒热羸瘦，乃肝（经）郁火，久不治成劳：何首乌如拳大者一斤，去皮如法制，配夏枯草四两，土贝母、当归、香附各三两，川芎一两。共为末，炼蜜丸。每早、晚各服三钱。

**方十一**：治疥癣满身：何首乌、艾各等份，锉为末。随疮多少用药，并水煎令浓，盆内盛洗，甚解痛生肌。

**方十二**：治大肠风毒，泻血不止：何首乌二两，捣细罗为散，每于食前，以温粥饮调下一钱。

**方十三**：治自汗不止：何首乌末，水调。封脐中。

**方十四**：治破伤血出：何首乌末敷之即止。

**【药膳】**

**生首乌**：拣去杂质，洗净，用水泡至八成透，捞出，润至内外湿度均匀，切片或切成方块，晒干即得。

**制首乌**：取何首乌块倒入盆内，用黑豆汁与黄酒拌匀，置罐内或适宜容器内密闭，坐水锅中，隔水炖至汁液吸尽，取出，晒干或烘干即得。（每何首乌块50公斤，用黑豆5公斤，黄酒12.5公斤。

**黑豆汁制法**：取黑豆5公斤，加水煮约4小时，熬汁约7.5公斤，豆渣再加水煮约3小时，熬汁约5公斤，两次共熬汁约12.5公斤）

**何首乌粉**：将制首乌或生首乌碾成细粉，过筛即得。

**首乌炒猪肝**：制首乌粉20克，猪肝250克，辅料、调料炒食。

**何首乌炒羊肝**：制首乌粉20克，羊肝250克，辅料、调料炒食。

**首乌炒鸡血**：制首乌粉20克，鸡血300克，辅料、调料炒食。

**何首乌炖牛尾**：何首乌30克，牛尾1条，辅料、调料炖食。

**何首乌炖乌鸡**：何首乌30克，乌鸡1只(750克)，辅料、调料炖食。

**何首乌炖猪蹄**：何首乌30克，猪蹄1对，辅料、调料炖食。

**何首乌蒸仔鸡**：制首乌粉20克，仔母鸡肉500克，辅料、调料蒸食。

**何首乌蒸乳鸽**：何首乌粉20克，乳鸽1只，辅料、调料蒸食。

**何首乌蒸鹌鹑**：何首乌粉20克，鹌鹑250克，辅料、调料蒸食。

**何首乌烧鳗鱼**：何首乌30克，鳗鱼1条(750克)，辅料、调料烧熟食。

**何首乌烧猪肘肉**：何首乌30克，猪肘肉300克，辅料、调料烧食。

**何首乌烧鹅肉**：何首乌30克，鹅肉300克，辅料、调料烧食。

**首乌酒**：何首乌30克，白酒500克，浸泡。

**首乌枸杞酒**：何首乌30克，白酒500克，枸杞子25克，浸泡。

**何首乌黄精酒**：何首乌30克，黄精25克，白酒500克，浸泡。

**首乌粥**：何首乌粉20克，粳米150克，煮粥。

**首乌猪肝粥**：何首乌粉20克，粳米150克，猪肝50克，盐、葱、味精少许，煮粥。

**首乌羊肝粥**：何首乌粉20克，粳米150克，羊肝50克，调料少许，煮粥。

## 当归

当归为伞形科植物当归的根。主产于甘肃岷山山脉的岷县、武都、漳县、舟曲等地,以及云南。其中以甘肃岷县和宕昌产量多,质量佳。本品以干燥,支大,主根粗长,质坚,断面黄白,气香者为优良。

当归根含挥发油、阿魏酸、丁二酸、菸酸等成分。药理:

①对子宫有兴奋和抑制作用。当归含兴奋子宫和抑制子宫的两种成分,使子宫慢而有节律性地收缩。对治疗痛经等患者无节律性紧张收缩有效。

②抗贫血作用。当归含维生素 $B_{12}$ 和叶酸类物质。

③抑制血小板的作用。实验证明,当归有效成分阿魏酸能抑制血小板聚集。

【性味归经】甘、辛,温。入肝、心、脾经。

【效用与常见配方】本品具有补血、治血、止痛、润肠之功效。适用于血虚、月经不调、经闭、痛经、崩漏、风湿痹痛、痈疽疮疡、跌打损伤、肠燥便秘等症。

常见配方:

**方一:**治血虚症:当归、黄芪配方。

**方二:**治血虚,月经不调:当归、熟地黄、白芍、川芎配伍。

**方三:**治铁打损伤:当归、大黄、桃仁、红花等。

**方四:**治痈疽疮疡:当归、金银花、赤芍、炮山甲等配伍。

**方五:**治各种急慢性劳损、关节痉痛、外伤性截瘫、小儿麻痹后遗症:当归、川芎、红花组成中成药复方当归注射液。

**方六:**调益荣卫,滋养气血。治冲任虚损,月水不调,脐腹疗痛,崩中漏下,血瘕块硬,发歇疼痛,妊娠缩冷,将理失宜,胎动不安,血下不止,及产后乘虚,风寒内博,恶露不下,结生瘕聚,少腹坚痛,时作寒热:当归(去芦,酒浸,炒)、川芎、白芍药、热干地黄(酒洒蒸)各等份。共为粗末。每服三钱。水一盏半,煎至八分,去渣热服,空腹食。

**方七**:治室女月水不通:当归(切,焙)一两,干漆(炒烟出)、芎䓖各半两。上三味捣罗为末,炼蜜和丸如梧桐子大。每服二十丸,温酒下。

**方八**:治月经逆行从口鼻出:先以京墨磨汁服止之,次用当归尾、红花各三钱,水一盅半,煎八分,温服。

**方九**:治血崩:当归一两,灰骨二两(炒赤),香附子三钱(炒),棕毛灰五钱。上为末,米饮调三四钱,空腹服。

**方十**:治血瘕痛胀,脉滞涩者:当归三两,桂心两半,白芍两半(酒炒),蒲黄二两(炒),血竭三两,延胡两半。杵为散酒煎三钱,去渣温服。

**方十一**:治妇人妊娠,腹中㽲痛:当归三两,芍药一斤,茯苓四两,白术四两,泽泻半斤,芎䓖半斤("半斤"一作"三两")。上杵为散,取方寸匙,酒和,日三服。

**方十二**:治妊娠小便难,饮食如故:当归、贝母、苦参各四两。三味末之,炼蜜丸如小豆大,饮服3丸,加至10丸。

**方十三**:治妊娠胎动不安,腰腹疼痛:当归半两(锉),葱白一分(细切)。上二味,光以水三盏,煎至二盏,入好酒一盏,更煎数沸,去滓,分作三服。

**方十四**:治产后腹中㽲痛,并腹中塞疝虚劳不足:当归三两,生姜五两,羊肉一斤。上三味,以水八升,煮取三升,温服七合,日三服。

**方十五**:治大便不通:当归、白芷等分为末,每服二钱,米汤下。

**方十六**:治盗汗:当归、生地黄、熟地黄、黄柏、黄芩、黄连各等分,黄芪加一倍。上为粗末,每服五钱;水二盏,煎至一盏;食前服,小儿减半服之。

**方十七**:治汤泼火烧疮,疼痛甚者:白蜡一两,麻油四两,当归一两半(生锉)。先将油煎当归令焦黑,滤去滓,次入蜡,候消,相次急搅之,放冷入磁盒中收,以故帛子涂贴。

【药膳】

**净当归**:拣去杂质,洗净,焖润,稍凉至内外湿度适宜时,切片晒干即得。

**酒当归**:取当归片,用黄酒喷淋均匀,稍焖,置锅内用微火炒,取出,放凉。(每当归片50公斤,用黄酒5公斤)

**当归液**:将当归片置锅内,加水淹过,用文火煮沸,过滤,熬稠即得。

**当归炒羊肉**:当归液20克,羊肉300克,辅料、调料炒食。

**当归炒猪瘦肉**:当归液20克,猪瘦肉300克,辅料、调料炒食。

**当归炒鱼片**:当归液20克,鱼片300克,辅料、调料炒食。

**当归炖乌鸡**:当归20克,乌鸡1只,辅料、调料炖食。

**当归炖乳鸽**:当归20克,乳鸽1只,辅料、调料炖食。

**当归炖牛尾**:当归20克,牛尾巴1条,辅料、调料炖食。

**归芪蒸仔鸡**:当归20克,黄芪30克,仔鸡1只,辅料、调料蒸食。

**当归枸杞蒸仔鸡**:当归20克,枸杞子20克,辅料、调料蒸食。

**当归蒸鳗鱼**:当归20克,鳗鱼1条(750克),辅料、调料蒸食。

**当归烧羊肉**:当归20克,羊肉500克,辅料、调料烧熟食。

**当归烧海参**:当归20克,海参300克,辅料、调料烧食。

**当归烧乳鸽**:当归20克,乳鸽1只,辅料、调料烧食。

**当归酒**:当归30克,白酒500克浸泡。

**当归枸杞酒**:当归25克,白酒500克,浸泡。

**当归阿胶酒**:当归25克,阿胶25克,白酒500克,浸泡。

**当归粥**:当归15克,粳米150克,煮粥。

**当归枸杞粥**:当归15克,枸杞15克,粳米150克,煮粥。

**当归黄芪粥**:当归15克,黄芪30克,粳米150克煮粥。

## 白芍药

本品为毛茛科植物芍药的根。主产于浙江、四川、安徽等省。以根条挺直,质坚实,断面灰白色,两端整齐者品质优良。

本品根含芍药甙、牡丹酚、芍药花甙、苯甲酸、挥发油、脂肪油、树脂、糖、淀粉、黏液质、蛋白质、β-谷甾醇和三萜类、鞣质等成分。四川产者含一种酸性物质,对金黄色葡萄菌有抑制作用。药理:

①芍药甙有解痉作用。

②芍药甙可引起豚鼠血压下降,其降压程度与剂量有关。

③有镇痛、镇静、抗惊厥作用。用压迫小白鼠尾部测定痛阈的方法，芍药甙及 $F_M$100（二者分别腹腔注射）镇痛作用不显著，如合并应用则起协同作用。

芍药甙有镇静作用是采用芍药甙与 $F_M$100 分别（腹腔注射）或合并应用均有显著的镇痛效果。

④抗炎、抗溃疡作用。芍药甙有弱的抗炎作用。

⑤有抗菌、解热作用。白芍煎剂在试管内对志贺氏痢疾杆菌有较强的抑菌作用，此外还能抑制葡萄球菌，酊剂能抑制绿脓杆菌。

【性味归经】苦、酸，微寒。入肝、脾经。

【效用与常见配方】本品具有养血敛阴、柔肝止痛、平抑肝阳之功效。适用于月经不调、行经腹痛、崩漏、自汗、盗汗、肝气不和、胁肋脘腹疼痛或四肢拘挛作痛、肝阳上亢、头痛、眩晕等症。

常见配方：

**方一**：治血虚肝旺：白芍药、当归、香附、柴胡、地黄、青皮、川芎、甘草等配伍。

**方二**：治头痛，眩晕：白芍药、地黄、牛膝、代赭石配伍。

**方三**：防止血小板血栓形成：白芍 25 克，白糖 15 克，煎汤服用。

**方四**：解致癌物质黄曲霉素：白芍药 30 克，煎水，代茶饮用。

**方五**：防止脑血栓心肌梗塞，心、脑血管疾病：白芍药 30 克，煎水代茶饮用。

**方六**：治妇人胁痛：香附子四两（黄子醋二碗，盐一两，煮干为度），肉桂、延胡索（炒）、白芍药。为细末，每服二钱，沸汤调，无时服。

**方七**：治下痢便脓血，里急后重，下血调气：芍药一两，当归半两，黄连半两，槟榔、木香二钱，甘草二钱（炒），大黄三钱，黄芩半两，官桂二钱半。上细切，每服半两，水二盏，煎至一盏，食后温服。

**方八**：治妇人妊娠腹中疠痛：当归三两，芍药一斤，茯苓四两，白术四两，泽泻半斤，芎䓖半斤（一作三两）。上六味，杵为散。取方寸匙，酒和，日三服。

**方九：**治痛经：白芍二两，干姜八钱。共为细末，分成八包，月经来时，每日服一包，黄酒为引，连服三个星期。

**方十：**治妇女赤白带下，年月深久不瘥者：白芍药三大两，干姜半大两。细锉，熬令黄，捣下筛。空肚，和饮汁服二钱匙，日再。

**方十一：**治金创血不止，痛：白芍药一两，熬令黄，杵令细为散。酒或米饮下二钱，并得。初三服。渐加。

**方十二：**治脚气肿痛：白芍药六两，甘草一两。为末，白汤点服。

**方十三：**治风毒骨髓疼痛：芍药二分，虎骨一两（炙）。为末，夹绢袋盛，酒三升，渍五日。每服三合，日三服。

【药膳】

**净芍药：**拣去杂质，分开大小个，用水浸泡至八成透，捞出，润至内外湿度均匀，切片，干燥。

**酒白芍：**取白芍片，用黄酒喷洒均匀，稍润，置锅内用文火微炒，取出，放凉。（每白芍片 50 公斤，用黄酒 5 公斤）。

**炒白芍：**取白芍片，置内用文火炒至微黄色，取出，放凉。

**焦白芍：**取白芍片，置锅内用武边火炒至焦黄色，喷淋清水少许，取出，晾干。

**土炒白芍：**取伏龙肝细粉，置锅内炒热，加入白芍片，炒至外面挂有土色，取出，筛去土，放凉。（每白芍片 50 公斤，用伏龙肝细粉 10 公斤。）

**白芍粉：**取酒白芍片，打成细粉即得。

**白芍炒猪肝：**白芍粉 20 克，猪肝 250 克，辅料、调料炒食。

**白芍瘦猪肉：**白芍粉 20 克，猪瘦肉 250 克，辅料、调料炒食。

**白芍炒羊肝：**白芍粉 20 克，羊肝 250 克，炒食。

**白芍炖猪肘：**白芍 20 克，猪肘 300 克，辅料、调料炖食。

**白芍炖乌鸡：**白芍 20 克，乌鸡 1 只，辅料、调料炖食。

**白芍炖团鱼：**白芍 20 克，团鱼 1 个，辅料、调料炖食。

**白芍蒸白鳝：**白芍粉 20 克，白鳗鱼 1 条，辅料、调料蒸食。

**白芍蒸乳鸽：**白芍粉 20 克，乳鸽 1 只，辅料、调料蒸食。

**白芍蒸乌龟：**白芍 20 克，乌龟 1 只(500 克)，辅料、调料蒸食。

**白芍烧羊肉：**白芍 20 克，羊肉 500 克，辅料、调料烧食。

**白芍烧兔肉：**白芍 20 克，兔肉 500 克，辅料、调料烧食。

**白芍烧鹅肉：**白芍 20 克，鹅肉 500 克，辅料、调料烧食。

**白芍蒸发糕：**白芍粉 20 克，米粉 250 克，酵粉适量，蒸糕。

**白芍蒸大饼：**白芍粉 20 克，面粉 250 克，蒸饼。

**白芍蒸葱饼：**白芍粉 20 克，面粉 250 克，葱 20 克，盐少许，蒸(或烙)饼食。

**白芍粥：**白芍粉 20 克，大米 150 克，白糖 15 克，煮粥。

**白芍枸杞粥：**白芍粉 20 克，粳米 150 克，煮粥。

**白芍猪肝粥：**白芍粉 20 克，猪肝 50 克，粳米 150 克，盐、味精、葱少许煮粥。

## 阿胶

本品为驴皮经煎煮、浓缩制成的固体胶。主产于山东寿张，浙江杭州、宁波，江苏无锡。以色乌黑，显光泽，透明，无腥臭气，经夏不软者为佳。

本品多由胶原及其部分水解产物所成，含氮 16.43% ~15.54%，基本上是蛋白质。水解产生多种氨基酸，其中有赖氨酸 10%、精氨酸 7%、组氨酸 2%等。从产生的氨基酸看，阿胶与明胶相似，但前者之赖氨酸较多，且含胱氨酸。含灰分、钙等成分。药理：

①具有生血作用：实验证明，阿胶对大量放血产生的贫血犬，有加速恢复血容量、红细胞及血红蛋白作用。

②影响钙的代谢，给犬口服阿胶，同时加碳钙和食物，发现阿胶确能略微增加血清钙量。

③止血作用。犬口服阿胶可使血清钙增加 10%以上，血凝时间无变化。

【性味归经】甘，平。入肺、肝、肾经。

【效用与常见配方】滋阴补血、安胎之功效。适用于血虚、虚劳咳嗽、吐血、衄血、便血，妇女月经不调、崩中、胎漏等症。

**常见配方：**

**方一：**治吐血不止：阿胶、蒲黄、地黄等配伍。

**方二：**治热病伤阴、心烦失眠：阿胶、黄连、白芍、鸡子黄等配伍。

**方三：**治肺虚火旺、喘咳、咽干痰少：阿胶、马兜铃、牛蒡子、杏仁等配伍。

**方四：**治小儿肺虚、气粗喘促：阿胶一两五钱（麸炒），黍粘子（炒香）、甘草（炙）各二钱五分，马兜铃五钱（焙），杏仁七个（去皮、尖，炒），糯米一两（炒）。上为末，每服一二钱，水一盏，煎至六分，食后温服。

**方五：**治久咳嗽：阿胶（炙燥）一两，人参二两。上二味，捣罗为散，每服三钱匙，豉汤一盏，入葱白少许，同煎三沸，放温，遇咳嗽时呷三五呷。依前温暖，备嗽时再呷之。

**方六：**治大衄，口耳皆出血不止：阿胶半两（捣碎炒令黄燥），蒲黄一两。上药捣细罗为散，每服二钱，以水一中盏，入生地黄汁二合，煎至六分，不计时候，温服。

**方七：**治便血如小豆汁：阿胶（炙气燥），赤芍药、当归（切，焙）各一两，甘草（炙，锉）半两。上四味，粗捣筛，每服五钱匙，水一盏半，入竹叶二七片，同煎至八分，去滓，食前温服。

**方八：**治妇人漏下不止：阿胶、鹿茸各三两，乌贼骨、当归各二两，蒲黄一两。上五味粗捣筛，空心酒服方寸匙，日三，夜再服。

**方九：**治损动母（胎），去血腹痛：阿胶二两（炙），艾叶二两。上二味，以水五升，煮取二升半，分三服。

**方十：**治妊娠腹痛，下痢不止：黄连、石榴皮、当归各三两，阿胶二两（炙），艾一两半。上，水六升，煎至二升，分为三服。忌生冷肥腻。

**方十一：**治产后下痢：粳米一合，蜡（如鸡子）一枚，阿胶、当归各六分，黄连十分。上五味，以水六升半先煮米，令水沸。去米纳药煮，取二升，入阿胶、蜡烊化，温分三二服。

**方十二：**治产虚羸，大便秘涩：阿胶（碎炒）、枳壳（浸去瓤，麸炒）

各二两，滑石（研飞为衣）半两。上为末，炼蜜丸如梧桐子大。每服二十丸，温水下，半日来未通再服。

**方十三：**治老人虚人大便秘涩：阿胶（炒）二钱，连根葱白三片，蜜二匙，新水煎，去葱，入阿胶、蜜溶开，食前温服。

**方十四：**治瘫缓风及诸风手脚不遂，腰脚无力者：驴皮胶炙令微起，先煮葱豉粥一升别贮；又以水一升，煮香豉二合，去滓，纳胶更煮六、七沸，胶烊如饧，顿服之；及暖吃煎葱豉粥任意多少。如冷吃，令人呕吐。

【药膳】

**阿胶：**捣碎成黄豆大小颗粒即得。

**阿胶珠：**先将蛤粉置锅内加热，至轻松时放入切好的骰形小块阿胶，炒至鼓起成圆珠状，呈白色，立即取出，筛去蛤粉，放凉即得。

**阿胶粉：**将阿胶研成粉，过筛即得。

**阿胶膏：**将阿胶放入碗内，入笼蒸化即得。

**阿胶炒鸡蛋：**阿胶粉 10 克，鸡蛋 2 枚，素油、调料炒食。

**阿胶炒猪瘦肉：**阿胶 10 克，猪瘦肉 250 克，辅料、调料炒食。

**阿胶炒牛肉：**阿胶 10 克，牛肉 250 克，辅料、调料炒食。

**阿胶炖乌鸡：**阿胶 15 克，乌鸡 1 只，辅料、调料炖食。

**阿胶炖鹌鹑：**阿胶 10 克，鹌鹑 250 克，辅料、调料炖食。

**阿胶炖驴肉：**阿胶 15 克，驴肉 250 克，辅料、调料炖食。

**阿胶蒸鳗鱼：**阿胶粉 20 克，鳗鱼 1 条，辅料、调料蒸食。

**阿胶蒸鲈鱼：**阿胶 15 克，鲈鱼 1 尾（500 克），辅料、调料蒸食。

**阿胶蒸乳鸽：**阿胶 15 克，乳鸽 1 只，辅料、调料蒸食。

**阿胶烧羊肉：**阿胶 15 克，羊肉 300 克，辅料、调料烧食。

**阿胶烧狗肉：**阿胶 15 克，狗肉 300 克，辅料、调料烧食。

**阿胶烧鹅肉：**阿胶 15 克，鹅肉 300 克，辅料、调料烧食。

**阿胶粥：**阿胶 10 克，粳米 150 克，煮粥。

**阿胶红枣粥：**阿胶 10 克，红枣 4 枚，粳米 150 克，煮粥。

**阿胶枸杞粥：**阿胶 10 克，枸杞 20 克，粳米 150 克，煮粥。

## 龙眼肉

本品为无患子科植物龙眼的假种皮。以肥厚、柔润，味甘浓者品质优良。主产于福建、广西、四川等省。以福建产质最佳。

本品含水分0.85%，可溶性部分79.77%，不溶性物质19.30%，灰分3.36%。可溶性物质中，有葡萄糖、蔗糖、酸类、含氮物（其中含腺嘌呤），尚含有蛋白质和脂肪等成分。药理：

①龙眼水浸剂（1∶2）在试管内对奥杜盎氏小芽胞癣菌有抑制作用。

②有安神作用。

【性味归经】甘，温。入心、脾经。

【效用与常见配方】具有补心脾、益气血之功效。适用于心脾两虚、惊悸、怔忡、失眠、健忘、气血不足等症。

常见配方：

**方一**：治思虑过度、劳伤心脾：龙眼肉、黄芪、人参、当归、酸枣仁配方。

**方二**：治气血不足：龙眼肉、白糖蒸食。

**方三**：治思虑过度，劳伤心脾，健忘怔忡：白术、茯苓（去皮）、黄芪（去芦）、龙眼肉、酸枣仁（炒，去杏）各一两，人参、木香（不见火）各半两，甘草（炙）二钱半。上细切，每服四钱，水一盏半，生姜五片，枣一枚，煎至七分，去滓温服，不拘时候。

**方四**：大补气血：以剥好的龙眼肉，盛竹筒式瓷碗内，每肉一两，入白糖一钱，素体多火者，再加入西洋参片一钱，碗口罩以丝锦一层，日日于饭锅上蒸之，蒸至多次。凡衰羸老弱，别无痰火便滑之病者，每以开水瀹服一匙，大补气血，力胜参芪，产妇临盆，服之甚妙。

**方五**：温补脾胃，助精神：龙眼肉不拘多少，上好烧酒内浸百日，常饮数杯。

**方六**：治脾虚泄泻：龙眼干十四粒，生姜三片煎汤服。

**方七**：治妇人产后浮肿：龙眼干、生姜、大枣。煎汤服。

【药膳】

**龙眼肉**：将龙眼去壳，剥下龙眼的假种皮即得。

**龙眼膏**：将龙眼肉50克，加清水100毫升，用文火熬出膏状即成。

**龙眼炒肉丝**：龙眼肉25克，猪肉丝250克，辅料、调料炒食。

**龙眼炒乳鸽**：龙眼肉20克，乳鸽1只，调料、辅料炒食。

**龙眼炒鹌鹑**：龙眼肉20克，鹌鹑250克，辅料、调料炒食。

**龙眼洋参炖乌鸡**：龙眼肉30克，乌鸡1只，辅料、调料炖食。

**龙眼炖白鳗**：龙眼肉30克，鳗鱼1条，炖食。

**龙眼炖鳖鱼**：龙眼20克，鳖鱼1个（500克），辅料、调料炖食。

**龙眼核桃蒸鱼头**：龙眼肉30克，核桃肉20克，鱼头1个，辅料、调料蒸食。

**龙眼炖狗肉**：龙眼30克，狗肉500克，辅料、调料蒸食。

**龙眼蒸鹌鹑**：龙眼30克，鹌鹑250克，蒸食。

**龙眼烧仔鹅**：龙眼肉20克，仔鹅肉300克，烧食。

**龙眼烧乌鸡**：龙眼肉25克，乌鸡1只，辅料、调料烧食。

**龙眼烧猪肘**：龙眼肉30克，猪肘300克，辅料、调料烧食。

**龙眼酒**：龙眼肉30克，白酒500克，浸泡。

**龙眼枸杞酒**：龙眼肉20克，枸杞子15克，白酒500克，浸泡。

**龙眼核桃酒**：龙眼肉20克，核桃仁20克，白酒500克，浸泡。

**龙眼粥**：龙眼肉20克，粳米150克，煮粥。

**龙眼洋参粥**：龙眼肉20克，西洋参20克，粳米150克，煮粥。

**龙眼枸杞粥**：龙眼肉20克，枸杞子15克，粳米150克，煮粥。

## 北沙参

本品为伞形科植物珊瑚菜的根。主产于山东、江苏、河北、辽宁等地。以身干，根条细长，均匀，质坚，色白，味甘者为品质优良。

本品根含生物碱、丰富的淀粉。果实含珊瑚菜素。药理：

①根的乙醇提取物能使正常家兔的体温轻度下降；对由伤寒疫苗

引起发热的家兔也有降温作用;另还有镇痛作用(兔牙髓电刺激法)。叶的醇提取物较差,根的挥发油更差。

②水浸液在低浓度时对离体蟾蜍心脏能加强收缩;浓度增高时,则出现抑制直至心室停跳(此时心房仍可跳动),但可以恢复。

【性味归经】甘、苦、淡,凉。入肺、脾经。

【效用与常见配方】清肺养阴、祛痰止咳之功效。适用于肺热燥咳、虚痨久咳、阴伤咽干、口渴等症。

常见配方:

**方一**:治燥伤肺阴,或热或咳:北沙参、玉竹、麦冬、桑叶、甘草、扁豆、天花粉配方,名曰:"沙参麦冬汤"。

**方二**:治阴虚火炎,咳嗽无痰,骨蒸劳热,肌皮枯燥,口苦烦渴等症:真北沙参、麦门冬、知母、川贝母、怀熟地、鳖甲、地骨皮各四两。或作丸,或作膏,每早服三钱,白汤下。

**方三**:治一切阴虚火炎,似虚似实,逆气不降,清气不升,烦渴咳嗽,胀满不食:真北沙参五钱,水煎服。

**方四**:治阴虚咳嗽:北沙参 30 克,猪肺 1 具,加少量调味品炖服。

**方五**:治痰多咳嗽:北沙参 30 克,银耳 30 克,冰糖 15 克,炖汤吃。

**方六**:治咳嗽:北沙参 30 克,杏仁 10 克,煎服,每日三次,每次服 30 毫克。

**方七**:治肺热燥咳:北沙参 30 克,白萝卜 250 克,炖熟服用,吃萝卜喝汤。

**方八**:治热病伤津、口渴:北沙参 30 克,梨 250 克,冰糖 15 克,煮食。

【药膳】

**净北沙参**:拣去杂质,除去茎基,用水略洗,捞出,稍润,切段,晒干即得。

**蜜北沙参**:取净北沙参,将蜂蜜用冷开水稀释喷洒在北沙参上,拌匀,晾干即得。(每 1 公斤北沙参,用蜂蜜 50 克)

**冰糖北沙参**:取净北沙参段,冰糖熬汁,喷洒在北沙参上,拌匀即

得。（每1公斤北沙参，用冰糖50克）

**北沙参粉**：取净北沙参打成细粉，过筛即得。

**沙参炒鱼片**：沙参20克，鱼片250克，辅料、调料炒食。

**沙参炒瘦肉**：沙参20克，猪瘦肉250克，辅料、调料炒食。

**沙参炒牛蛙**：沙参20克，牛蛙250克，辅料、调料炒食。

**沙参炖乌鸡**：沙参30克，乌鸡1只，辅料、调料炖食。

**沙参萝卜炖猪肺**：沙参30克，萝卜250克，猪肺1具，辅料、调料炖食。

**沙参炖甲鱼**：沙参30克，甲鱼（团鱼）1个（500克），辅料、调料炖食。

**沙参蒸仔鸭**：沙参30克，仔鸭1只，辅料、调料蒸食。

**沙参冰糖蒸雪梨**：沙参粉30克，冰糖20克，雪梨2个，蒸食。

**沙参蒸柚子**：沙参30克，柚子1个（去皮、核），冰糖15克，蒸食。

**沙参烧海参**：沙参30克，海参（水发）300克，辅料、调料烧食。

**沙参萝卜烧猪肘**：沙参30克，萝卜250克，猪肘肉300克，辅料、调料烧食。

**沙参烧乌鸡**：沙参30克，乌鸡1只，辅料、调料烧食。

**沙参酒**：沙参50克，白酒500克，冰糖15克，浸泡。

**沙参杏仁酒**：沙参30克，杏仁20克，白酒500克，冰糖15克，浸泡。

**沙参雪梨酒**：沙参30克，雪梨（去核、皮）500克，冰糖15克，浸泡。

**沙参粥**：沙参30克，粳米150克，白糖15克，煮粥。

**沙参杏仁粥**：沙参20克，杏仁15克，冰糖15克，粳米150克，煮粥。

**沙参萝卜粥**：沙参30克，萝卜100克，冰糖15克，煮粥。

## 南沙参

本品为桔梗科植物轮叶沙参或杏叶沙参的干燥根。主产于安徽、江苏、浙江、贵州等省，以安徽、江苏、浙江所产质量最好。以干燥、色白、饱满、根长均匀者品质优良。

轮叶沙参的根中含三萜皂甙和淀粉。药理：

①祛痰作用。轮叶沙参煎液对家兔的祛痰作用较紫菀等为差，但

可持续作用4小时以上。

②强心作用。1%沙参浸剂对离体蟾蜍心脏有明显强心作用。

③抗真菌作用。沙参水浸剂(1∶2)在试管内对奥杜盎氏小芽胞癣菌、羊毛状小芽胞癣菌有不同程度的抑制作用。

【性味归经】甘微苦,凉。入肺、肝经。

【效用与常见配方】具有养阴清肺、祛痰止咳之功效。适用于肺热燥咳、虚痨之咳、阴伤咽干、喉痛等症。

常见配方:

**方一:**治肺热咳嗽、咽痛。南沙参、鱼腥草、桔梗、灯笼草配伍。

**方二:**治燥热伤阴、干咳少痰、咽干口渴:南沙参、麦冬、玉竹、冬桑叶等配方。如沙参麦冬汤。

**方三:**治燥伤肺卫阴分,或热或咳者:沙参三钱,玉竹二钱,生甘草一钱,冬桑叶一钱五分,麦冬三钱,生扁豆一钱五分,花粉一钱五分。水五杯,煮取二杯,日再服。久热久咳者,加地骨皮三钱。

**方四:**治肺热咳嗽:沙参半两,水煎服之。

**方五:**治失血后脉微手足厥冷之症:杏叶沙参,浓煎频频而少少饮服。

**方六:**治赤白带下,皆因七情内伤,或下元虚冷:米饮调沙参末服。

**方七:**治产后无乳:杏叶沙参根四钱,猪肉500克,煮食。

**方八:**治虚火牙痛:杏叶沙参根五钱至二两。煮鸡蛋服。

**方九:**治肺热咳嗽:南沙参30克,雪梨2枚,冰糖15克煮食。

**方十:**治肺热、咳嗽有痰:南沙参30克,杏仁15克,萝卜300克,煮食。

【药膳】

**净南沙参:**拣去杂质,除去茎基,用水略洗,捞出,稍润,切段,晒干即得。

**蜜南沙参:**取净南沙参,将蜂蜜用冷开水稀释,喷洒在南沙参上,拌匀,晾干即得。(每1公斤南沙参,用蜂蜜50克)

**冰糖南沙参:**取净南沙参段,冰糖熬汁,喷洒在南沙参上,拌匀即得。(每1公斤南沙参,用冰糖50克)

**南沙参粉**:取净南沙参打成细粉,速筛即得。

**沙参炒肉片**:南沙参粉20克,猪瘦肉片250克,辅料、调料炒食。

**南沙参炒鱼片**:南沙参20克,鱼片250克,辅料、调料炒食。

**南沙参炒牛蛙**:南沙参20克,牛蛙250克,辅料、调料炒食。

**南沙参炖乌鸡**:南沙参25克,乌鸡1只,辅料、调料炖食。

**南沙参炖猪蹄**:南沙参20克,猪蹄1对,辅料、调料,炖食。

**南沙参炖甲鱼(团鱼)**:南沙参25克,甲鱼1个(500克),辅料、调料炖食。

**南沙参蒸仔鸭**:南沙参30克,仔鸭1只,辅料、调料蒸食。

**南沙参蒸雪梨**:南沙参20克,雪梨2个,冰糖25克,蒸食。

**南沙参蒸柚子**:南沙参25克,柚子1个(去核、皮),冰糖15克,蒸食。

**南沙参烧海参**:南沙参30克,海参300克,辅料、调料烧食。

**南沙参烧猪肘**:南沙参25克,猪肘肉300克,辅料、调料烧食。

**南沙参烧乌鸡**:南沙参30克,乌鸡1只、辅料、调料烧食。

**南沙参酒**:南沙参50克,白酒500克,冰糖15克,浸泡。

**南沙参杏仁酒**:南沙参30克,杏仁20克,白酒500克,冰糖15克,浸泡。

**沙参雪梨酒**:南沙参30克,雪梨(去核、皮)500克,冰糖15克,浸泡。

**南沙参杏仁粥**:南沙参20克,杏仁15克,冰糖15克,粳米150克,煮粥。

**南沙参萝卜粥**:南沙参30克,萝卜100克,冰糖15克,煮粥。

## 珠子参

本品为五加科植物珠子参或羽叶三七的干燥根茎。主产于云南、贵州、陕西、四川等地。以身干,个匀,色黄显光泽,无竹节,粗皮者为佳。

【性味归经】甘、平,寒。入肝、胃经。

【效用与常见配方】具有清热降火、养阴祛痰之功效。适用于热病烦渴、阴虚咳嗽、痨伤吐血、鼻衄、咽痛、风湿性关节炎、小儿惊风、跌打损伤、牙龈肿痛等症。

**常见配方：**

**方一：**治肺虚咳嗽：珠子参25克，杏仁20克，煎汤服。

**方二：**治肺虚咳嗽：珠子参30克，萝卜300克，煮汤服。

**方三：**治痨伤吐血，鼻衄：珠子参25克，阿胶20克，煎汤服用。

**方四：**治咽喉疼痛：珠子参30克，胖大海2只，泡开水服用。

**方五：**治跌打损伤：珠子参25克，三七25克，煎水服用。

**【药膳】**

**净珠子参：**拣去杂质，洗净，晾干即得。

**蜜珠子参：**将净珠子参切片，蜂蜜用冷开水化开，喷洒在珠子参上，拌匀晾干即得。

**珠子参粉：**取净珠子参，碾成细粉，过筛即得。

**珠子参炒苦瓜：**珠子参粉30克，苦瓜300克，加调料炒食。

**珠子参炒萝卜丝：**珠子参粉25克，萝卜丝300克，加调料炒食。

**珠子参炒芹菜：**珠子参粉20克，芹菜500克，加调料炒食。

**珠子参炖老鸭：**珠子参30克，老鸭1只，辅料、调料炖食。

**珠子参炖乌鸡：**珠子参30克，乌鸡1只，辅料、调料炖食。

**珠子参炖老龟：**珠子参25克，老龟1只，辅料、调料炖食。

**珠子参蒸鳗鱼：**珠子参粉30克，鳗鱼1条，辅料、调料蒸食。

**珠子参蒸鳝段：**珠子参粉20克，黄鳝段（去骨）300克，辅料、调料蒸食。

**珠子参粉蒸仔鸭：**珠子参粉30克，仔鸭300克，辅料、调料蒸食。

**珠子参烧牛尾：**珠子参300克，牛尾1条，辅料、调料烧食。

**珠子参烧牛蛙：**珠子参30克，牛蛙300克，加调料、辅料烧食。

**珠子参烧乌鸡：**珠子参30克，乌鸡1只，辅料、调料烧食。

**珠子参酒：**珠子参30克，白酒500克，浸泡。

**珠子参红枣酒：**珠子参25克，白酒500克，红枣8枚，浸泡。

**珠子参枸杞酒：**珠子参30克，枸杞子25克，白酒500克，浸泡。

**珠子参粥：**珠子参20克，粳米150克，煮粥。

**珠子参糯米粥**:珠子参20克,糯米150克,煮粥。

**珠子参杏仁粥**:珠子参20克,杏仁15克,粳米150克,煮粥。

## 银耳

本品为银耳科真菌白木耳的干燥子实体。主产于四川通江、贵州、陕西、湖北、福建漳州等地。以干燥,黄白色,显光泽,朵大,瓣片厚,体轻,无耳根者为品质优良。

本品含蛋白质,碳水化物,无机盐,维生素B等。另外有人测出脂肪、粗纤维、灰分等成分。灰分中含硫、磷、铁、镁、钙、钾及钠等。有滋阴润肺、止痨咳等作用。

【性味归经】甘、淡,平。入肺、胃、肾经。

【效用与常见配方】本品具有滋阴、润肺、养胃、生津之功效。适用于肺虚咳嗽、痰中带血、阴虚低热、口干、津液少等症。

常见配方:

**方一**:治虚劳咳嗽,阴虚口渴:银耳、人参配伍。

**方二**:肾阴虚的血管硬化、高血压,肺阴虚咳嗽、喘息:白木耳10克,黑木耳10克,冰糖30克,熬成羹服用。

**方三**:润肺、止咳,滋补:白木耳10克,竹参10克,淫羊藿5克,冰糖、猪油少许,熬汤服用。

【药膳】

**净银耳**:将银耳去杂质,蒂头即得。

**水发银耳**:将净银耳放入温水中浸泡4小时,除去杂质,撕成瓣状即得。

**银耳粉**:将净银耳打成细粉,过筛即得。

**银耳炒肉片**:水发银耳50克,猪瘦肉300克,加入辅料、调料炒食。

**银耳炒鸡片**:水发银耳50克,鸡胸脯肉300克,辅料、调料炒食。

**银耳炒白菜**:银耳50克,白菜500克,加调料、素油炒食。

**竹荪炖银耳**:竹荪30克,银耳100克,加调料炖食。

**冰糖莲子炖银耳：**冰糖20克，莲子50克（去心），加水炖食。

**银耳炖燕窝：**银耳30克，燕窝5克，冰糖15克，炖服。

**银耳蒸虫草：**银耳10克，虫草1枚，冰糖10克，蒸食。

**银耳蒸雪蛤：**银耳10克，雪蛤（蛤蟆油）5克，冰糖15克，蒸食。

**银耳蒸竹荪：**银耳50克，竹荪30克，冰糖15克，加水蒸食。

**银耳烧猪肉：**银耳50克，猪肉300克，烧食。

**银耳烧乌鸡：**银耳30克，乌鸡500克，辅料、调料烧食。

**银耳烧乳鸽：**银耳30克，乳鸽1只，辅料、调料烧食。

**银耳粥：**银耳10克，粳米150克，冰糖15克，煮粥。

**银耳红枣粥：**银耳30克，红枣6枚，粳米150克，白糖15克，煮粥。

**银耳枸杞粥：**银耳30克，枸杞15克，粳米150克，煮粥。

## 玄精石

本品为年久所结的小形片状石膏矿石。主产于陕西、甘肃、四川等地。以块整齐，灰白色，中间显黑影，片薄者为佳。

本品含水硫酸钙（$CaSO_4 \cdot 2H_2O$），经分析，含有$Ca^{++}$、$Fe^{+++}$、$SO_4^{=}$、$Na^{+}$等离子。尚含少量硅酸盐。具有滋阴降火、软坚、消痰作用。

**【性味归经】**咸，寒。入肾经。

**【效用与常见配方】**本品具有滋阴降火、软坚消痰之功效。适用于阳盛阴虚、壮热烦渴、头风脑痛、目赤障翳、重舌、木舌、咽喉生疮等症。

**常见配方：**

**方一：**治头风脑痛：玄精石末，入羊胆中阴干，水调一字，吹鼻中。

**方二：**治眼赤涩：玄精石半两（研成粉，无，以马牙屑代之），黄柏（去粗皮，炙，捣末）一两。上二味，和研令极细，点两目。

**方三：**治眼生赤脉：玄精石一两，甘草半两。为细末。每服半钱，竹叶汤调下。

**方四：**治重舌口中涎出，水浆不收：太阴玄精石二两，牛黄、龙脑、朱砂各一分。上药同细研为散。每度用药半钱，先于重舌上以铍针挑破出血，以盐汤漱口，然后掺药于舌上，咽津。

**方五**：治小儿头疮：太阴玄精石、寒水石各一分（研），轻粉、麝香各少许。上为细末。先以浓浆洗去疮痂，拭干，油调药涂之。

**方六**：治烫火伤，疼痛不可忍：太阴精石不拘多少，入锅内大火煅，纸衬于地坑内出火毒一宿，研细散，每次适量，用冷水调，鸡翎扫之。

**方七**：治肺胃蕴热生痰：玄精石研极细。每服三分，和炼蜜一匙，白汤调下。

**方八**：治小儿夹风蕴热：太阴玄精石一两，石膏三分，龙脑半钱。上捣研极细。每服半钱，新汲水调下。

**方九**：治休息痢之不瘥，面色青黄，四肢逆冷，不思饮食：太阴玄精石二两，白矾半斤，黄丹二两，青盐半两。上药细研，入生铁铫子内，烧白矾汁尽为度，后以不蚛皂荚三挺，存性烧熟，都研为末，用糯米饭和丸，如梧桐子大。每于食前，以粥饮下十丸。

【药膳】

**净玄精石**：取玄精石，洗净泥土，晒干，用时打碎即得。

**玄精石粉**：将净玄精石研成极细粉末，过罗即得。

**煅玄精石**：将玄精石放入烧红的铁锅内，煅透，放入地坑内出火毒一夜，然后研成极细粉末即得。

**玄精石液**：将玄精石粉加水煎煮，去渣即得。

**玄精石炒苦瓜**：玄精石液 20 克，苦瓜 250 克，加入调料炒食。

**玄精石炒羊肝**：玄精石液 20 克，羊肝 250 克，辅料、调料炒食。

**玄精石炒鸡肝**：玄精石液 20 克，鸡肝 250 克，辅料、调料炒食。

**玄精石炖猪腰**：玄精石液 20 克，猪腰 1 对，辅料、调料炖食。

**玄精石炖萝卜**：玄精石液 20 克，白萝卜 300 克，加调料炖食。

**玄精石炖猪肉**：玄精石液 20 克，猪瘦肉 250 克，辅料、调料炖食。

**玄精石蒸猪肝**：玄精石液 20 克，猪肝 250 克，辅料、调料蒸食。

**玄精石蒸羊肝**：玄精石液 20 克，羊肝 250 克，辅料、调料蒸食。

**玄精石蒸银耳**：玄精石液 20 克，银耳（水发）50 克，冰糖 20 克，蒸食。

**玄精石粥:**玄精石液 20 克,粳米 150 克,煮粥。

**玄精石猪肝粥:**玄精石液 20 克,猪肝 50 克,粳米 150 克,调料少许煮粥。

**玄精石煮萝卜粥:**玄精石液 20 克,萝卜 50 克,粳米 150 克,冰糖 15 克煮粥。

## 枸骨叶

本品为冬青科植物枸骨的干燥叶。全国各地均产。以干燥,叶大,不破碎者为佳。

含咖啡碱、皂甙、鞣质、苦味质等成分。药理:

①用离体豚鼠心脏灌流后,枸骨注射液(以乙醇、$NaHSO_3$ 处理后之水溶液)有增加其冠脉流量、加强心收缩力的作用。

②有避孕作用。枸骨叶的水及醇浸液或其他有关制剂给小鼠灌胃,皆可使之减少怀孕,抑孕率为 80% ~100%;阴道涂片法证明,枸骨能使小鼠正常性周期发生改变,主要是使休息期延长,其次是超越或缩短动情期。枸骨叶的醇提取物(绿色粉状物,有甙的反应)有避孕作用。组织切片未发现子宫及卵巢的病理变化,故认为是生理性避孕。

【性味归经】苦、甘,凉。入心肺、脾、肾经。

【效用与常见配方】本品具有滋阴益肾之功效。适应于肺虚咳血、腰膝酸软、目赤头痛、崩漏带下、热毒疮肿等症。

常见配方:

**方一:**治肺虚咳嗽,低热:枸骨叶、羊乳根、枸杞根、仙鹤草配伍。

**方二:**治肺痨:枸骨叶一两。烘干,开水泡,当茶饮。

**方三:**治劳伤失血痿软:枸骨 1000 克,红枣 1000 克,熬成膏,用蜜收服用。

**方四:**补肝肾,养气血:枸骨叶 500 克,枸杞子 500 克,熬成膏服用。

【药膳】

**净枸骨叶:**拣去杂质,洗净,晾干即得。

**枸骨叶膏**：取净枸骨叶，加水煎熬，去渣，再熬浓稠，加入蜂蜜收膏即得。（每1公斤枸骨叶，用蜂蜜150克）。

**枸骨叶液**：取净枸骨叶，加水煎煮，去渣，浓缩成液即得。

**枸骨叶炒鸡蛋**：枸骨叶液20克，鸡蛋2个，加少许调料炒食。

**枸骨炒瘦肉**：枸骨叶液20克，猪瘦肉250克，辅料、调料炒食。

**枸骨叶炒乳鸽**：枸骨叶液20克，乳鸽1只，辅料、调料炒食。

**枸骨叶炖猪肾**：枸骨叶液20克，猪腰子1对，辅料、调料炖食。

**枸骨叶炖雪梨**：枸骨叶20克，雪梨2个，炖食。

**枸骨叶炖牛尾**：枸骨叶液20克，牛尾1条（1000克），辅料、调料炖食。

**枸骨叶煎鸡蛋**：枸骨叶液20克，鸡蛋2个，加少许调料，蒸食。

**枸骨叶蒸青鳝**：枸骨叶液20克，青鳝（青鳗鱼）1条（500克），辅料、调料蒸食。

**枸骨叶蒸鸡肝**：枸骨叶液20克，鸡肝150克，辅料、调料蒸食。

**枸骨叶粥**：枸骨叶液20克，粳米150克，白糖15克，煮粥。

**枸骨叶猪腰粥**：枸骨叶20克，猪腰50克，加调料煮粥。

**枸骨叶红枣粥**：枸骨叶20克，红枣8个，粳米150克，白糖15克，煮粥。

## 天冬

本品为百合科植物天门冬的干燥块根。主产于贵州、四川、广西、浙江等地，以贵州产量大，质好。以干燥，饱满，黄白色半透明，无外皮残留者为佳。

本品根含天门冬素（天冬酰胺）、粘液质、β-谷甾醇及5-甲氧基甲基糠醛。所含苦味成分为甾体皂甙，由菝葜皂甙元、鼠李糖、木糖和葡萄糖组成。药理：

①抗菌作用。煎剂体外试验对炭疽杆菌、甲型及乙型溶血性链球菌、白喉杆菌、类白喉杆菌、肺炎双球菌、金黄色葡萄菌、柠檬色葡萄球

菌及枯草杆菌均有不同程度的抑菌作用。

②杀灭蚊、蝇幼虫的作用。将切碎的根置水中使成0.5%～1%浓度时，可使其中的孑孓于72～96小时后全部死亡。

③抗肿瘤作用。体外试验（美蓝法及瓦氏呼吸器测定），天门冬对急性淋巴细胞型白血病、慢性粒细胞型白血病及急性单核细胞型白血病的脱氢酶有一定的抑制作用，并能抑制急性淋巴细胞型白血病患者白细胞的呼吸。

**【性味归经】**甘、苦，寒。入肺、肾经。

**【效用与常见配方】**本品具有滋阴、清热、润燥之功效。适用于虚劳喘咳、吐血、低热不退、热病口渴、津枯便秘等症。

**常见配方：**

**方一：**治燥咳痰黏、劳咳咯血：天冬、麦冬配伍。

**方二：**治热病后期津伤便秘：天冬、地黄、当归、玄参、火麻仁配伍。

**方三：**治咳嗽：人参、天门冬（去心）、熟干地黄各等份。为细末，炼蜜为丸如樱桃大，含化服之。

**方四：**治吐血咯血：天门冬一两（水泡，去心），甘草（炙）、杏仁（去皮，炒熟）、贝母（去心，炒）、白茯苓（去皮）、阿胶（碎之，蛤粉炒成珠子）各半两。上为细末，炼蜜丸如弹子大，含化一丸咽津，日夜可十丸。

**方五：**治妇人喘，手足炀热，骨蒸寝汗，口干引饮，面目浮肿：天门冬十两，麦门冬（去心）八两，生地黄三斤（取汁为膏）。上二味为末，膏子和丸如梧子大。每服五十丸，煎逍遥散送下。逍遥散中去甘草加人参。

**方六：**治肺痿咳嗽，吐涎沫，心中温温，咽燥而不渴者：生天冬捣汁一斗，酒一斗，饴一升，紫菀四合，入铜器煎至可丸，服如杏子大一丸，日可三服。

**方七：**治血虚肺燥，皮肤折裂，及肺痿咳脓血证：天门冬，新掘者不拘多少，净洗，去心、皮，细捣，绞取汁澄清，以布滤去粗滓，用银锅或砂锅慢火熬成膏，每用一二匙，空心温酒调服。

**方八**:治扁桃体炎、咽喉肿痛:天冬、麦冬、板蓝根、桔梗、山豆根各三钱,甘草二钱,水煎服。

**方九**:治老人大肠燥结不通:天冬八两,麦冬、当归、麻子仁、生地黄各四两。熬膏,炼蜜收。每早晚白汤调服十茶匙。

**方十**:治疝气:鲜天冬五钱至一两(去皮)。水煎,点酒为引内服。

**方十一**:催乳:天冬二两。炖肉服。

**【药膳】**

**净天冬**:拣去杂质,水洗净,焖润至内外湿度均匀,切段、干燥即得。

**蜜天冬膏**:取净天冬,加水熬煮,去渣,再熬,至天冬汁浓稠,加入炼蜜收膏即得。

**天冬粉**:将净天冬打成细粉,过筛即得。

**天冬炒兔片**:天冬 30 克,兔肉 300 克,辅料、调料炒食。

**天冬炒乌鸡**:天冬 25 克,乌鸡胸脯肉 300 克,辅料、调料炒食。

**天冬炒乳鸽**:天冬 30 克,乳鸽 1 只,辅料、调料炒食。

**天冬炖雌黄鸡**:天冬 30 克,雌黄鸡 1 只(1000 克),辅料、调料炖食。

**天冬炖猪蹄**:天冬 20 克,猪蹄 1 对,辅料、调料炖食。

**天冬炖乌蛇**:天冬 20 克,乌梢蛇 1 条(750 克),辅料、调料炖食。

**天冬蒸石斑鱼**:天冬 20 克,石斑鱼 1 尾(750 克),辅料、调料蒸食。

**天冬蒸鹌鹑**:天冬 30 克,鹌鹑 250 克,辅料、调料蒸食。

**天冬蒸仔鸭**:天冬 30 克,仔鸭 1 只(750 克),辅料、调料蒸食。

**天冬烧兔肉**:天冬 30 克,兔肉 300 克,辅料、调料烧食。

**天冬烧鹅肉**:天冬 25 克,鹅肉 500 克,辅料、调料烧食。

**天冬烧膏蟹**:天冬 30 克,膏蟹 300 克,辅料、调料烧食。

**天冬酒**:天冬 20 克,白酒 500 克,浸泡。

**天冬枸杞酒**:天冬 30 克,枸杞子 20 克,白酒 500 克,浸泡。

**天冬麦冬酒**:天冬 30 克,麦冬 30 克,白酒 500 克,浸泡。

**天冬粥**:天冬 20 克,粳米 150 克,煮粥。

**天冬枸杞粥**:天冬 20 克,枸杞子 15 克,粳米 150 克,煮粥。

**天冬红枣糯米粥**:天冬 20 克,红枣 6 枚,糯米 150 克,煮粥。

## 麦冬

本品为百合科植物沿街草的块根。主产于四川、浙江等地。以干燥,饱满,灰白色,嚼之发黏,不泛油者为品质优良。

麦冬含有各种甾体皂甙、黏液质、葡萄糖甙、β-谷甾醇、维生素A样物质等成分。药理:

①对血糖的影响。家兔用50%麦冬煎剂肌肉注射(1毫升/公斤),能升高血糖。另谓正常兔口服麦冬的水、醇提取物0.2克/公斤,则有降糖作用。

②抗菌作用。麦冬粉在体外对白色葡萄球菌、大肠杆菌等有某些抗菌作用。

【性味归经】甘、微苦,寒。入肺、胃、心经。

【效用与常见配方】本品具有养阴润肺、益胃生津、清心除烦之功效。适用于燥咳痰粘、劳嗽咯血、肺虚咳嗽、热病口渴、阴虚低热、心烦失眠等症。

**常见配方:**

**方一:**治胃热液枯:麦冬、沙参、地黄、玉竹、冰糖配伍,名曰"益胃汤"。

**方二:**治燥伤肺胃阴分,或热或咳者:沙参三钱,麦冬三钱,玉竹二钱,生甘草一钱,冬桑叶一钱五分,扁豆一钱五分,花粉一钱五分。水五杯,煮二杯,日再服。

**方三:**治吐血、衄血不止:生麦冬汁五合,生刺蓟汁五合,生地黄汁五合。相合,于锅中略暖过,每服一小盏,调伏龙肝末一钱服之。

**方四:**治齿缝出血成条:人参八分,茯苓、麦冬各一钱。水煎温服。

**方五:**治衄血不止:麦门冬、生地黄,每服一两,水煎。

**方六:**治骨蒸肺痿,四肢烦热,不能食,口干渴:麦门冬(去心,焙)、地骨皮各五两。上二味粗捣筛,每服五钱匙。先以水二盏,煎小麦一合,至一盏半,去麦冬入药,煎至一盏,去滓,分温二服,空腹食后各一。

**方七**:治肺痈涕唾涎沫,吐脓如粥:麦门冬(去心,焙)二两,桔梗(去芦头)五两,甘草(炙,锉)三分。上三味粗捣筛,每服三钱匙,水一盏,青蒿心叶十片,同煎至七分,去滓温服。稍轻者粥饮调下亦得。

**方八**:治火逆上气,咽喉不利:麦门冬七,升半夏一升,人参二两,甘草二两,粳米三合,大枣十二枚。上六味,以水一斗二升,煮取六开,温服一升,日三夜一服。

**方九**:治虚热上攻,脾肺有热,咽喉生疮:麦门冬一两,黄连五钱。上为末,蜜丸如梧桐子大。每服三十丸,食前麦门冬汤下。

**方十**:治燥热消渴:黄连一升(去毛),麦门冬五两(去心)。上二味,捣筛,以生地黄汁、栝楼根汁、牛乳各三合和,顿为丸如梧子,一服二十五丸,饮下。日再服,渐渐加至三十丸。

**方十一**:治消渴,喉干不可忍,饮水不止,腹满急胀:麦门冬(去心,焙),乌梅(去核取肉,炒)各二两。上二味粗捣筛,每服三钱匙,水一盏,煎至半盏,去滓,食后温服,日三。

**方十二**:治阳明温病,无上焦症,数日大便不通,当下之,若其人阴素虚,不可行承气者:元参一两,麦冬八钱,生地八钱。水八杯,煮取三杯,口干则与饮令尽,不便,再作服。

**【药膳】**

**净麦冬**:拣净杂质,用水浸泡,捞出,润透后抽去心,再洗净晒干即得。

**朱麦冬**:取净麦冬,置窗内喷水少许,微润,加朱砂细粉,撒布均匀,并随时翻动,至麦冬外面匀被朱砂为度,取出晾干。(每麦门冬5公斤,用朱砂150克)

**水浸麦冬**:取净麦冬,加入温水浸泡4小时,去心即得。

**麦冬炒冬瓜**:麦冬20克,冬瓜500克,虾仁20克,加调料炒食。

**麦冬炒苦瓜**:麦冬20克,苦瓜300克,加调料炒食。

**麦冬炒香菇**:麦冬20克,香菇250克,加调料炒食。

**麦冬炖乌鸡**:麦冬30克,乌鸡1只,辅料、调料炖食。

**麦冬炖甲鱼(团鱼):**麦冬30克,团鱼1只(500克),辅料、调料炖食。

**麦冬炖乳鸽:**麦冬20克,乳鸽1只,辅料、调料炖食。

**麦冬蒸冬瓜:**麦冬20克,冬瓜500克,加调料蒸食。

**麦冬蒸鹌鹑:**麦冬20克,鹌鹑250克,加调料蒸食。

**麦冬蒸仔鸭:**麦冬20克,仔鸭1只,加辅料、调料蒸食。

**麦冬烧鳝鱼:**麦冬20克,鳝鱼段300克,辅料、调料烧食。

**麦冬烧兔肉:**麦冬20克,兔肉300克,辅料、调料烧食。

**麦冬烧仔鸭:**麦冬20克,仔鸭500克,辅料、调料烧食。

**麦冬粥:**麦冬20克,粳米150克,煮粥。

**麦冬天冬粥:**麦冬、天冬各20克,粳米150克,煮粥。

**麦冬大枣粥:**麦冬15克,大枣6枚,粳米150克,煮粥。

## 石斛

本品为兰科植物金钗石斛或其多种同属植物的茎。主产于四川、广西、广东、贵州、云南、安徽、台湾等地。以干燥,根茎条长,饱满,色黄白,柔润,不泛油者为佳。

金钗石斛含石斛碱、石斛胺、石斛次碱、石斛星碱、石斛因碱、6-羟石斛星碱,尚含黏液质、淀粉。细茎石斛含石斛碱、石斛胺、及N-甲基石解碱(季胺盐)。罗河石斛含石斛宁碱。药理:

①解热作用。石斛碱有一定的止痛退热作用,与非那西汀相似而较弱。

②对血压和呼吸有抑制作用。

【性味归经】甘,微寒。入胃、肾经。

【效用与常见配方】本品具有养胃生津、滋阴除热之功效。适用于热病伤津、胃阴不足、舌干口渴、阴虚津亏、虚热不退等症。

常见配方:

**方一:**治热病津伤烦渴:石斛、生地黄、麦冬、天花粉配方。

**方二:**阴虚津亏,虚热不退:石斛、地黄、白薇、麦冬配方。

**方三**:治视力减退:石斛、菊花、菟丝子、枸杞、熟地黄配方。如石斛夜光丸。

**方四**:治温热有汗,风热化火,热病伤津,温疟舌苔变黑:鲜石斛三钱,连翘(去心)三钱,天花粉二钱,鲜生地黄四钱,麦冬(去心)四钱,参叶八分。水煎服。

**方五**:治中消:鲜石斛五钱,熟石膏四钱,天花粉三钱,南沙参四钱,麦冬二钱,玉竹四钱,山药三钱,茯苓三钱,广陈皮一钱,半夏一钱五分。甘蔗三两,煎汤代水。

**方六**:治眼目昼视精明,暮夜昏暗,视不见物,名曰雀目:石斛、淫羊藿各一两,苍术(米泔浸、切、焙)半两。上三味,捣罗为散,每服三钱匙,空心米饮调服,日二次。

**方七**:治神水宽大渐散,昏如雾露中行,渐睹空中有黑花,渐睹物成二体,久则光不收,及内障神水淡绿色、淡白色者:天门冬(焙)、人参、茯苓各二两,五味(炒)半两,菟丝子(酒淳)七钱,干菊花七钱,麦门冬一两,熟地黄一两,杏仁七钱半,干山药、枸杞各七二钱,牛膝七钱半,生地黄一两,蒺藜、石斛、苁蓉、川芎、炙草、枳壳(麸炒)、青葙子、防风、黄连各五钱,草决明八钱,乌犀角半两,羚羊角半两。为细末,炼蜜丸,梧桐子大。每服三五十丸,温酒、盐汤服下。

**方八**:治口干烦渴:石斛 20 克,冰糖 15 克,水煎服,代茶饮用。

**方九**:治热病伤津,口干烦渴:石斛 20 克,甘蔗汁 50 克,共煮成饮料,代茶饮用。

**【药膳】**

**净石斛**:取石斛,用水泡约八成透,焖润,除去残根老梗及黑枝,切段,去薄膜,晒干即得。

**鲜石斛**:临用时剪下,搓去膜质叶鞘,洗净,切段。

**酒石斛**:取净石斛,酒浸 8 小时,过滤,蒸 2 小时即得(每 1 公斤石斛,用酒 2 公斤浸泡,泡后收回酒作他用)。

**蜜石斛**:取净石斛放入盆内,加入蜂蜜水(蜂蜜用开水稀释)拌匀,晾干即得(每1公斤石斛,用蜜50克)。

**石斛炒羊肝:**石斛20克,羊肝250克,辅料、调料炒食。

**石斛炒苦瓜:**石斛20克,苦瓜300克,加调料炒食。

**石斛炒猪肝:**石斛20克,猪肝300克,辅料、调料炒食。

**石斛炖猪瘦肉:**石斛20克,猪瘦肉300克,辅料、调料炖食。

**石斛炖猪爪:**石斛20克,猪蹄2只,辅料、调料炖食。

**石斛炖鲜藕:**石斛20克,藕500克,加调料炖食。

**石斛蒸乳鸽:**石斛20克,乳鸽1只,辅料、调料蒸食。

**石斛蒸鹌鹑:**石斛20克,鹌鹑2只,辅料、调料蒸食。

**石斛蒸鲈鱼:**石斛20克,鲈鱼1尾(500克),辅料、调料蒸食。

**石斛烧肘子:**石斛20克,猪肘肉500克,辅料、调料烧食。

**石斛烧仔鸭:**石斛20克,仔鸭1只,辅料、调料烧食。

**石斛烧仔鹅:**石斛20克,仔鹅500克,辅料、调料烧食。

**石斛冰糖水:**石斛20克,冰糖15克,开水300克,泡饮。

**石斛枸杞茶:**石斛20克,枸杞15克,白糖15克,开水300克,泡饮。

**石斛红枣茶:**石斛20克,红枣4枚,白糖15克,开水300克,泡饮。

**石斛粥:**石斛15克,粳米150克,煮粥。

**石斛羊肝粥:**石斛20克,羊肝50克,粳米150克,加调料少许煮粥。

**石斛枸杞粥:**石斛20克,枸杞15克,粳米150克,煮粥。

## 玉竹

本品为百合科植物玉竹的根茎。主产于湖南、河南、江苏、浙江。以湖南、河南产量较大,浙江新昌质佳。以身干燥,根茎条长,饱满,色黄白,柔润,不泛油者为品质优良。

根茎含铃兰苦甙、铃兰甙、以及山柰酚甙、槲皮醇甙和维生素A。尚含淀粉及黏液质。药理:

①对血压的作用。茎叶浸剂、煎剂对家兔和犬均有短暂的降血压作用。

②强心作用。根茎、浆果中含有与铃兰相同之强心甙(铃兰苦甙与铃兰甙),故有强心作用。

③对血糖的影响。家兔0.5克/公斤浸剂肌肉注射,可使血糖上升;而品服其浸膏,血糖先升后降,对肾上腺素引起的高血糖则有显著抑制作用。对葡萄糖、四氧嘧啶引起的大鼠高血糖也有抑制作用。

④其他作用:如饲料中含2.5%玉竹,可降低小白鼠实验性结核病的死亡率,但对病变只略微减轻,浓度增高反而无效。

**【性味归经】**甘,平。入肺、胃经。

**【效用与常见配方】**养阴润肺,生津养胃。适用于肺虚咳血、燥热咳嗽、低热不退、盗汗、消渴等症。

**常见配方:**

**方一:**治肺热咳嗽:玉竹、茯苓、甘草、桔梗、橘皮、川贝、生姜配伍。

**方二:**治肺胃阴伤、燥热咳嗽、舌干少津:玉竹、麦冬、沙参、甘草配伍。

**方三:**治发热口干,小便涩:萎蕤五两。煮汁饮之。

**方四:**治秋燥伤胃阴:玉竹三钱,麦冬三钱,沙参二钱,生甘草一钱。水五杯,煮取二杯,分二次服。

**方五:**治阳明温病,下后汗出,当复其阴:沙参三钱,麦门冬五钱,冰糖一钱,细生地黄五钱,玉竹一钱五分(炒香)。水五杯,煮取二杯,分二次服,渣再煮一杯服。

**方六:**治阴虚体感冒风温,及冬温咳嗽,咽干痰结:生葳蕤二至三钱,生葱白二至三枚,桔梗一钱至钱半,东白薇五分至一钱,淡豆豉三至四钱,苏薄荷一钱至钱半,炙草五分,红枣两枚。煎服。

**方七:**治卒小便淋涩痛:芭蕉根四两(切),葳蕤一两(锉)。上药,以水二大盏,煎至一盏三分,去滓,入滑石末三钱,搅令匀。食前分为三服,服之。

**方八:**治男妇虚症,肢体酸软,自汗,盗汗:葳蕤五钱,丹参二钱五分。不用引,水煎服。

**方九:**治赤眼涩痛:葳蕤、赤芍药、当归、黄连等分。煎汤熏洗。

**方十**:治眼见黑花,赤痛昏暗:葳蕤(焙)四两。为粗末,每服一钱匙,水一盏,入薄荷二叶,生姜一片,蜜少许,同煎至七分,去滓,食后临卧服。

**方十一**:治虚咳:玉竹五钱至一两。与猪肉同煮服。

【药膳】

**净玉竹**:除去杂质,洗净泥土,焖润至内外湿度均匀,切片,晒干即得。

**玉竹粉**:取净玉竹,烘干,打成粉,过筛即得。

**水浸玉竹**:将净玉竹放入盆内,加入湿水浸泡4小时,捞出沥干水分即得。

**玉竹炒猪心**:玉竹20克,猪心1个,辅料、调料炒食。

**玉竹炒苦瓜**:玉竹20克,苦瓜300克,加调料炒食。

**玉竹炒羊心**:玉竹20克,羊心250克,加调料炒食。

**玉竹炖猪瘦肉**:玉竹20克,猪瘦肉300克,辅料、调料炖食。

**玉竹炖乌鸡**:玉竹20克,乌鸡1只(750克),辅料、调料炖食。

**玉竹炖老鸭**:玉竹20克,老鸭1只(1500克),辅料、调料炖食。

**玉竹蒸海参**:玉竹20克,海参300克,辅料、调料蒸食。

**玉竹蒸肘子**:玉竹20克,猪肘肉300克,辅料、调料蒸食。

**玉竹蒸乳鸽**:玉竹20克,乳鸽1只,辅料、调料蒸食。

**玉竹烧兔肉**:玉竹20克,兔肉500克,辅料、调料烧食。

**玉竹烧猪瘦肉**:玉竹20克,猪瘦肉300克,辅料、调料烧食。

**玉竹烧猪心**:玉竹20克,猪心250克,辅料、调料烧食。

**玉竹饮**:玉竹20克,水300克,白糖10克,煮成饮料。

**玉竹枸杞饮**:玉竹20克,枸杞15克,白糖15克,煮成饮料。

**玉竹沙参饮**:玉竹、沙参各20克,白糖15克,煮成饮料。

**玉竹粥**:玉竹20克,粳米150克,煮粥。

**玉竹沙参粥**:玉竹、沙参各15克,粳米150克,煮粥。

**玉竹瘦肉粥**:玉竹20克,瘦猪肉50克,粳米150克,煮粥,加调料食用。

## 百合

本品为百合科植物百合、细叶百合、麝香百合及其同属多种植物鳞茎的鳞叶。主产于湖南，浙江，江苏，陕西等地。以湖南所产质量优良。以干燥，色黄白，质坚，味甘为佳。

百合鳞茎含秋水仙碱等多种生物碱及淀粉、蛋白质、脂肪等成分。百合煎剂对氨水引起的小鼠咳嗽有止咳作用，小白鼠肺灌流使流量增加，并能对抗组织胺引起的蟾蜍哮喘。

【性味归经】甘、微苦，平。入心、肺经。

【效用与常见配方】具有养阴清热、润肺止咳、清心安神之功效。适用于肺热咳嗽、劳嗽咯血、虚烦惊悸、失眠多梦等症。

常见配方：

**方一**：治肺伤咽痛，喘咳痰血：百合、芍药、当归、贝母、甘草、生地黄、熟地黄、麦冬、玄参、桔梗，名为“百合固金汤”。

**方二**：治热病后余热未清所致虚烦惊悸证：百合、如母或地黄配方。

**方三**：治咳嗽不已，或痰中有带：款冬花、百合(焙，蒸)等分。上为细末，炼蜜为丸，如龙眼大。每服一丸，食后临卧细嚼，姜汤咽下，噙化尤佳。

**方四**：治支气管扩张、咯血：百合二两，白及四两，蛤粉二两，百部一两。共为细末，炼蜜为丸，每重二钱，每次一丸，日三次。

**方五**：治肺病吐血：新百合捣汁，和水饮之，亦可煮食。

**方六**：治背心前胸肺幕间热，咳嗽咽痛，咯血，恶寒，手大拇指循白肉际间上肩背至胸前如火烙：熟地黄、生地黄、当归身各三钱，白芍、甘草各一钱，桔梗、玄参各八分，贝母，麦冬、百合各钱半。如咳嗽，初一二服，如五味子二十粒。

**方七**：治肺脏壅热烦闷：新百合四两，用蜜半盏，拌和百合，蒸令软，时时含如枣大，咽津。

**方八**：治神经衰弱，心烦失眠：百合五钱，酸枣仁五钱，远志三钱。水煎服。

**方九**：治肺痈：白花百合，或煮或蒸，频食。拌蜜蒸更好。

**方十**：治疮肿不愈：野百合同盐捣泥敷之良。

**方十一**：治天疱湿疮：生百合捣涂，一二日即安。

**方十二**：治耳聋、耳痛：干百合为末，温水服二钱，日二服。

**方十三**：治咳嗽、咯血：百合 20 克，粳米 150 克，煮粥食用。

【药膳】

**净百合**：拣去杂质，簸除黑瓣、灰屑即得。

**蜜百合**：取净百合，加炼熟的蜂蜜（每百合 50 公斤用炼蜜 3.2 公斤）与开水适量拌匀，稍焖，置锅内用文火炒至黄色不沾手为度，取出，放凉即得。

**百合粉**：取净百合，研成细粉，过筛即得。

**水发百合**：取净百合放入盆内，加水淹过百合面，浸泡一夜，捞出沥干水分即得。

**百合炒瘦猪肉**：百合 30 克，猪瘦肉 250 克，辅料、调料炒食。

**百合炒鹌鹑**：百合 20 克，鹌鹑 250 克，辅料、调料炒食。

**百合炒乳鸽**：百合 20 克，乳鸽 1 只，辅料、调料炒食。

**百合炖老鸭**：百合 30 克，老鸭 1 只，辅料、调料炖食。

**百合炖仔鹅**：百合 30 克，仔鹅 1 只，辅料、调料炖食。

**百合蒸冬瓜**：百合 30 克，冬瓜 500 克，加调料蒸食。

**百合蒸鳗鱼**：百合 30 克，鳗鱼 1 条（750 克），辅料、调料蒸食。

**百合蒸仔鸭**：百合 30 克，仔鸭 1 只，辅料、调料蒸食。

**百合烧鹌鹑**：百合 30 克，鹌鹑 250 克，烧食。

**百合烧乳鸽**：百合 30 克，乳鸽 1 只，辅料、调料烧食。

**百合烧兔肉**：百合 30 克，兔肉 300 克，辅料、调料烧食。

**百合饮**：百合 200 克，白糖 15 克，煮成饮料。

**百合枸杞饮**：百合 20 克，枸杞子 20 克，白糖 15 克，煮成饮料。

**百合沙参饮**：百合 20 克，北沙参 20 克，白糖 15 克，煮成饮料。

**百合枸杞粥**：百合 20 克，枸杞 15 克，粳米 150 克，煮粥。

**百合冰糖粥**：百合 20 克，冰糖 15 克，粳米 150 克，煮粥。

## 蛤蟆油

本品为蛙科动物中国林蛙的输卵管，经采制干燥而得。主产于黑龙江，吉林蛟河、敦化、延吉、通化、永吉，辽宁凤城、桓仁、新宾、本溪、清源等地。以黄白色，显光泽，块大肥厚，表面不带皮膜者为佳。

含蛋白质，脂肪，糖类，磷，灰分等。又含维生素A、维生素B、维生素C及多种激素。药理：

①具有强壮作用。

②对小鼠有良好发育作用，并能延长小鼠的动情期。

【性味归经】甘、咸，平。入肺、肾经。

【效用与常见配方】具有补肾益精、润肺养阴之功效，适用于病后、产后虚弱、肺痨咳嗽吐血、盗汗等症。

常见配方：

**方一：**治病后失调，盗汗不止：哈蟆油、党参、阿胶、白术、黄芪配方。

**方二：**治肺痨吐血：哈蟆油、银耳配方。

**方三：**治神经衰弱：哈士蟆油、土燕窝。蒸服。

**方四：**治病后失调和盗汗不止：哈士蟆油、党参、阿胶、白术、黄芪。为丸服。

**方五：**治咳嗽、吐血：哈蟆油，百合炖服。

**方六：**治肾虚咳嗽：哈蟆油、冬虫夏草炖服。

【药膳】

**净哈蟆油：**将哈蟆油除去筋皮、黑仔、杂质即得。

**水发哈蟆油：**取净哈蟆油，放入盆内，加入温水，浸泡一夜，除去筋皮、杂质及黑籽即得。

**哈蟆油粉：**取净哈蟆油，烘干，亦成细粉，过筛即得。

**哈蟆油炒鱼片：**哈蟆油20克，鱼片300克，辅料、调料炒食。

**哈蟆油炒虾仁：**哈蟆油20克，鲜虾仁300克，辅料、调料炒食。

**哈蟆油炒凤脯：**哈蟆油20克，鸡胸脯肉300克，辅料、调料炒食。

**哈蟆油炖乌鸡:**哈蟆油20克,乌鸡1只,辅料、调料炖食。

**哈蟆油炖团鱼:**哈蟆油20克,团鱼1只(500克),辅料、调料炖食。

**哈蟆油炖老龟:**哈蟆油20克,老龟1只(750克),辅料、调料炖食。

**哈蟆油蒸冰糖:**哈蟆油30克,冰糖20克,蒸食。

**哈蟆油蒸银耳:**哈蟆油20克,银耳120克,冰糖15克,蒸食。

**哈蟆油蒸鳗鱼:**哈蟆油20克,鳗鱼1条,辅料、调料蒸食。

**哈蟆油烧鸡块:**哈蟆油20克,鸡块500克,辅料、调料烧食。

**哈蟆油烧牛蛙:**哈蟆油20克,牛蛙500克,辅料、调料烧食。

**哈蟆油烧鱼肚:**哈蟆油20克,鱼肚300克,辅料、调料烧食。

**哈蟆油银耳羹:**哈蟆油10克,银耳20克,冰糖15克,熬成羹食用。

**哈蟆油虫草羹:**哈蟆油20克,冬虫夏草5克,冰糖10克,熬羹食用。

**哈蟆油鱼翅羹:**哈蟆油15克,鱼翅30克,加调料、熬羹食用。

**哈蟆油粥:**哈蟆油15克,粳米150克,白糖15克,煮粥。

**哈蟆油红枣粥:**哈蟆油15克,粳米150克,红枣6枚,白糖15克,煮粥。

**哈蟆油枸杞粥:**哈蟆油15克,枸杞子15克,粳米150克,白糖15克,煮粥。

## 枸杞子

本品为茄科植物枸杞或宁夏枸杞的成熟果实。主产于宁夏、河北、天津等地。以粒大,果肉厚,子少,色红,质柔润者为佳。

本品含胡萝卜素,硫胺素,核黄素,菸酸,抗坏血酸。尚分离出β-谷甾醇、亚油酸等成分。药理:

①抗脂肪肝的作用。宁夏枸杞子的水浸液(20%,8毫升/天灌胃),对由四氯化碳毒害的小鼠,有轻度抑制脂肪在肝细胞内沉积、促进肝细胞新生的作用。水提取物的抗脂肪肝的作用还表现在,防止四氯化碳引起的肝功能紊乱(以胆碱酯酶、转氨酶的活性作指标)。枸杞对脂质代谢或抗脂肪肝的作用,主要是由于其中所含的甜菜碱所引

起,后者在体内起甲基供应体的作用。

②拟胆碱样作用。枸杞的水提取物静脉注射,可引起兔血压降低,呼吸兴奋;阿托品或切断迷走神经可抑制此反应。

③枸杞提取物还能显著促进乳酸菌之生长及产酸,可用于食品工业。

【性味归经】甘,平。入肝、肾经。

【效用与常见配方】本品具有滋养肝肾、明目、润肺之功效。适用于肝肾阴虚、头晕目眩、视力减退、遗精消渴、腰膝酸痛等症。

常见配方:

**方一**:治肝肾不足,头晕目暗:枸杞子、甘菊花、熟地黄、山萸肉、淮山药、茯苓、牡丹皮、泽泻配伍,名曰"杞菊地黄丸"。

**方二**:治肝肾阴虚,肺燥咳嗽:枸杞子、麦冬、知母、贝母等配方。

**方三**:治糖尿病:枸杞子蒸熟食,每日3次,每次10克,嚼食。

**方四**:治男女肾虚,神经衰弱:枸杞20克,母鸡1只,加调料蒸食。

**方五**:治肝肾不足,眼花歧视,或干涩眼痛:熟地黄、山萸肉、茯苓、山药、牡丹皮、泽泻、枸杞子、菊花。炼蜜为丸。

**方六**:治劳伤虚损:枸杞子三升,干地黄(切)一升,天门冬一升。上三物,细捣,曝令干,以绢罗之,蜜和作丸,大如弹丸,日两次。

**方七**:治肾经虚损眼目昏花,或云翳遮睛:甘肃枸杞子一斤。好酒润透,分作四份,四两用蜀椒一两炒,四两用小茴香一两炒,四两用脂麻一两炒,四两用川楝肉炒,拣出枸杞,加熟地黄、白术、白茯苓各一两,为末,炼蜜丸,日服。

**方八**:补虚,长肌肉,益颜色,肥健人:枸杞子二升。清酒二升,搦碎,更添酒浸七日,漉去滓,任情饮。

**方九**:治虚劳,下焦虚伤,微温,小便数:枸杞子一两,黄芪一两半(锉),人参一两(去芦头),桂心三分,当归一两,白芍药一两。捣筛为散。每服三钱,以水一中盏,入生姜半分,枣三枚,饧半分,煎至六分,去滓,食前温服。

**方十**:安神养血,滋阴壮阳,益智,强筋骨,泽肌肤,驻颜色:枸杞子

（去蒂）五升，圆眼肉五斤。上二味为一处，用新汲长流水五十斤，以砂锅桑柴火慢慢熬之，渐渐加水煮至杞圆无味，方去渣，再慢火熬成膏，取起，磁罐收贮。不拘时频服二三匙。

**方十一：**治肝虚或当风眼泪：枸杞二升。捣破，纳绢袋中，置罐中，以酒一斗浸干，密封勿泄气，三七日。每日饮之，清醒勿醉。

**方十二：**治目赤生翳：枸杞子捣汁，日三五次。

**方十三：**治注夏虚病：枸杞子、五味子。研细，滚水泡封三日，代茶饮。

【药膳】

**净枸杞子：**拣去杂质，果柄，洗净，晾干即得。

**酒枸杞子：**取净枸杞子，加入黄酒拌匀即得。（每 1 公斤枸杞子，加黄酒 100 克）

**枸杞粉：**枸杞子烘干，研成细粉，过筛即得。

**枸杞炒肉丝：**枸杞 20 克，猪瘦肉 250 克，辅料、调料炒食。

**枸杞炒凤脯；**枸杞子 20 克，鸡胸脯肉 300 克，辅料、调料炒食。

**枸杞炒鱼片：**枸杞子 20 克，鱼片 300 克，辅料、调料炒食。

**枸杞炖乌鸡：**枸杞 20 克，乌鸡 1 只，辅料、调料炖食。

**枸杞炖团鱼：**枸杞 20 克，团鱼 1 只（500 克），辅料、调料炖食。

**枸杞炖牛尾：**枸杞 20 克，牛尾 500 克，辅料、调料炖食。

**枸杞蒸鸡：**枸杞 20 克，母鸡 1 只，辅料、调料蒸食。

**枸杞蒸鲈鱼：**枸杞 20 克，鲈鱼 1 尾（500 克），辅料、调料蒸食。

**枸杞蒸乳鸽：**枸杞 20 克，乳鸽 1 只，辅料、调料蒸食。

**枸杞烧羊肉：**枸杞 20 克，羊肉 300 克，辅料、调料烧食。

**枸杞烧鳝段：**枸杞子 20 克，黄鳝段 300 克，辅料、调料烧食。

**枸杞烧鹌鹑：**枸杞 20 克，鹌鹑 300 克，辅料、调料烧食。

**枸杞酒：**枸杞 20 克，白酒 500 克，浸泡。

**人参枸杞酒：**人参 20 克，枸杞 20 克，白酒 500 克，浸泡。

**杞圆酒：**枸杞 20 克，桂圆肉 20 克，白酒 500 克，浸泡。

**枸杞饮：**枸杞 20 克，水 500 克，白糖 20 克，煮成饮料。

**枸杞洋参饮**：枸杞20克，西洋参15克，水500克，冰糖20克，煮成饮料。

**枸杞大枣饮**：枸杞20克，大枣6枚，水500克，冰糖20克，煮成饮料。

**枸杞粥**：枸杞15克，粳米150克，煮粥。

**枸杞人参粥**：枸杞子15克，人参15克，粳米150克，煮粥。

**枸杞鸡肉粥**：枸杞20克，鸡肉50克，加入粳米150克，调味料少许煮粥。

## 女贞子

本品为木犀科植物女贞的果实。主产于浙江、江苏、湖南、福建、广西、江西、四川等地。以身干，色墨绿，无杂质者为优良。

果实含齐墩果酸、甘露醇、葡萄糖、棕榈酸、硬脂酸、油酸、亚油酸等成分。药理：

齐墩果酸有某些强心、利尿作用；甘露醇则有缓下作用；还含有大量的葡萄糖；这些可能与其强壮作用有关。

**【性味归经】**甘、苦，凉。入肝、肾经。

**【效用与常见配方】**本品具有滋补肝肾、清热明目之功效。适用于肝肾阴虚、头晕、耳鸣目昏、腰膝酸痛、须发早白、阴虚发热等症。

**常见配方：**

**方一**：治体虚有热：女贞子、桑椹子、旱莲草配伍。

**方二**：治肝肾阴虚所致视力减退，目睹不明：女贞子、熟地黄、菟丝子、枸杞子配伍。

**方三**：补腰膝，壮筋骨，强肾阴，乌髭发：女贞子（冬至日采，不拘多少，阴干，蜜酒拌蒸过一夜，粗袋擦去皮，晒干为末，瓦瓶收贮，或先熬干，旱莲膏配用），旱莲草（夏至日采，不拘多少），捣汁熬膏，和前药为丸，临卧酒服。

**方四**：治神经衰弱：女贞子、鳢肠、桑椹子各五钱至一两。水煎服。或女贞子二斤，浸米酒二斤，每天酌量服。

**方五**:治风热赤眼:女贞子不以多少,捣汁熬膏,净瓶收固,埋地中七日,每用点眼。

**方六**:治瘰病,结核性潮热等:女贞子三钱,地骨皮二钱,青蒿一钱五分,夏枯草二钱五分。水煎,一日三回分服。

**方七**:治神经炎:女贞子、草决明、青葙子各一两。水煎服。

**方八**:治肾受燥热,淋浊溺痛,腰脚无力,久为下消:女贞子四钱,生地黄六钱,龟甲六钱,当归、茯苓、石斛、天花粉、萆薢、牛膝、车前子各二钱,大淡菜三枚。水煎服。

**方九**:治腰膝、筋骨痛:女贞子 50 克,白酒 500 克,浸泡,每天服 2 次,每次 15 毫升。

【药膳】

**净女贞子**:拣去杂质,洗净,晒干。

**酒女贞子**:取净女贞子,加黄酒拌匀,置罐内或适宜容器内,密闭,坐水锅中,隔水炖至酒吸尽,取出,干燥(每女贞子 50 公斤,用黄酒 10 公斤)。

**蜜女贞子**:取净女贞子,加用冷开水稀释过的蜂蜜拌匀,凉干即得(每女贞子 50 公斤,用蜂蜜 10 公斤,冷开水适量)。

**盐女贞子**:取净女贞子,用盐水拌匀,炒裂口即得(每 50 公斤女贞子,用盐 2.5 公斤)。

**女贞子炒猪肝**:女贞子、何首乌各 15 克,猪肝 250 克,辅料、调料炒食。

**女贞子炖牛蹄筋**:女贞子 20 克,水发牛蹄筋 500 克,辅料、调料炖食。

**女贞子蒸乌鸡**:女贞子 20 克,乌鸡 1 只,辅料、调料蒸食。

**女贞子烧猪蹄筋**:女贞子 20 克,猪蹄筋 500 克,辅料、调料烧食。

**女贞子、牛膝酒**:女贞子 20 克,牛膝 20 克 500 克,浸泡。

**女贞子粥**:女贞子 15 克,粳米 150 克,煮粥。

## 旱莲草

本品为菊科植物鳢肠的干燥地上部分。主产于湖南、江苏、江西、广东等地。以身干,色墨绿,无杂质者为品质优良。

全草含皂甙,烟碱,鞣质,维生素A,鳢肠素,多种噻吩化合物等成分。叶含髫蜞菊内脂、去甲其蟚菊内酯、去甲基蟚菊内酯-7-葡萄糖甙。具有凉血、止血、滋阴补肝肾阴的作用。

【性味归经】本品甘、酸,寒。入肝、肾经。

【效用与常见配方】具有滋阴、凉血、止血之功效。适用于肝肾阴虚之头晕、目眩、耳鸣、须发早白,阴虚血热之尿血、便血、崩漏等症。

常见配方:

**方一**:治阴虚,头晕目眩:旱莲草、女贞子配伍,名曰"二至丸"。

**方二**:止外伤出血:本品鲜品捣烂或晒干研末外敷。

**方三**:治吐血成盆:旱莲草和童便,徽墨舂汁,藕节汤服。

**方四**:治吐血:鲜旱莲草四两。捣烂冲童便服,或加生柏叶同用尤效。

**方五**:治咳嗽咯血:鲜旱莲草二两。捣绞汁,开水冲服。

**方六**:治鼻衄:鲜旱莲草一握。洗净后捣绞汁。每次取五酒杯炖热,饭后温服,日服两次。

**方七**:治小便溺血:车前草叶、金陵草叶。上二味,捣取自然汁一盏,空服饮之。

**方八**:治肠风脏毒,下血不止:旱莲草子,瓦上焙,研末,每服二钱,米饮下。

**方九**:治热痢:旱莲草一两。水煎服。

**方十**:治刀伤出血:鲜旱莲草捣烂,敷伤处;干者研末,撒伤处。

**方十一**:治正偏头痛:鳢肠汁滴鼻中。

**方十二**:治赤白带下:旱莲草一两。同鸡汤或肉汤煎服。

**方十三**:治白浊:旱莲草五钱,车前子三钱,金银花五钱,土茯苓五钱。水煎服。

**方十四**:治妇女阴道痒:旱莲草四两。煎水服;或另加钩藤根少许,并煎汁,加白矾少许外洗。

**方十五**:治肾虚齿疼:旱莲草,焙,为末,搽齿龈上。

**方十六**：治血淋：旱莲草、芭蕉根（细锉）各二两。上二味，粗捣筛。每服五钱匙，水一盏半，煎至八分，去滓，温服，日二服。

**方十七**：治白喉：旱莲草二至三两。捣烂，加盐少许，冲开水去渣服。服后吐出涎沫。

【药膳】

**净旱莲草**：拣净杂质，除去残根，洗净，焖透，切段晒干即得。

**旱莲草粉**：取净旱莲草，烘干，碾成细粉，过筛即得。

**蜜旱莲**：取净旱莲，加入用冷开水稀释过的蜂蜜，拌匀，蒸 30 分钟，晒干即得（每 50 公斤旱莲草，用蜜 10 公斤）。

**酒旱莲**：取净旱莲草，加入黄酒拌匀，蒸 30 分钟，取出晒干即得（每 50 公斤旱莲草，用黄酒 10 公斤）。

**旱莲炒鲜藕**：旱莲粉 20 克，鲜藕丝 300 克，加调料炒食。

**旱莲炒芹菜**：旱莲粉 20 克，芹菜 300 克，加调料炒食。

**旱莲炖乌鸡**：旱莲 20 克，乌鸡 1 只，加调料、辅料炖食。

**旱莲炖猪爪**：旱莲 30 克，猪爪 1 对，辅料、调料炖食。

**旱莲炖仔鸭**：旱莲 20 克，仔鸭 1 只，辅料、调料炖食。

**旱莲蒸乳鸽**：旱莲 15 克，乳鸽 1 只，辅料、调料蒸食。

**旱莲蒸鹌鹑**：旱莲 15 克，鹌鹑 300 克，辅料、调料蒸食。

**旱莲蒸鲩鱼**：旱莲粉 20 克，鲩鱼 1 尾，辅料、调料蒸食。

**旱莲粥**：旱莲草 15 克，粳米 150 克，煮粥。

# 第七章 祛湿排毒小秘方

## 苋菜汁解毒清热消炎止痛

**原料** 苋菜150克，白糖50克。

**制作** 将苋菜洗净，捣烂取汁，加白糖调匀。

**用法** 日服2次。

**功效** 用治咽喉痛、扁桃体炎。

## 车前田螺汤

**原料** 田螺(连壳)1000克，车前子50克，红枣10个。

**制作** ①先用清水浸养田螺1~2天，经常换水以漂去污泥，切尾；用纱布另包车前子；红枣(去核)洗净。

②把全部用料放入滚水锅内，武火煮滚，改文火煲2小时，饮汤吃螺肉。

**功效** 利水通淋，清热排毒祛湿。

**适应症** 用于膀胱湿热，小便短赤涩痛，淋涩不畅，甚或癃闭不通，小便胀满，舌红苔白，脉数。现多用于泌尿系感染、前列腺炎、泌尿系结石等属于膀胱湿热见有上症者。

**说明** 湿热下注膀胱所致上述症状，治宜清热利水。汤中车前子，含有维生素A和维生素B、脂肪油、琥珀酸、车前子烯醇酸、腺嘌呤、胆碱等；性味甘，寒，善于利水通淋。红枣含有蛋白质、脂肪、糖类、钙、磷及维生素A、维生素$B_2$、维生素C等；性味甘，温，它虽无清热通淋之效，但有培土制水之功，既能增强车前子利水之力，又可使之利水而不伤脾肾。田螺含有蛋白质、脂肪及维生素 A、维生素 $B_1$、维生素 $B_2$、维生素 D 和烟酸、钙、磷、铁等；性味甘、咸，凉，既能滋阴清热，又能利水通淋。合而为汤，利水通淋之力得以增强，并有利水而不伤正气之优点。

本汤尚能清利肝经湿热，故可用治肝经湿热之目赤肿痛及妇人带下黄臭等。

## 罗汉果泡水保护发声器官

**原料** 罗汉果 1 个。

**制作** 切碎。

**用法** 泡水，代茶饮。

**功效** 清肺，润喉，止咳，并有养护声带的功能。

## 鸡蛋去喉中之风

**原料** 鸡蛋。

**制作** ①将蛋顶端刺一孔，每日吸吮 1 个。

②用棉子油煎鸡蛋，煎至外熟里嫩即成，日食 2 个。

**功效** 除伏热，理气血。用治喉风。

## 慈菇螺蛳汤

**原料** 慈菇 250 克，螺蛳（连壳）1000 克，猪苓 100 克，小茴香 15 克。

**制作** ①先用清水浸养螺蛳 1 ~ 2 天，经常换水以漂去污泥，切尾；慈菇去皮，洗净，拍碎；猪苓、小茴香洗净。

②把全部用料放入清水锅内，武火煮滚，改文火煲 2 小时，汤成调味，饮汤吃肉和慈菇。

**功效** 清热止渴，利水排毒通淋。

**适应症** 用于下焦湿热，小便短赤涩痛；或淋漓不畅，少腹胀痛，舌红苔黄，脉弦数；亦可用于湿热砂淋。现多用于泌尿系感染、泌尿系结石、前列腺炎、前列腺肿瘤、膀胱肿瘤等属于下焦湿热见有上症者。

## 外用蒜泥拔毒火

**原料** 老独头大蒜1个。

**制作** 去皮洗净，捣如泥。用时捏成豌豆大，敷于经渠穴（位于腕横纹下外侧1寸处），五六小时起一小泡，用消毒银针挑破，挤去毒水即愈。

**功效** 排毒散热。用治急性咽炎或咽峡炎。

## 车前滑石汤

**原料** 马蹄粉50克，车前草（鲜品）100克，滑石150克，冰糖适量。

**制作** ①取清水约20毫升，调化马蹄粉及冰糖。

②车前草洗净，与滑石一齐放入锅内，加清水约2升，武火煮滚，改文火滚15分钟，取汁冲入已调化的马蹄粉、冰糖内，搅匀供用。

**功效** 清热解暑，利水排毒通淋。

**适应症** 用于感受暑湿，身热汗多，心烦口渴，小便短赤，舌红苔薄白；或治下焦湿热之小便涩痛，淋漓不畅，少腹胀满。现多用于日射病、小儿夏季热、夏季微热以及尿道炎、泌尿系结石、前列腺炎等属于感受暑湿或下焦湿热见有上症者。

## 猪胆治咽喉诸疾

**原料** 猪胆1个，冰片5克，白矾末适量。

**制作** 猪胆装满白矾末，置于背阴通风处，阴干，研成极细末，加入冰片，备用。

**用法** 用时以笔管或塑料细管将细末吹入喉内，日 2 或 3 次。

**功效** 泻热润燥。用治咽喉诸疾。

## 草菇丝瓜肉片汤

**原料** 草菇 200 克，丝瓜 2 个，新鲜荷叶 1 角，瘦猪肉 400 克，生姜 1 片，精盐、生抽、白砂糖少许，麻油少许，生粉适量。

**制作** ①先将精盐、生抽、白砂糖、麻油各少许和适量生粉拌和调匀，开成腌料，备用。

②拣选新鲜瘦猪肉，用清水洗干净，抹干水，切成薄片，加入腌料，使腌入味，备用。

③拣选新鲜草菇，切去菇脚部分，对半剖开，用清水洗干净，备用。

④拣选新鲜的丝瓜，削去棱边，切成块状，用清水洗干净，备用。

⑤新鲜荷叶用清水洗干净，取 1 角，备用。

⑥生姜用清水洗干净，刮去姜皮，切 1 片，备用。

⑦瓦煲内加入适量清水，先用猛火煲至水滚，然后放入草菇、丝瓜、瘦猪肉和生姜，候水再滚起，改用中火继续煲至汤好，放下新鲜荷叶，稍滚，以少许精盐调味，即可以佐膳饮用。

**功效** 清热消暑，生津解渴，利尿排毒去湿。

**适应症** 本汤水鲜甜美味可口，适合一家大小日常佐膳饮用。经常饮用，又可以清热气，使小便通畅，令人精神爽利，是经济的保健靓汤。

如果天气炎热，口干口渴，茶水饮得多，饮食无胃口，小便不畅顺，烦热不安，可以用本汤佐膳作食疗。

**说明** 草菇，又名兰花菇、苞脚菇，新鲜草菇鲜嫩味美，营养丰富，用来煲汤不但美味芬芳，并对调节人体新陈代谢、降低血压、降低胆固醇有一定作用。丝瓜，又名胜瓜，味甘，性凉，有清热解毒、化痰、凉血的作用。荷叶，又名莲叶，味甘、微苦，性平，有清热解暑的作用，没有新鲜荷叶，可以不用，或以干荷叶代替，但效果与汤味以新鲜荷叶为佳。瘦猪肉，味甘、咸，性微寒，有滋阴补肌、润肠养胃的作用，营养丰富。生姜，味辛，性温，有解表、散寒、温胃、解毒的作用。

## 敷蜘蛛蒜泥治喉痛

**原料** 活蜘蛛 1 个，大蒜去皮 1 瓣，冰片 0.3 克。

**制作** 共捣烂，如泥状。敷于一侧手上的合谷穴（在手背部，拇指和食指掌骨间隙，敷后约一小时，敷处麻辣作痛，即清除敷药。若喉痛未愈，可再敷另手的合谷穴。如起泡，不要弄破，如已溃破，则需用消毒敷料敷之，免受感染。

**功效** 清热排毒。用治热毒所致咽喉疼痛。

## 草菇丝瓜鸡片汤

**原料** 草菇 200 克，丝瓜 2 个，鸡上腿 2 件，生姜 1 片，生抽、麻油、精盐、白砂糖少许，生粉适量。

**制作** ①将生抽、麻油、精盐、白砂糖各少许和适量生粉拌和调匀，开成腌料，备用。

②拣选鸡上腿（用急冻的也可以，但要先解冻），用清水洗干净，抹干水，去皮，起肉，切片，加入腌料，使腌入味，备用。

③拣选新鲜草菇，切去菇脚部分，对半剖开，用清水洗干净，备用。

④拣选新鲜的丝瓜，削去棱边，切成块状，用清水洗干净，备用。

⑤生姜用清水洗于净，刮去姜皮，切 1 片，备用。

⑥瓦煲内加入适量清水，先用猛火煲至水滚，然后放入生姜片、草菇和鸡肉片，滚片刻，再放入丝瓜，改用中火继续滚至鸡肉片熟透，以少许精盐调味，即可以佐膳饮用。

**功效** 清热消暑，生津解渴，利尿排毒去湿。

**适应症** 夏天天气炎热，出汗多，体力消耗大，常口干口渴，不妨用“草菇胜瓜鸡片汤”佐膳。由于草菇、丝瓜是时令蔬菜，煲成的汤水气味芬芳，配合味美的鸡肉，一家大小都适合饮用，是消暑解渴的夏令靓汤。如果夏天精神不振，口干口渴，小便不畅顺，可以用本汤佐膳作食疗。

**说明** 草姑，又名兰花菇、苞脚菇，新鲜草菇鲜嫩味美，营养丰富，用来煲汤不但香味芬芳，而且对调节人体新陈代谢、降低血压、减少胆固醇有一定作用。丝瓜，又名胜瓜，味甘，性凉，有清热解毒，化痰、凉血的作用。鸡肉，味甘，性温，营养丰富，可以补虚损，养血健身。生姜，味辛，性温，有解表、散寒、温胃、解毒的作用。

## 糖渍海带治慢性咽炎

**原料** 水发海带500克，白糖250克。

**制作** 将海带漂洗干净，切丝，放锅内加水适量煮熟，捞出，放在小盆里，拌入白糖腌渍1天后即可。

**用法** 食用，每日2次，每次50克。

**功效** 软坚散结。用治慢性咽炎。

## 土茯绿豆老鸭汤

**原料** 土茯苓50克，绿豆200克，陈皮1角，新鲜荷叶1角，老鸭1只，精盐少许。

**制作** ①先将老鸭劏净，去毛、皮、内脏，斩大块，备用。

②土茯苓、绿豆和陈皮分别用清水浸透，洗干净，备用。

③新鲜荷叶用清水洗干净，取1角，备用。

④瓦煲内加入适量清水，先用猛火煲至水滚，然后放入土茯苓、绿

豆、陈皮和老鸭，候水再滚起，改用中火继续煲3小时左右，再放入新鲜荷叶，稍滚，以少许精盐调味，即可以佐膳饮用。

**功效** 清热消暑，利尿排毒去湿，养阴生津。

**适应症** 本汤水甘香可口，有药材做材料，但无药材之苦涩味。经常饮用，又可以清热气，解热毒，防止皮肤出现湿疹、疮疖等症状。

如果天气炎热，口干口渴，烦躁，睡不安宁，皮肤生湿疹、热痱、疮疖，小便不畅、尿液黄赤，可以用本汤佐膳作食疗。

**说明** 土茯苓，中药材之一，味甘、淡，性平，有解毒利湿的作用。绿豆，又名青小豆，味甘，性寒，有清热、解毒、消暑、利水的作用。陈皮，味辛、苦、性温，有行气健脾、燥湿化痰的作用。荷叶，又名莲叶，味甘、微苦，性平，有清热解暑、健脾开胃的作用，没有新鲜荷叶，可以不用，或以干荷叶代替，但效果和汤味以新鲜荷叶为佳。老鸭，俗语有谓老鸭滋阴，老鸭肉，味甘、咸，性平，有滋阴补虚、利尿消肿的作用。

## 橄榄明矾治咽喉疾病

**原料** 橄榄12枚，明矾15克。

**制作** 将橄榄洗净，用小刀将橄榄割数条纵纹，明矾研末揉入割纹内。

**用法** 含口中咀嚼，食果肉，并随之咽下唾液，每天吃5~6个。

**功效** 清热，利湿，排毒。用治咽喉肿痛、扁桃体炎、甲状腺肿大。

## 小豆节瓜淡菜汤

**原料** 赤小豆、瘦猪肉各150克，节瓜500克，淡菜100克，生姜1片，精盐少许。

**制作** ①赤小豆用清水浸透,洗干净,备用。

②淡菜用清水浸软,洗干净.撕去须状物,备用。

③节瓜刮去皮,用清水洗干净,切大件,备用。

④瘦猪肉用清水洗干净,沥干水,备用。

⑤生姜用清水洗干净,刮去姜皮,切1片,备用。

⑥瓦煲内加入适量清水,先用猛火煲至水滚,然后放入以上全部材料,候水再滚起,改用中火继续煲至赤小豆软熟,以少许精盐调味,即可以佐膳饮用。

**功效** 清热消暑,生津解渴,利尿排毒去湿。

**适应症** 本汤水鲜甜可口,适合一家大小日常佐膳饮用,经常饮用,又可以利尿去湿,使小便畅顺,令人精神爽利。

如果天气炎热,精神不振,饮食无胃口,小便不畅顺,身边燥热,可以用本汤佐膳作食疗。

**说明** 赤小豆,味甘,性平,有健脾去湿、消肿解毒的作用。节瓜,味甘,性平,有生津止渴、利尿解暑的作用。淡菜,又名壳菜、红蛤,味甘,性微寒,有滋阴益肾、平肝熄风、消瘿瘤的作用。猪肉,味甘、咸,性微寒,有滋阴补肌、润肠养胃的作用,营养丰富。瘦猪肉的胆固醇含量较低,适合大众口味。生姜,味辛,性温,有解表、散寒、温胃、解毒的作用。

## 萝卜青果汤治扁桃体炎

**原料** 鲜白萝卜1个,青果10个,冰糖少许。

**制作** 上三味煎水。

**用法** 代茶饮,日服2次。

**功效** 清热,消肿。用治扁桃体红肿发炎、咽炎。

## 节瓜豆腐鱼头汤

**原料** 节瓜500克，豆腐2块，生姜1片，大鱼头1个，精盐少许。

**制作** ①拣选新鲜大鱼头，斩件，用清水洗去血污，再以姜、油起镬，将大鱼头煎透，铲起，备用。

②节瓜刮去皮，用清水洗干净，切大件，备用。

③豆腐用清水漂洗干净，沥干水，备用。

④生姜用清水洗干净，刮去姜皮，切1片，备用。

⑤瓦煲内加入适量清水，先用猛火煲至水滚，然后放入生姜和节瓜，候水再滚起，改用中火继续煲至节瓜软熟，再放下大鱼头和豆腐，候鱼头熟，以少许精盐调味，即可以佐膳饮用。

**功效** 清热消暑，利尿排毒去湿。

本汤水鲜甜可口，适合一家大小日常佐膳饮用。经常饮用，又可以清热气，使小便顺畅，消除疲倦，使人精神爽利。

如果夏天天气炎热，口干口渴，茶水饮得太多，小便不畅顺，疲倦乏力无精神，饮食无胃口，可以用本汤佐膳作食疗。

**说明** 节瓜，味甘，性平，有生津止渴、利尿解暑的作用。豆腐，为黄豆加工制成品，有清热、生津、解渴、解毒的作用。生姜，味辛，性温，有解表的作用。大鱼头，味甘，性温，有暖胃、健脾、祛风、补益的作用。

## 黑木耳治扁桃体炎

**原料** 黑木耳10克。

**制作** 将木耳焙干，研成细面。

**用法** 用小细管向喉内吹木耳末，数次即愈。

**功效** 凉血止血，润燥生肌。用治扁桃体炎。

## 双豆节瓜田鸡汤

**原料** 赤小豆、炒扁豆各100克，节瓜500克，陈皮1角，田鸡500克，新鲜荷叶1角，精盐、生抽、烧酒、白砂糖、生油少许，生粉适量。

**制作** ①先将精盐、生抽、烧酒、白砂糖、生油各少许和适量生粉拌和调匀，开成腌料，备用。

②拣选大只田鸡，约500克重左右，劏净，去头、爪尖、皮、内脏，斩件，加入腌料，使腌入味，备用。

③节瓜刮去皮，用清水洗干净，切大件，备用。

④赤小豆、炒扁豆和陈皮分别用清水浸透，洗干净，备用。

⑤新鲜荷叶洗干净，取1角，备用。

⑥瓦煲内加入适量清水，先用猛火煲至水滚，然后放入赤小豆、炒扁豆、节瓜、陈皮和田鸡，候水再滚起，改用中火继续煲至赤小豆、炒扁豆软熟，以少许精盐调味，再放入新鲜荷叶，稍滚，即可以佐膳饮用。

**功效** 清热消暑，健脾去湿，利尿排毒消肿。

**适应症** 本汤水鲜甜美味，适合一家大小日常佐膳饮用。经常饮用，又可以清湿热，健脾胃，消除疲劳，令人精神爽利。

如果天气炎热，饮食无胃口，精神不振，疲倦嗜睡，小便不畅顺，双脚肿胀行动不便，可以用本汤佐膳作食疗。

**说明** 赤小豆，味甘，性平，有健脾去湿、消肿解毒的作用。扁豆，又名白扁豆，味甘，性平，炒用有健脾、和中化湿的作用。节瓜，味甘，性平，有生津止渴、利尿解暑的作用。陈皮，味辛，苦，性温。有行气健脾、燥湿化痰的作用。田鸡，又名青蛙，味甘，性凉，有清热解毒、利尿消肿、补养胃气的作用。荷叶，又名莲叶，味甘、微苦，性平，有清热解暑的作用。没有新鲜荷叶，可以不用，或以干荷叶代替，但效果和汤味以新鲜荷叶为佳。

## 生丝瓜汁治咽喉肿痛

**原料** 生丝瓜(以新摘的为佳)3条。

**制作** 将鲜嫩丝瓜切片,放入大碗中捣烂,取汁一杯。

**用法** 一次饮。

**功效** 清热排毒,消肿止痛。用治咽炎、扁桃体炎或咽喉疼痛。

## 白瓜黄豆大眼鱼汤

**原料** 白瓜500克,黄豆150克,生姜1片,大眼鱼1条,精盐少许。

**制作** ①大眼鱼撕去皮,去鳃、内脏,用清水洗干净,备用。

②白瓜切开边,除去瓜瓤、瓜仁,用清水洗干净,切片;以姜、油起镬,爆炒白瓜片刻,去其青味,备用。

③黄豆用清水浸透,洗干净,备用。

④生姜用清水洗干净,刮去姜皮,切1片,备用。

⑤瓦煲内加入适量清水,先用猛火煲至水滚,然后放入以上全部材料,候水再滚起,改用中火继续煲至黄豆软熟,以少许精盐调味,即可以佐膳饮用。

**功效** 清热解毒,健脾排毒去湿。

本汤水鲜甜可口,适合一家大小日常佐膳饮用。经常饮用,可以清热气,通利小便,但又不会损伤脾胃或损害胃口,是日常清热而不伤身体的经济靓汤。

如果天气炎热,身体燥热,茶水饮得多,饮食无胃口。小便不畅顺,或饮酒太多.双脚浮肿,走路双脚重坠,可以用本汤佐膳作食疗。

**说明** 白瓜,又名梢瓜、菜瓜、越瓜、生瓜、茶瓜,味甘,性凉,有清热、利尿、解毒的作用。黄豆,又名大豆、白豆,味甘,性平,有益脾养中、润燥消肿的作用。生姜,味辛,性温,有解表、散寒、温胃、解毒的作用。大眼鱼，又名剥皮鱼，味甘，性平，有补益脾胃、营养身体的作用。

## 酸梅青果清热解毒

**原料** 酸梅10克，橄榄50克，白糖适量。

**制作** 将酸梅及橄榄放入砂锅内浸泡1天，然后煎煮。

**用法** 服用时加白糖调味。

**功效** 清热消肿，止咳化痰。用治急性扁桃体炎、咽炎、咳嗽痰盛，并用于解酒毒等。

## 蕹菜车前猪腰汤

**原料** 猪腰250克，蕹菜500克，鲜车前草100克。

**制作** ①车前草去根须、洗净，先放入滚水锅内，武火煮滚，改文火煲15分钟，去渣留汤。

②蕹菜洗净，摘段；猪腰洗净，剖开，切除筋膜，切片，放入车前草汤内煲滚片刻即可，调味供用。

**功效** 清热解暑，利水除湿排毒。

**适应症** 用于感受暑湿，身热倦怠，小便短赤，心烦口渴，舌红苔白，脉缓；或下焦湿热之小便淋漓不畅以及砂淋、血淋等。现多用于防治中暑、尿道炎、肾盂肾炎、泌尿系结石、前列腺炎、肾结核、膀胱肿瘤等属下焦湿热见有上症者；亦可用于解药石毒，如川乌、草乌、钩吻、砒石、雄黄、毒蘑菇等中毒；亦可用于慢性汞中毒的防治。

## 黄瓜霜清热解毒止咽痛

**原料** 成熟大老黄瓜1条，明矾（或芒硝）适量。

**制作** 将老黄瓜切开顶端，挖去瓜瓤及瓜子不用，填满明矾（或芒硝),仍以原盖盖上,用竹签插牢,用绳拴住瓜体,挂在阴凉通风处,数天后,瓜上出现一层白霜,用洁净的鹅毛轻轻扫下,装入瓶中备用。

**用法** 需要时用笔管将黄瓜霜吹入咽部,每日数次,唾液可以吞咽。

**功效** 清热,消肿。用治扁桃体炎、咽峡发炎肿痛。

## 金菇芽菜冬瓜汤

**原料** 金菇、大豆芽菜各1200克,冬瓜500克,生姜2片,新鲜荷叶1角,精盐少许。

**制作** ①金菇、大豆芽菜和生姜分别用清水洗干净。金菇、大豆芽菜分别摘去尾端;生姜刮去姜皮,切2片,备用。

②拣选新鲜冬瓜,用清水洗干净,去冬瓜皮、冬瓜瓤、冬瓜仁,切件,备用。

③新鲜荷叶用清水洗干净,取1角,备用。

④瓦煲内加入适量清水,先用猛火煲至水滚,然后放入大豆芽叶、冬瓜和生姜,候水再滚起,改用中火继续煲1小时左右,放入金菇,滚至熟,再放入新鲜荷叶,稍滚,即可以少许精盐调味佐膳饮用。

**功效** 清热消暑,去湿除烦,利尿排毒消肿。

**适应症** 本汤水清甜可口,适合一家大小日常佐膳饮用。经常饮用,又可以清热气,健脾胃,利尿去湿,消除疲劳,使人精神爽利。

如果天气炎热,茶水饮得太多,饮食无胃口,头重坠,欠精神,疲倦,手脚乏力,小便不畅,尿液黄赤,可以用本汤佐膳作食疗。

**说明** 金菇,又叫金针菇、朴蕈、构菌,味甘、淡,性微凉,有清热生津、利尿去湿的作用。大豆芽菜,是黄豆经水浸出芽的加工制成品,蔬菜之一。味甘,性平,有利水、去湿、消肿、解酒的作用。冬瓜,又名东瓜、白瓜,味甘、淡,性凉,有利水、消痰、清热、解毒的作用。生姜,味辛,性温,有解表、散寒、温胃、解毒的作用。荷叶,又名莲叶,味甘、微苦，性平。有清热解暑、健脾开胃的作用。没有新鲜荷叶，可以不用，或以干荷叶代替，但效果和汤味以新鲜荷叶为佳。

## 西瓜白霜治咽喉炎

**原料** 大西瓜1个，朴硝适量。

**制作** 在西瓜蒂上切一小孔，挖去瓤子，装满朴硝，仍以蒂部盖上，用绳缚定，悬挂于通风处，待析出白霜，以鹅毛扫下，研细，贮于瓶中备用。

**用法** 用时以笔管将白霜吹于喉部。

**功效** 清热，消肿。用治咽喉炎。

## 扁赤小豆黄瓜汤

**原料** 炒扁豆、赤小豆各100克，灯芯花10个，陈皮1角，蜜枣2枚，老黄瓜1个，精盐少许。

**制作** ①选购黄澄澄皮色的老黄瓜1个，约1250克重左右，原个留皮，用清水洗干净，开边去瓜瓤，切成大件，备用。

②炒扁豆、赤小豆和陈皮分别用清水浸透，洗干净，备用。

③灯芯花和蜜枣分别用清水洗干净，备用。

④瓦煲内加入适量清水，先用猛火煲至水滚，然后放入以上全部材料，候水再滚起，改用中火继续煲3小时左右，以少许精盐调味，即可以佐膳饮用。

**功效** 清热排毒，消暑去湿。

**适应症** 本汤水清甜可口，适合一家大小日常佐膳饮用。尤其是在夏天，天气炎热，以之佐膳，可以清热气，使小便通畅，避免出现暑热病症和皮肤生疮疖等症状。

如果身体燥热，口干，口渴，周身骨痛，饮食无胃口，疲倦乏力，皮肤生疮疖、热痱，小便不畅顺，尿液黄赤，大便不畅顺，可以用本汤佐膳作食疗。

**说明** 扁豆，又名白扁豆，味甘，性平，炒用有健脾和中、化湿的作用。赤小豆，味甘，性平，有利水除湿、和血排脓、消肿解毒的作用。灯芯花，又名灯芯草，中药材之一，味甘、淡，性微寒，有利水渗湿、清心经热的作用。陈皮，味辛、苦，性温，有行气健脾、燥湿化痰的作用。蜜枣，味甘，性温，有补中益气、止咳润肺、化痰平喘的作用。老黄瓜，味苦，性寒，有清热解毒、利尿、消炎的作用。

## 生嚼金针根治蛾喉初起

**原料** 金针根(黄花菜根)10 条。

**制作** 先生嚼 5 条，吞其根汁，徐徐下咽，再用 5 条煎水。

**用法** 日常饮用。

**功效** 清热破滞。用治蛾喉初起、喉炎。

## 鲜荷西丝消暑汤

**原料** 新鲜荷叶 1 角，西瓜 1/4，丝瓜 2 个，生薏苡仁、熟薏苡仁各 50 克，生姜 1 片，精盐少许。

**制作** ①新鲜荷叶用清水洗干净，取 1 角，备用。

②拣选无核西瓜，将西瓜肉与瓜皮切开。西瓜肉切成粒状；西瓜皮用清水洗干净，切成块状，备用。

③丝瓜削去棱边，用清水洗干净，切成块状，备用。

④生薏苡仁和熟薏苡仁分别用清水浸透，洗干净，备用。

⑤生姜用清水洗干净，刮去姜皮，切 1 片，备用。

⑥瓦煲内加入适量清水和西瓜皮、生薏苡仁、熟薏苡仁、生姜片。先用火煲至水滚，然后改用中火继续煲 1 小时左右，放入丝瓜，煲至薏苡仁软熟、丝瓜熟，去掉西瓜皮，再放入新鲜荷叶和西瓜肉，稍滚，以少许精盐调味，即可以佐膳饮用。

**功效** 清热消暑，利尿排毒去湿。

**适应症** 本汤水鲜甜可口，适合一家大小日常佐膳饮用，可以清热气，解暑热，生津止渴，通利小便，减少或避免出现暑热不适的症状。

如果天气炎热，口干，喉涸，烦热不安，饮食无胃口，疲倦嗜睡，精神不振，皮肤生疮疖、热痱、湿疹，小便不畅顺，尿液黄赤，可以用本汤佐膳作食疗。

**说明** 荷叶，又名莲叶，味甘、微苦，性平，有清热解暑、健脾开胃的作用。没有新鲜荷叶，可以不用，或以干荷叶代替，但效果和汤味以新鲜荷叶为佳。西瓜，又名寒瓜，西瓜瓤（肉）味甘、淡，性寒，有清热消暑、解渴、利尿的作用。西瓜皮与西瓜瓤（肉）的功用相同，可以入药用，中药材叫西瓜翠衣。丝瓜，又名胜瓜，味甘，性凉，有清热解毒、化痰、凉血的作用。薏苡仁，又称薏米、苡仁、薏苡仁有生薏苡仁和熟薏苡仁（炒薏苡仁）之分；生薏苡仁，味甘、淡，性微寒，有利水渗湿、祛风湿、清热排脓的作用；熟薏苡仁，味甘、淡，性平，有健脾止泻的作用。生姜，味辛，性温，有解表、散寒、温胃、解毒的作用。

## 服猪胆汁预防白喉

**原料** 新鲜猪胆汁，砂糖。

**制作** 两味等量混合，上锅蒸 30～60 分钟即成。

**用法** 托儿所小儿每次服 1～2 毫升，幼儿园小孩每次服 2～3 毫升，每日 2 次，连服 4 天。咽拭子培养阳性者隔 1 个月再服 4 天。

**功效** 猪胆汁味苦性寒，泻热润燥利二便，清心肺火，通血脉。用于预防白喉。

## 洋参扁豆冬瓜汤

**原料** 花旗参 25 克，炒扁豆 100 克，冬瓜 500 克，陈皮 1 角，新鲜荷叶 1 角，精盐少许。

**制作** ①花旗参用清水洗干净，切片，备用。

②炒扁豆和陈皮分别用清水浸透，洗干净，备用。

③冬瓜用清水洗干净，保留冬瓜皮、冬瓜瓤、冬瓜仁，切大件，备用。

④新鲜荷叶用清水洗干净，取 1 角，备用。

⑤瓦煲内加入适量水，先用猛火煲至水滚，然后放入花旗参、炒扁豆、冬瓜和陈皮，候水再滚起，改用中火继续煲 2 小时左右，放入新鲜荷叶，稍滚，以少许精盐调味，即可以佐膳饮用。

**功效** 清热消暑，生津止渴，利尿排毒去湿。

**适应症** 本汤水甘甜可口，适合一家大小日常佐膳饮用。经常饮用，又可以清热气，生津液，通利小便，预防身体燥热不适，对糖尿病的治疗也有一定的帮助作用。如果天气炎热，口干口渴，茶水饮得多，饮食无胃口，精神不振，小便短少黄赤，可以用本汤佐膳作食疗。

**说明** 花旗参，又名西洋参、洋参，味甘、苦，性凉，有益气生津、养阴清热的作用。扁豆，又名白扁豆，味甘，性平，炒用有健脾和中化湿的作用。冬瓜，又名东瓜、白瓜，味甘、淡，性凉，有利水、消痰、清热、解毒的作用。陈皮，味辛、苦，性温，有行气健脾、燥湿化痰的作用。荷叶，又名莲叶，味甘、微苦，性平，有清热解暑、健脾开胃的作用。没有新鲜荷叶，可以不用，或以干荷叶代替，但效果和汤味以新鲜荷叶为佳。

## 芦根萝卜汤治白喉

**原料** 鲜芦根 50 克（干品减半），萝卜 200 克，葱白 7 根，青橄榄 7 个。

**制作** 煎汤。

**用法** 代茶饮，常饮有效。

**功效** 排毒消炎。用治白喉。

## 银芽冬瓜头菜汤

**原料** 银芽200克，冬瓜500克，大头菜2片，生姜1片，精盐少许。

**制作** ①大头菜切2片，用清水浸泡，减去咸味，洗干净，备用。

②银芽用清水洗干净，沥干水，备用。

③冬瓜用清水洗干净，保留冬瓜皮、冬瓜瓤、冬瓜仁，切大件，备用。

④生姜用清水洗干净，刮去姜皮，切1片，备用。

⑤瓦煲内加入适量清水，先用猛火煲至水滚，然后放入以上全部材料，候水再滚起，改用中火继续煲1.5小时左右，即可以佐膳饮用；如嫌味淡，也可以加少许精盐调味饮用。

**功效** 清热消暑，利尿排毒去湿。

**适应症** 本汤水清，味道可口，适合一家大小日常佐膳饮用。夏天饮用，可以消暑热，通利小便，避免出现疲倦、精神不振的现象，是经济的保健靓素菜汤水。如果天气炎热，口干口渴，渴水饮得多，饮食无胃口，精神不振，疲倦乏力，可以用本汤佐膳作食疗。

**说明** 银芽是绿豆经水浸后发出的嫩芽，味甘，性凉，有清热、解毒、解酒、利疗尿、疮疖的作用。冬瓜，又名东瓜、白瓜，味甘、淡，性凉。有利水、消痰、清热、解毒的作用。大头菜，是芜菁腌制加工的小菜，味甘、咸，性微凉，有清热、健胃、生津、利尿的作用。生姜，味辛，性温，有解表、散寒、温胃、解毒的作用。

## 癞蛤蟆明矾治白喉

**原料** 癞蛤蟆(又名蟾蜍)170克，明矾340克。

**制作** 共捣烂，涂在5厘米×10厘米纱布上，置前颈部，固定。稍许，喉部有清凉舒适感，咽部分泌物逐渐减少。

**用法** 每5~6小时换药1次,五六次可愈。

**功效** 清热行湿,排毒杀虫。用治白喉。

## 西瓜汁治疗口疮

**原料** 西瓜半个。

**制作** 挖出西瓜瓤挤取汁液。

**用法** 含瓜汁于口中,约2分钟后咽下,再含新瓜汁,反复多次全部用完。

**功效** 清热解毒。用治口舌生疮,对高血压也有一定疗效。

## 茄子末治小儿口疮

**原料** 霜后茄子。

**制作** 将茄子切片晒干,研成细末。

**用法** 抹于口中。

**功效** 清热除湿。治小儿口疮。

## 萝卜藕汁漱口治口腔糜烂

**原料** 萝卜5个,鲜藕500克。

**制作** 将萝卜、鲜藕洗净,切碎,捣烂取汁。

**用法** 以汁漱口,每日数次,连用4天有效。

**功效** 散瘀血,消积滞,除热毒。用治口舌生疮、满口糜烂伴有灼痛、口臭、便秘等。

## 小麦麸冰片治口腔炎

**原料** 小麦麸2份,冰片1份。

**制作** 将小麦麸烧灰与冰片混合研细。

**用法** 搽患处,每日 2 或 3 次,一般 5 天之内即愈。

**功效** 清热,消肿。用治口腔炎。

## 西瓜皮冰片治口腔炎

**原料** 西瓜皮、冰片各适量。

**制作** 取经日晒夜露之西瓜皮,研末后加少许冰片。

**用法** 涂擦患处。

**功效** 清热,消肿。用治口腔炎、风火牙痛及烧伤、烫伤。

## 蜂房矾治口腔炎

**原料** 露蜂房 30 克,枯矾 9 克,香油适量。

**制作** 蜂房剪碎炒焦,同枯矾共研成细末。

**用法** 用香油调敷患处。

**功效** 清火攻毒。用治口腔炎,效果良好,无刺激性,止痛快。

## 黄瓜霜治口腔炎

**原料** 老黄瓜,芒硝。

**制作** 将老黄瓜 1 条切去一小截,掏尽子后,装满芒硝,再把切掉的小截盖上。悬挂在阴凉通风处。五天左右黄瓜表面附着一层白霜,每天用干毛笔将霜扫在瓶内备用。

**用法** 用时将霜研成细末,先将口内溃疡面用金银花甘草汤洗净,用棉签蘸药粉撒布患处,口腔内不易撒布处,可用吹布法,每日 3 或 4 次。

**功效** 泻下、涤热、润燥、软坚。用治舌炎、牙龈炎及咽喉红肿炎症。

## 老丝瓜汤治口臭

**原料** 鲜老丝瓜1根，盐少许。

**制作** 将丝瓜洗净，连皮切段，加水煎煮，半小时后放盐，再煮半小时即成。

**用法** 日服2次。

**功效** 丝瓜清热。治口臭、骨节酸痛、尿道灼热刺痛，有较好疗效。

## 蚯糖液治小儿鹅口疮

**原料** 蚯蚓2条，白糖适量。

**制作** 将蚯蚓洗净，放入杯中，撒白糖适量，片刻即有渗出液。

**用法** 用竹筷蘸药液搽患处，每日2或3次。

**功效** 清热，排毒，润燥。用治小儿鹅口疮。

## 芝麻油治小儿鹅口疮

**原料** 芝麻油、盐水各适量。

**制作** 芝麻油十数滴，冲化于一汤匙的盐水中。

**用法** 每次滴入口内4或5滴，每日十余次。

**功效** 清热润燥。用治小儿鹅口疮，症见满口白膜、哭闹不安。

## 鸡蛋油治婴儿“虎口白”

**原料** 香油50克，鲜鸡蛋1个，鸡蛋壳7个，五倍子10克，冰片5克。

**制作** 把香油倒入小锅内加热，打入鸡蛋，炸黄后取出，油凉后倒入小碗里。将五倍子和鸡蛋壳放入锅内焙黄，研为末，把冰片压碎，同放在鸡蛋油里即成。用时，取一块干净白布条卷在食指上，蘸少许鸡蛋油抹在小儿口中患处。

**用法** 每日 2 次，当日即可见效。

**功效** 消炎杀菌。用治婴儿“虎口白”。

## 芝麻秆清邪热治牙周炎

**原料** 芝麻秆适量。

**制作** 将芝麻秆切碎熬水。

**用法** 漱口，每日数次，以不痛为度。

**功效** 清热排毒。用治牙周炎。

## 白矾膏治口腔溃疡

**原料** 白矾 6 克，白糖 4 克。

**制作** 将上述两味，放入瓷器皿内，置文火上加热，待其溶化成膏后稍冷即可使用。若遇凝固时可再加温溶化使用。

**用法** 用时以棉球蘸白矾膏涂于溃疡面上，每日 1 或 2 次。

**功效** 清热排毒，生肌止痛。主治顽固性口腔溃疡。

## 可可粉治疗口腔溃疡

**原料** 可可粉、蜂蜜各适量。

**制作** 共调匀如糊。

**用法** 频频含咽，每日数次。

**功效** 清热，杀菌，用治口腔炎、溃疡。

### 独头蒜煨熟治风虫牙痛

**原料** 独头蒜2~3头。

**制作** 将蒜去皮,放火炉上煨熟。

**用法** 趁热切开熨烫痛处,蒜凉再换,连续多次。

**功效** 消炎杀菌,排毒。用治风虫牙痛。

### 垂杨柳根炖瘦肉治牙痛

**原料** 垂杨柳树根30克,瘦猪肉150克,调料适量。

**制作** 柳根洗净切条,猪肉切小块,加清水适量用文火炖,待将熟时下调料少许。

**用法** 饮汤食肉。

**功效** 滋阴润燥,祛风清热,清肺止痛。用治风火牙痛、虚火牙痛及牙龈炎等疾患。

### 蕹菜根醋治龋齿痛

**原料** 蕹菜根200克,醋、水各250克。

**制作** 共煎汤。

**用法** 待水凉后频频含漱多次。

**功效** 清热,止痛。用治龋齿牙痛。

### 花椒浸酒治诸牙痛

**原料** 花椒15克,白酒50克。

**制作** 将花椒泡在酒内10~15天,过滤去渣。棉球蘸药酒塞蛀孔内可止痛。一般牙痛用药酒漱口亦有效。

**功效** 消炎镇痛。用治虫蛀牙痛。

### 酒煮黑豆治虚火牙痛

**原料** 黑豆、黄酒各适量。

**制作** 以黄酒煮黑豆至稍烂。

**用法** 取其液漱口多次。

**功效** 消肿止痛。用治热盛引起的牙痛、牙龈肿痛。

### 桃柳树皮清热治牙病

**原料** 桃树皮 4 克,柳树皮 4 克,白酒适量。

**制作** 砂锅放入白酒,以文火煎煮桃柳树皮,趁热含酒液漱口。

**用法** 当酒液含在口中凉后即吐出,日漱数次。

**功效** 清热止痛,祛风散肿。用治风火牙痛和牙周发炎。

### 外用独头蒜清热止痛

**原料** 独头大蒜 1 个。

**制作** 剥去蒜皮,将蒜捣成泥。将蒜泥敷于虎口穴上,男敷左,女敷右,然后用贝壳盖上,并用布带固定。俟敷药处略有烧灼感时,揭去贝壳与药膏,随即起一水泡,用针刺破不再敷药,牙痛可止。

**功效** 清热,止痛。常用治虫蛀牙痛、胃火牙痛、伤风牙痛等。

### 丝瓜姜汤清热解痛

**原料** 丝瓜 500 克,鲜姜 100 克。

**制作** 将鲜丝瓜洗净，切段，鲜姜洗净，切片，两味加水共煎煮3小时。

**用法** 日饮汤2次。

**功效** 清热，消肿，止痛。用治牙龈肿痛、口干鼻涸、鼻膜出血（流鼻血）。

## 冰糖水治虚火牙痛

**原料** 冰糖100克。

**制作** 清水一碗放入锅内，下冰糖煮溶，至只剩半碗水即成。

**用法** 一次饮完，每日2次。

**功效** 清热，润肺。用治虚火上升引起的牙痛。

## 生地煮鸭蛋治风火牙痛

**原料** 生地黄50克，鸭蛋2个，冰糖5克。

**制作** 用砂锅加入清水两碗浸泡生地黄半小时，将鸭蛋洗净同生地黄共煮，蛋熟后剥去皮，再入生地黄汤内煮片刻，服用时加冰糖调味。

**用法** 吃蛋饮汤。

**功效** 清热，生津，养血。用治风火牙痛、阴虚手心足心发热等。

## 白菜根疙瘩治风火牙痛

**原料** 白菜根疙瘩1个。

**制作** 将菜疙瘩洗净，捣烂后用纱布挤汁。

**用法** 左牙痛滴汁入左耳，右牙痛滴汁入右耳。

**功效** 清热，散风。用治风火牙痛。

### 咸鸭蛋韭菜治各种牙痛

**原料** 咸鸭蛋2个，韭菜100克，盐9克。

**制作** 将上三味加水共煮。

**用法** 空腹服。

**功效** 清热消炎。用治风火或风寒引起的牙痛。

### 红茶水漱服治牙质过敏

**原料** 红茶50克。

**制作** 水煎后用茶液漱口，然后饮服。

**用法** 每日数次，不可中断，直至痊愈。此方为每次量，再漱饮需用新茶，不宜再煎。

**功效** 清热，祛湿，排毒。用治全口及局部牙本质过敏，有一定疗效。

### 姜矾粉止牙痛

**原料** 老姜、枯矾等分。

**制作** 老姜用瓦焙干，研末，枯矾研细，与姜末调匀。

**用法** 涂擦病牙。

**功效** 止牙齿疼痛。

### 芥菜秆治牙龈肿烂

**原料** 芥菜秆。

**制作** 芥菜秆烧灰存性，研为细末。

**用法** 涂抹患处。

**功效** 清热，消肿，止痛。用治牙龈发炎、红肿疼痛。

## 马齿苋清热解毒

**原料** 鲜马齿苋1握。

**制作** 洗净，用口嚼汁浸渍患处。或将马齿苋晒干，研细，涂搽患处。

**功效** 消炎化肿。用治风火牙痛，牙龈红肿。

## 韭菜根花椒止龋齿痛

**原料** 韭菜根10根，花椒20粒，香油少许。

**制作** 洗净，共捣如泥状。

**用法** 敷病牙侧面颊上。

**功效** 止痛。

## 蜂房灰涂龋止痛

**原料** 露蜂房1个，酒精少许。

**制作** 将蜂房放入酒精中点火烧成黑灰。

**用法** 用灰涂龋齿。

**功效** 收敛止痛，攻毒杀虫。用于治疗龋齿痛、风火牙痛。

## 胡椒绿豆立止牙痛

**原料** 胡椒、绿豆各10粒。

**制作** 将胡椒、绿豆用布包扎，砸碎，以纱布包作一小球，痛牙咬定，涎水吐出。

**功效** 清热，止痛。用治因炎症和龋齿所引起的牙痛。

## 杏仁头发膏塞龋止痛

**原料** 杏仁、头发各少许。

**制作** 杏仁烧存性，头发洗净，剪极碎，共研调成膏。

**用法** 填塞龋齿洞。

**功效** 止痛。

## 茄蒂末治走马牙疳

**原料** 茄蒂、硼砂各适量。

**制作** 将鲜茄蒂阴干烧灰存性，研末，每 0.3 克入硼砂 0.6 克。

**用法** 涂抹患处。

**功效** 清热消肿。用治走马牙疳。

## 石榴叶水治赤眼病

**原料** 鲜石榴叶 50 克。

**制作** 将石榴叶洗净，加水一碗，煎至半碗，过滤。

**用法** 用叶水洗眼或滴眼，每日数次。

**功效** 清热，明目。用治风火赤眼。

## 鲜荸荠降火疏风

**原料** 鲜荸荠。

**制作** 洗净去皮，捣烂，用洁净纱布挤汁液。

**用法** 点眼，每日 3 或 4 次，每次 2 滴。

**功效** 清热。用治风火赤眼。

## 菊花龙井茶清热明目

**原料** 菊花 10 克，龙井茶 3 克。

**制作** 开水冲沏。

**用法** 代茶饮。

**功效** 用治肝火盛引起的赤眼、羞明怕光。

## 猪胆汁治暴发火眼

**原料** 猪胆 1 个（或鸡胆 2 个），白糖 50 克。

**制作** 将猪胆汁（或鸡胆汁）倒入碗内，上火蒸热，加入白糖饮服。

**功效** 泻肝清热。用治上焦火盛所致的眼痛，症见红肿流泪、刺痛、怕光、目眦多。

## 菊杞羊肝汤治老人眼疾

**原料** 杭菊 15 克，枸杞子 75 克，羊肝 60 克，熟地 20 克，夜明砂 12 克，麦冬 15 克。

**制作** 先煎五味中药取汁，用汁煮羊肝至熟。

**用法** 任意服食饮汤。

**功效** 清肝热，疏风明目。对老年人眼疾、视物昏花、迎风流泪有较好的疗效。

## 胡萝卜汤明目

**原料** 胡萝卜(选用紫红色胡萝卜更佳)、牛腩各适量。

**制作** 煮汤。可加调料服食。

**功效** 胡萝卜含有大量糖分和维生素 $B_1$、维生素 $B_2$ 以及挥发油、胡萝卜碱、钙、磷等等,而维生素 $B_1$ 对眼的补益更大。古代医籍《医林纂要》云:"胡萝卜,甘补辛润,温肾阳,功似蛇床子。"故与牛腩配伍,对补益眼睛、明目和防治夜盲症、视力减退或老人双目昏花,都有一定的功效。

## 榛仁枸杞汤治眼目昏花

**原料** 榛子仁 50 克,枸杞子 50 克。

**制作** 水煎服。

**用法** 每日 1 剂。

**功效** 补肾益精,养肝明目。用治头晕目眩、视力减退。

## 鸡肝银耳汤明目美颜

**原料** 鸡肝 100 克,水发银耳 15 克,枸杞 5 克,茉莉花 25 朵,料酒、姜汁、盐、味精、淀粉、鸡汤各适量。

**制作** 将鸡肝洗净,切片,放入碗中,加湿淀粉、料酒、姜汁、盐拌匀备用。将银耳、枸杞、茉莉花洗净,摘去杂质,备用。将汤勺置火上,放入鸡汤,加入料酒、姜汁、盐和味精,随即下银耳、鸡肝、枸杞烧沸,打去浮沫。待鸡肝刚熟,撒入茉莉花,装碗即成。

**用法** 食之。

**功效** 补肝益肾,清心明目。用治视物模糊、两眼昏花、面色憔悴。

## 鸡肝大米粥补肝益目

**原料** 鸡肝2具，大米100克，盐少许。

**制作** 按常法煮作粥。

**用法** 早晚分次服之。

**功效** 补肝，养血，明目。用治眼花、夜盲症或老人两目昏花。

## 枸杞酒治肝虚眼疾

**原料** 枸杞250克，黄酒适量。

**制作** 将枸杞浸于黄酒坛中，密封2个月。

**用法** 饭后适量饮用，每日2次。

**功效** 养肝明目，清热疏风。用治肝虚所致迎风流泪、云翳遮睛、白内障。

## 洗眼良方疗诸眼疾

**原料** 青皮（即橘子未成熟或将成熟的小果皮）、芒硝各15克。

**制作** 以水250～300毫升（两三小碗）先煎青皮，水开后再煎20分钟，后入芒硝煎10分钟。待晾至35～40℃，用双层纱布过滤后备用。

洗眼温度：久病体弱者宜温洗，新病炎症或旧病复发急性期及体壮实者宜冷洗（或微温）。洗时以净棉花或纱布淋洗之。

洗眼时间：晨洗脸后和睡前各洗0.5～1分钟。洗的时间不宜太长。洗2天后换新药。

**功效** 清热祛湿，理气化瘀、软坚止痛。用于治疗急慢性结膜炎、角膜炎、角膜水肿、角膜云翳斑翳、翼状胬肉、眼肿痛痒、目赤、白睛肿起者、白内障初期(及老年性)、玻璃体混浊、青光眼(眼压高、目痛)等症。

其他眼底病可试用1~2天,如眼有舒适感可继续用。如洗一两次后感觉不适,就应停用。

## 猪肝夜明汤治诸眼疾

**原料** 猪肝100克,夜明砂6克(中药店有售)。

**制作** 将猪肝切成条状,锅内放入一碗水,同夜明砂以文火共煮。

**用法** 吃肝饮汤,日服2次。

**功效** 补肝养血,消积明目。用治小儿出麻疹后角膜软化,贫血引起的眼矇、夜盲、内外障翳、视力减退。

## 外用三胆汁治诸眼疾

**原料** 羊胆1个,鸡胆3个,鲤鱼胆2个。

**制作** 刺破取其汁液,调和均匀。

**用法** 日日点眼。

**功效** 清热,养血,明目。用治病后失明、眼目受伤、视力减退。

## 猪眼防止近视加深

**原料** 猪眼睛1对(或牛、羊类的眼睛),桂圆肉、枸杞、山萸肉各15克。

**制作** 将猪眼洗净加上述三味补药同放碗内,加少许水隔火炖熟,调味。

**用法** 饮汤吃眼睛,多吃有效。

**功效** 补睛养目,润燥生津。能增强巩膜韧性、加强远视功能,还可防止近视加重。

## 猪油炒苦瓜理虚清热

**原料** 苦瓜 250 克,猪油 10 克,葱、姜、盐各少许。

**制作** 苦瓜洗净,去子,切丝,猪油置锅内烧八成热,下苦瓜丝爆炒,下调料翻炒片刻即成。

**功效** 清热明目。适用于虚性、热性眼疾,脾虚、体衰者均可食用。

## 合欢花蒸猪肝治结膜炎

**原料** 合欢花 10 克,猪肝 150 克,盐少许。

**制作** 将合欢花用水浸泡半日,再把猪肝切片,同放入碗中,加盐,盖上盖,隔水蒸熟。吃猪肝。

**功效** 消风明目,疏郁理气,养肝安神。用治结膜炎、失眠。

## 蛋白治结膜炎

**原料** 鸡蛋 1 个。

**制作** 鸡蛋煮熟去皮,蛋黄不用。趁热将蛋白罨于洗干净的患眼眼皮上,以纱布固定,次晨打开弃除蛋白。

**用法** 连用 3 天。

**功效** 清热消炎。用治结膜炎。

## 猪胰荸荠汤治急性结膜炎

**原料** 猪胰子 1 具,荸荠 250 克,蝉蜕 10 克,蛇蜕 6 克。

**制作** 先将猪胰子洗净去衣膜,荸荠去皮切片,同蝉蜕、蛇蜕一同入锅，加清水煨汤。

**用法** 饮汤食肉，每日1次。

**功效** 清热平肝，消炎退翳。用治急性结膜炎后期目赤不退甚至初起翳膜。

## 鲜牛奶治电光性眼炎

**原料** 新鲜牛奶10毫升，2%普鲁卡因。

**制作** 两味混合。

**用法** 开始每分钟点眼1次，连点2次，5分钟后再点1或2次，每次3滴。

**功效** 生津润燥，解毒止痛。用治电光性眼炎。

## 玄参炖猪肝治虹膜炎

**原料** 玄参15克，猪肝500克，食油、葱、姜、酱油、白糖、黄酒、淀粉各少许。

**制作** 猪肝洗净，同玄参放在铝锅内，加水适量煮1小时，捞出猪肝切成小片备用。油锅烧热，葱姜炝锅，放入猪肝片炒，烹酱油、白糖、黄酒，对入原汤少许，收汁，勾入淀粉，汤汁明透即成。

**用法** 顿食或分顿佐餐均可。

**功效** 补肝养血，清热明目。用治急性结膜炎、虹膜炎等，有一定的功效。

## 食盐人乳液治眼上膜（翼状胬肉）

**原料** 生食盐15克，清水240克，人乳适量。

**制作** 盐及清水共放锅内熬至水干后，将剩下的盐研末。

**用法** 以人乳调，滴入眼内，即愈。

**功效** 清热排毒。用治眼上膜（眼球有翳如云及红肿疼痛、畏光）。

## 黄瓜汁点眼有良效

**原料** 新鲜嫩黄瓜1条。

**制作** 黄瓜洗净，切碎挤压于杯中，取瓜汁20～25克，用消过毒的注射器将瓜汁吸入针管内数滴，令患者仰卧床上，用手指撑开眼皮，将针管内瓜汁缓缓推入2～3滴。

**用法** 每日3～5次，滴后闭目7～10分钟，再轻揉眼皮，使汁液均匀分布。

**功效** 清热排毒。用治眼睛干涩，火眼肿痛，并可增强视力，推迟眼花等。

## 槟榔汤治疗青光眼

**原料** 槟榔9～18克。

**制作** 水煎服。服药后有腹痛、呕吐、恶心及轻泻等反应均属正常现象。若无轻泻应稍增加剂量。

**功效** 下气破积，清热明目。用治青光眼。

## 羊肝粥治小儿疳眼等

**原料** 羊肝60克，大米100克，生葱3根。

**制作** 先将羊肝去膜切片，起锅同葱炒片刻，用锅盛水煮沸，加入大米煮至米开花，再放入羊肝煮熟为度。

**用法** 吃粥食肝，连吃几日。

**功效** 补肝明目，增加维生素 A、维生素 D 和钙。用治小儿疳眼、角膜软化症、夜盲症及视物昏花。

## 鳗鲡肝丸补肝明目

**原料** 生鳗鲡肝脏、草决明子各适量。

**制作** 共捣和为丸，如小豆大，晒干。

**用法** 每服 5 克，每日 2 次，饭后服。

**功效** 补肝养血，明目。用治小儿疳眼（角膜软化症）、夜盲。

## 兔肝治疳眼夜盲

**原料** 鲜兔肝 1 ~2 具，酱油少许。

**制作** 将兔肝切成片，放开水中煮至半熟。

**用法** 蘸酱油食，每日 1 次。

**功效** 泻肝热，明目。用治小儿疳眼、夜盲。

## 螃蟹治倒睫毛

**原料** 螃蟹。

**制作** 取螃蟹体内黄液。

**用法** 擦眼。

**功效** 治眼睫毛倒生刺痛。

## 青鱼胆粉治目赤障翳（结膜炎）

**原料** 青鱼胆。

**制作** 将青鱼胆阴干，研碎过筛取极细粉末。

**用法** 点于眼角上，早晚各1次。

**功效** 清热除翳。用治目赤障翳。

## 盐洗漱明目坚齿

**原料** 食盐不拘量。

**制作** 用开水将盐溶化，滤清汁再熬成白盐花。

**用法** 每早用白盐花刷牙漱口。盐花点水洗目，双目合闭良久，再洗面。

**功效** 去翳明目，消炎坚齿。用治老眼昏花。此方有“目视千里清”之称。

## 猪肝煮韭菜治雀盲

**原料** 猪肝、韭菜各适量。

**制作** 猪肝与韭菜共煮（不加盐）。

**用法** 吃肝饮汤，久服有效。

**功效** 补肝养血，明目。用治雀盲或小儿视物模糊。

## 猪肝萝卜汤补肝明目

**原料** 猪肝、胡萝卜、鲜姜片、盐各适量。

**制作** 共煮至肝熟。

**用法** 食饮多次。

**功效** 补肝养血，清热明目。用治夜盲及小儿疳眼。

## 红番薯叶羊肝治夜盲

**原料** 红番薯叶150～200克，羊肝200克。

**制作** 薯叶洗净，切碎，羊肝切片，加水同煮。

**用法** 食肝饮汤，连服3日，每日1次。

**功效** 补肝养血，清热明目。用治夜盲。

## 谷精夜明砂蒸鸡肝治夜盲

**原料** 鸡肝1副（连肫同用），谷精草15克，夜明砂10克（中药店有售）。

**制作** 鸡肝肫去污膜洗净，同谷精草、夜明砂加少量开水隔水蒸熟。

**用法** 吃肝饮汁。

**功效** 清热明目，养血润燥。用治夜盲症、眼干燥症。渐至失明者，多吃有效。

## 炒野鸡肉补肝明目

**原料** 野鸡（雉鸡）肉150克，胡萝卜50克，油、盐、酱油、葱各少许。

**制作** 野鸡肉、胡萝卜切丝，油锅烧热煸炒葱花出香味，下双丝炒，加调料炒熟即成。

**功效** 补肝益血，润燥明目。用治肝虚所致的眼花、夜盲。

## 猪肝菠菜汤治视力减退

**原料** 猪肝60克，菠菜250克。

**制作** 共煮汤。

**用法** 日服2次。

**功效** 有提高视力的作用。用治夜盲、视力减退，有助于小儿麻疹后的眼力恢复等。

## 芜菁菜子治青盲眼障

**原料** 芜菁菜子（又名大头菜子）、烧酒、蜂蜜各适量。

**制作** 将芜菁菜子用酒浸泡一夜，取出后蒸20分钟，然后晒干，研末，炼蜜为丸，如小豆大。

**用法** 每服10克，用米粥汤送下，每日2次。

**功效** 清热利湿，明目排毒。用治青盲眼障、夜盲、痻眼、角膜云翳。

## 生吃黑豆治白内障

**原料** 黑豆（俗称马料豆）30粒。

**制作** 温水洗净后，再用开水泡软。

**用法** 生吃豆喝汤，每晨1次，久服有效。

**功效** 补肾明目。用于预防和治疗白内障。

## 治针眼（睑板腺阻塞）速愈法

**原料** 大蒜1片或姜片均可。

**制作** 蒜或姜片洗净擦干。

**用法** 闭眼，用其抹眼睑。

**功效** 用于泪囊管阻塞所致的针眼。由于眼部末梢神经受到辛辣刺激，泪水外溢，针眼痛苦症状立即大减，次日即愈。

## 花椒制剂疗沙眼

**原料** 花椒皮10克，花椒子5克，清油100毫升。

**制作** 上三味用烧瓶煮沸30分钟，过滤2次，备用。

**用法** 每日滴眼2或3次。

**功效** 行瘀、除湿、排毒。用治沙眼。

## 南瓜露治眼球外伤

**原料** 南瓜。

**制作** 南瓜洗净，切片（去子），装入罐内，密封罐口埋入地下，数月后，化为液体，用纱布过滤，取其汁液，即为南瓜露。

**用法** 用此液涂敷患处，日3或4次。

**功效** 清实热，解火毒。用治眼部外伤及烫伤。

## 蕹菜白糖止鼻血

**原料** 蕹菜250克，白糖适量。

**制作** 将蕹菜洗净，和糖捣烂。

**用法** 冲入沸水饮用。

**功效** 清热凉血。治鼻出血，有凉血止血之功。

## 敷大蒜泥治鼻衄

**原料** 大蒜1头。

**制作** 蒜去皮，捣烂如泥。左侧鼻腔流血者，将蒜泥敷于右足底心（即涌泉穴位）；右侧流血，敷于左足底心。

**用法** 敷1小时即止。

**功效** 止血。

## 茶叶黄柏末治鼻渊

**原料** 上等龙井茶30克，川黄柏6克。

**制作** 共研细末。

**用法** 嗅入鼻内两侧少许，每日多次。

**功效** 清热泻火，解毒排脓。用治鼻渊、鼻塞或鼻有脓性腥臭分泌物。

## 柏叶猪鼻汤治鼻渊

**原料** 猪鼻肉60克，生柏叶30克，金钗石斛6克，柴胡10克，蜂蜜60克，黄酒30克。

**制作** 猪鼻肉刮洗干净，将生柏叶、金钗石斛、柴胡同放砂锅内，加清水四碗与猪鼻共煮至剩一碗汤，滤除药渣，冲入蜂蜜及黄酒，和匀服饮。

**用法** 2~4剂为1个疗程，连服3或4个疗程。

**功效** 清热通窍，养阴益肺。用治鼻渊（脑漏，即鼻流浊涕或黄水不止）。

## 蜂蜜外治鼻臭

**原料** 生蜂蜜。

**制作** 先用温开水将鼻腔结痂洗净，再以棉签蘸生蜂蜜涂鼻腔患处，每日1次，至鼻腔无痛痒，无分泌物结痂，嗅觉恢复为止。

**功效** 清热排毒。用治鼻臭（萎缩性鼻炎）。

## 青苔塞鼻治鼻窦炎

**原料** 新鲜青苔适量。

**制作** 将青苔涮洗干净，用纱布包好，备用。使用时将青苔塞入鼻腔，十余小时更换新鲜青苔。若双侧鼻窦炎者应两侧交替使用。

**功效** 消炎排脓。用治鼻窦炎。

## 外用蒜液治鼻炎

**原料** 大蒜（选紫皮蒜最佳）。

**制作** 蒜洗净，捣烂如泥，过滤取其汁，与生理盐水配成40%大蒜液，或与甘油配成50%大蒜油。

**用法** 用时以棉卷蘸液涂布鼻腔内，每日3次。

**功效** 治萎缩性鼻炎。症见头痛、鼻塞、嗅觉减退或消失、鼻腔内有黄绿色痂皮附着、鼻干、流清涕或黄绿色臭涕、出血等。

## 双豆汤治过敏性鼻炎

**原料** 绿豆15克，淡豆豉20克，防风15克，生甘草10克，石菖蒲15克，辛夷10克，细辛3克。

**制作** 水煎。

**用法** 日服1剂。

**功效** 散寒除浊，开达肺窍。用治过敏性鼻炎。

## 丝瓜藤炖猪肉治鼻炎

**原料** 丝瓜藤（取近根部位的）2~3米，瘦猪肉60克，盐少许。

**制作** 将丝瓜藤洗净，切成数段，猪肉切块，同放锅内加水煮汤，临吃时加盐调味。

**用法** 饮汤吃肉，5次为1个疗程，用1至3个疗程。

**功效** 清热消炎,排毒通窍。用治慢性鼻炎急性发作、萎缩性鼻炎之鼻流脓涕、脑重头痛。

## 枯矾粉治鼻息肉

**原料** 枯矾适量。

**制作** 枯矾研成极细粉末。用前先将患处用硼酸水或温盐水洗净,然后用适量的枯矾粉,撒布于消毒棉花上塞入鼻腔内。

**用法** 每天如法换药1次。

**功效** 祛腐生肌。用治鼻息肉。按上法用药两三天后,息肉即萎缩消失或脱落。

## 川芎炖猪脑治慢性鼻炎

**原料** 猪脑(或牛、羊脑)2副,川芎、白芷各10克,辛夷花15克。

**制作** 将猪脑剔去红筋,洗净,备用。将川芎等三味加清水两碗,煎至一碗。再将药汁倾炖盅内,加入猪脑,隔水炖熟。

**用法** 饮汤吃脑,常用有效。

**功效** 通窍,补脑,祛风,止痛。用治慢性鼻炎之体质虚弱。

## 芝麻油治鼻炎

**原料** 芝麻油适量。

**制作** 以麻油滴入每侧鼻腔3滴,每日3次。

**功效** 清热润燥,消肿。用治各种鼻炎。

## 辛夷花煮鸡蛋治慢性鼻窦炎

**原料** 辛夷花15克,鸡蛋2个。

**制作** 将辛夷花放入砂锅内，加清水两碗，煎煮至一碗。鸡蛋煮熟去壳，刺小孔十余个。将砂锅复置于火上，倒入药汁煮沸，放入鸡蛋同煮片刻。

**用法** 饮汤吃蛋，常服有效。

**功效** 通窍，净脓涕，驱风痛。用治慢性鼻窦炎之流脓涕、体弱不任寒凉。

## 羊睾粉治慢性鼻窦炎

**原料** 羊睾丸1对，黄酒适量。

**制作** 将羊睾丸洗净，放瓦片或砂锅内焙黄(不可炒焦炒黑)，研为细末，用温开水或黄酒送下。

**用法** 每对日分2次服，连续用2~3天可见效。

**功效** 通阳，益肺。用治慢性鼻窦炎。

## 花生米烟熏治鼻窦炎

**原料** 小花生米7粒。

**制作** 将小花生米放干净的白铁罐内，上糊纸封严，纸上开一小孔。将罐放火炉上，俟冒烟以烟熏鼻孔，烟尽为止。

**用法** 每日1次，1个月可愈。

**功效** 消炎抑菌。用治鼻窦炎。

## 鲜藕节化瘀治鼻息肉

**原料** 鲜藕节(带藕节须)。

**制作** 将藕节洗净，焙干，研成细末。

**用法** 用细管将药吹入鼻内，每日2或3次。

**功效** 去瘀生新。用治鼻息肉。

## 猪胆汁调藿香治鼻窦炎

**原料** 藿香40克，苍耳子15克，猪胆汁适量。

**制作** 将藿香研为细末，用猪胆汁调拌成糊。

**用法** 每饭后服25克，日2次，用苍耳子煎汤送下。

**功效** 散风湿，通鼻窍，清热止痛。用治鼻渊、鼻塞、慢性副鼻窦炎。

## 蜂房治鼻窦炎等

**原料** 蜂房（蜂巢）不限量。

**制作** 将蜂房冲洗干净，撕成块状，放于口中嚼烂，吐渣咽液。

**用法** 每日嚼3次，每次嚼36立方厘米以上。

**功效** 祛风，攻毒，杀虫。用治鼻窦炎、鼻塞、牙痛、气管炎。

## 水蛭钻入鼻腔解救方

**原料** 青鱼苦胆。

**制作** 将青鱼苦胆阴干，研细粉。先用2%麻黄素溶液将中、下鼻甲收缩，即可见到水蛭，将探针捲以药棉，沾青鱼胆粉少许，涂于水蛭身上，片刻水蛭失去活动能力，即可用镊子夹出，或令患者自行擤出，无任何痛苦。

**功效** 用治水蛭钻入鼻腔不出。

## 石榴治多种口腔病

**原料** 鲜石榴2个。

**制作** 将石榴剥开取子，捣碎，以开水浸泡，晾凉后过滤。

**用法** 每日含漱数次。

**功效** 消炎杀菌。用治口腔炎、扁桃体炎、喉痛或口舌生疮。

# 第八章　清热排毒小秘方

## 玉竹麦冬炖雪梨

**原料** 雪梨 2 个，玉竹、麦冬、百合各 8 克，冰糖 25 克。

**制作** ①雪梨削皮，每个切成 4 块，去芯。

②玉竹、麦冬、百合用温水浸透，淘洗干净。

③将以上原料和 1 碗沸水倒进炖盅，炖盅加盖，隔水炖之。

④待锅内水开后，先用中火炖 1 小时，后转用小火再炖 1 小时即可。

⑤炖好取出，温后服用，吃梨喝汤。

**功效** 滋润心肺，排毒安神。

**适应症** 干咳痰少，心烦不眠。

## 小豆茅根竹蔗汤

**原料** 赤小豆 100 克，新鲜茅根 200 克，竹蔗 500 克，金华火腿 50 克，精盐少许。

**制作** ①拣选新鲜茅根（如无新鲜茅根，也可在中药材商店购买茅根干品 50 克代替），用清水洗干净，切段，备用。

②赤小豆用清水浸透，洗干净，沥干水，备用。

③竹蔗斩成小段，劈开边，用清水洗干净，备用。

④拣选金华火腿，用温水洗干净，切片，备用。

⑤瓦煲内加入适量清水，先用猛火煲至水滚，然后放入以上全部材料，候水再滚起，改用中火继续煲 3 小时左右，以少许精盐调味，即可以佐膳饮用。

**功效** 清热排毒，生津解渴，利尿去湿。

**适应症** 本汤虽有药材做材料，但并无药材的苦涩味。汤水甘甜可口，适合一家大小日常佐膳饮用。材料经济简单，但保健功效颇大，经常饮用，可以清热毒、润燥气，预防身体燥热不适的症状出现。

如果身体燥热，加上天气炎热、燥涸，使人唇焦燥涸，喉咙干涸，流鼻血，小便不畅顺，甚或尿液带血，可以用本汤佐膳作食疗。

**说明** 赤小豆，味甘，性平，有健脾去湿、消肿解毒的作用。茅根，又名白茅根，中药材之一，味甘，性寒，有凉血止血、清热利尿的作用。竹蔗，味甘，性寒，有清热、生津、润燥、利尿、解酒的作用。金华火腿，猪腿腌制而成，味甘、咸，性平，有健脾开胃、滋肾生津、益气血的作用。

## 土茯苓眉豆蟾蜍粥

**原料** 蟾蜍2只，白眉豆100克，米50克，土茯苓200克，生姜、大蒜、红枣各适量。

**制作** ①土茯苓、生姜、红枣（去核）、白眉豆、大蒜（去衣）、米洗净。

②先将蟾蜍的头、皮、内脏去除干净（因蟾蜍的卵、肝、肋及皮脂腺均含有毒性物质），然后将蟾蜍肉用清水漂洗，以免毒汁污染其中。

③把全部用料放入滚水锅内，武火煮滚，改文火煲3小时，粥成调味。

**功效** 清湿毒，消疳疮。

**适应症** 用于疳疮，前阴部出现小疱，四周焮肿，亮睁如水晶，逐渐增大，破后糜烂，色呈紫红，并无脓水，四周坚硬突起，形如缸口，中间凹陷成窝，患者无痒痛之感。性滥交或性交不洁，梅毒（第一期）之下疳（俗称“花柳病”）属湿毒浸淫出现上述症状者，可用本汤防治之。

## 黄豆豆腐猪踭汤

**原料** 黄豆150克，豆腐2块，蜜枣2枚，生姜1片，猪踭肉600克，精盐少许。

**制作** ①拣选黄豆用清水浸透，洗干净，备用。

②选用煲汤豆腐，用清水漂洗干净，备用。

③生姜用清水洗干净，刮去姜皮，切1片，备用。

④蜜枣和猪踭肉分别用清水洗干净，备用。

⑤瓦煲内加入适量清水，先用猛火煲至水滚，然后放入以上全部材料，候水再滚起，改用中火继续煲至黄豆软熟，以少许精盐调味，即可以佐膳饮用。

**功效** 健脾开胃，清热排毒。

**适应症** 本汤水美味可口，材料经济，做法容易，适合一家大小日常佐膳饮用。经常饮用，又可以清热气，通畅肠胃，是经济的保健靓汤。

如果天气炎热，饮食无胃口，精神疲倦，身体燥热，可以用本汤佐膳作食疗。

**说明** 黄豆，又名大豆、白豆，味甘，性平，有益脾养中、润燥消肿的作用。豆腐，为黄豆加工制成品，有清热、生津、解酒、解毒的作用。蜜枣，味甘，性温，有补中益气、止咳润肺、化痰平喘的作用。生姜，味辛，性温，有解表、散寒、温胃、解毒的作用。猪踭肉，又名不见天，肉质较粗，肥少而瘦多，有滋阴补益、滋养身体的作用。

## 蒜子潺菜横脷汤

**原料** 蒜头一个，潺菜500克，猪横脷1条，生姜1片，精盐少许。

**制作** ①蒜头去蒜衣，取出蒜子肉，备用。

②瀵菜用清水洗干净，摘短段，备用。

③生姜用清水洗干净，刮去姜皮，切1片，备用。

④猪横脷用清水洗干净，切去脂肪、白筋膜，切成长片状，备用。

⑤瓦煲内加入适量清水，先用猛火煲至水滚，然后放入以上全部材料，候水再滚起、改用中火继续煲至瀵菜软熟、猪横脷熟透，以少许精盐调味，即可以佐膳饮用。

**功效** 清热排毒，利尿去湿。

**适应症** 本汤水鲜甜有蒜子的香味，适合一家大小日常佐膳饮用。尤其是在天气炎热的日子，茶水饮得太多，饮用此汤，可以防止出现肚屙泄泻的症状出现。

如果天气炎热，饮食不节，腹痛，腹泻，小便不畅顺，可以用本汤佐膳作食疗。

## 瀵菜豆腐鸡什汤

**原料** 瀵菜500克，豆腐2块，生姜1片，鸡什2副，精盐少许。

**制作** ①瀵菜用清水洗干净，摘短段，备用。

②拣选新鲜鸡什，去鸡胆，鸡肫去鸡内金（即俗称的鸡肾衣），剥净，除去异味。鸡心剖开边；鸡肝放入滚水中稍煮，捞出切片；鸡肫切成片状；鸡肠切段，备用。

③豆腐用清水漂洗干净，备用。

④生姜用清水洗干净，刮去姜皮，切1片，备用。

⑤瓦煲内加入适量清水，先用猛火煲至水滚，然后放入生姜、豆腐和鸡什，候水再滚起，改用中火继续煲至鸡什熟透，再放入瀵菜，滚至菜软熟，以少许精盐调味，即可以佐膳饮用。

**功效** 清热排毒，利尿去湿。

**适应症** 本汤水鲜甜美味，适合一家大小日常佐膳饮用。经常饮用，又可以清热气，利尿去湿，消除疲劳，强健身体。

如果天气炎热，口干口渴，精神疲倦，小便不畅顺，夜睡不宁，可以用本汤佐膳作食疗。

**说明** 潺菜，味甘，性凉，有清热解毒、利尿的作用。豆腐，为黄豆加工制成品，有清热、生津、解渴、解毒的作用。生姜，味辛，性温，有解表、散寒、温胃、解毒的作用。鸡什，包括鸡心、鸡肝、鸡肫和鸡肠，有滋补五脏、营养身体的作用。

## 金荞麦炖瘦肉

**原料** 猪瘦肉 250 克，金荞麦 100 克，冬瓜子 200 克，甜桔梗 150 克，生姜 2 片，红枣适量。

**制作** ①猪肉原块洗净，氽水，冲净；金荞麦、冬瓜子、甜桔梗、生姜、红枣（去核）洗净。

②将全部用料放入炖盅内，加滚水适量，盖好，隔滚水文火炖 2 小时，饮汤吃肉。

**功效** 清热排毒，排脓消痈。

**适应症** 用于肺痈初、中期，咳吐脓痰，其味腥臭，胸闷隐痛，纳呆体倦，大便干结等。肺脓疡、肺结核、肺气肿、支气管扩张、慢性支气管炎、肺吸虫病、热带嗜酸粒细胞增多症等属于痰热壅肺见有上症者，可用本汤防治之。

**说明** 属痰热壅肺、腐败成脓之肺痈，治宜清热解毒，排脓消痈。汤中金荞麦，全草含有芸香甙、槲皮甙、槲皮素、氯化钾等；根茎含有羟基甲基蒽醌化合物；性味苦，凉，功能清热解毒、化痰消痈，并能健胃消食，为治肺痈要药，单用有效。据报道，用金荞麦配合抗菌素治疗肺脓肿 232 例，痊愈率达 86.2%。甜桔梗又称荠苨，性味甘，微寒，功能清肺热，化痰浊；与金荞麦配伍，排脓消痈之力得以增强。猪瘦肉之用，其意不在扶正托邪，而是配伍金荞麦，使之清热解毒而不伤正气。

## 海带薏苡仁蛋花汤

**原料** 海带50克，生薏苡仁、熟薏苡仁各100克，陈皮1角，鸡蛋2只，精盐少许。

**制作** ①海带、生薏苡仁、熟薏苡仁和陈皮分别用清水浸透，洗干净，备用。

②鸡蛋去壳，搅匀成蛋浆，备用。

③瓦煲内加入适量清水，先用猛火煲至水滚，然后放入海带、生薏苡仁、熟薏苡仁和陈皮，再以少许精盐调味，即可以佐膳饮用。

**功效** 清热排毒，利尿去湿。

**适应症** 本汤水材料简单、经济，做法容易，味道可口，适合一家大小日常佐膳饮用，又可以通利小便，降低血压，防止身体出现燥热不适、血压过高、甲状腺机能亢进等症状发生。

如果天气炎热，身体燥热，烦躁失眠，心跳，小便不畅，可以用本汤佐膳作食疗。

**说明** 海带，味咸，性寒，有清热、消痰、软坚、散结的作用。薏苡仁，又称薏米、苡仁。薏苡仁有生薏苡仁和熟薏苡仁（炒薏苡仁）之分。生薏苡仁，味甘、淡，性微寒，有利水渗湿、祛风湿、清热排脓的作用。熟薏苡仁，味甘、淡，性平，有健脾止泻的作用。陈皮，味辛、苦，性温，有行气健脾、燥湿化痰的作用。鸡蛋，营养丰富，味甘，性平，有镇心、益气、安五脏、止惊以及安胎的作用。

## 合掌豆腐煲鱼汤

**原料** 合掌瓜600克，豆腐4块，生姜1片，石九公鱼600克，精盐少许，胡椒粉少许，生粉适量。

**制作** ①先将精盐、胡椒粉各少许和适量生粉拌和调匀，开成腌料，备用。

②将石九公鱼劏洗干净，去鱼鳞、内脏，洗净血污，抹干水，加入腌料，拌匀，使腌入味，备用。

③合掌瓜用清水洗干净，去皮、核，切厚件，备用。

④豆腐用清水漂洗干净，沥干水，备用。

⑤生姜用清水洗干净，刮去姜皮，切1片，备用。

⑥以姜、油起镬，放下石九公鱼，将鱼身煎至微黄，以辟腥味，备用。

⑦瓦煲内加入适量清水，先用猛火煲至水滚，然后放入以上全部材料，候水再滚起，改用中火继续煲至汤好，以少许精盐调味，即可以佐膳饮用。

**功效** 清热排毒，健脾开胃。

**适应症** 本汤水清甜可口，不腻不肥，适合一家大小日常佐膳饮用。经常饮用，又可以清热气，防止身体出现燥热不适的症状。

如果身体燥热，或者夏天天气炎热，口干口渴，茶水饮得多，饮食无胃口，痰多黄稠，小便不畅顺，尿液黄赤，可用本汤佐膳作食疗。

**说明** 合掌瓜，味甘，性凉，有清热生津、理气化痰、通利小便的作用。豆腐，为黄豆加工制成品，有清热、生津、解渴、解毒的作用。生姜，味辛，性温，有解表、散寒、温胃、解毒的作用。石九公鱼，味甘、性平，有健脾、补益、营养身体的作用。

## 酸笋豆腐鱼尾汤

**原料** 酸笋150克，豆腐2块，大头菜2片，生姜1片，鲩鱼尾1条，精盐少许。

**制作** ①拣选新鲜鲩鱼尾1条，去净鱼鳞，洗净备用。

②酸笋用清水浸透，洗干净，切片，备用。

③豆腐用清水漂洗干净，沥干水，备用。

④大头菜切2片，用清水浸透，减去咸味，洗干净，备用。

⑤生姜用清水洗干净，刮去姜皮，切1片，备用。

⑥瓦煲内加入适量清水，先用猛火煲至水滚，然后放入以上全部材料，候水再滚起，改用中火继续煲1.5小时左右，即可以佐膳饮用。如嫌味淡，也可以少许精盐调味。

**功效** 清热解毒，健胃生津。

**适应症** 本汤水甘、酸、可口，适合一家大小日常佐膳饮用。日常饮用，又可以增进食欲，尤其是在夏天，天气炎热，佐膳饮用，令人胃口大增。

如果天气炎热，身体燥热，茶水饮得多，饮食无胃口，或者食不消化，腹胀，可以用本汤佐膳作食疗。

**说明** 酸笋，是用酸醋腌制的笋肉加工食物笋肉，又名冬笋肉、竹笋肉、甜笋肉。酸笋，味甘、酸，性平，有化痰平喘、消积导滞的作用。豆腐，为黄豆加工制成品，有清热、生津、解酒、解毒的作用。大头菜，是芜菁腌制的加工小菜，味甘、咸，性微凉，有清热、健胃、生津、利尿的作用。生姜，味辛，性温，有解表、散寒、温胃、解毒的作用。鲩鱼肉，味甘，性温，有暖胃和中、平肝祛风的作用。

## 白果枝竹薏苡仁汤

**原料** 白果10粒，枝竹100克，陈皮1角，生薏苡仁、熟薏苡仁各50克，蜜枣2枚，精盐少许。

**制作** ①白果去壳取肉，用滚水浸去外层薄膜，去心，再用清水洗干净，备用。

②枝竹用清水浸软，洗干净，切短段，备用。

③生薏苡仁、熟薏苡仁和陈皮分别用清水浸透，洗干净，备用。

④蜜枣用清水洗干净，备用。

⑤瓦煲内加入适量清水，先用猛火煲至水滚，然后放入白果肉、陈皮、

生薏苡仁、熟薏苡仁和蜜枣，候水再滚起，改用中火继续煲2小时左右，再放入枝竹并以少许精盐调味，再煲30分钟左右，即可以佐膳饮用。

**功效** 清热排毒，利尿去湿，清化热痰。

**适应症** 本汤水鲜甜美味，适合一家大小日常佐膳饮用，又可以清热气，除热痰，使小便畅顺，防止燥热性疾病。

如果天气炎热，口干口渴，茶水饮得多，但小便不畅顺，尿液黄赤，或排尿时尿道刺痛，可以用本汤佐膳作食疗。

**说明** 白果，又名银杏，是银杏科植物银杏的种子。白果有小毒，这种毒素经较常时间煮沸之后就可被破坏或挥发。所以，白果不宜生吃，即使熟食，数量也不宜多。白果肉，味甘、苦、涩，性平，有祛痰定喘、收敛除湿的作用。枝竹，是黄豆磨浆烧煮之后，凝结干制而成的豆制品，味甘、淡，性平，有清肺热、止咳、消痰、养胃、解毒的作用。陈皮，味辛、苦，性温，有行气健脾、燥湿化痰的作用。薏苡仁，又称薏米、苡仁，薏苡仁有生薏苡仁和熟薏苡仁（炒薏苡仁）之分。生薏苡仁，味甘、淡，性微寒，有利水渗湿、祛风湿、清热排脓的作用。熟薏苡仁，味甘、淡，性平，有健脾止泻的作用。蜜枣，味甘，性温，有补中益气、止咳润肺、化痰平喘的作用。

## 白菜牛百叶汤

**原料** 牛百叶500克，鲜白菜1000克，生姜6片，麻油、盐各适量。

**制作** ①牛百叶刮去黑衣，洗净，切件；鲜白菜洗净切段；生姜洗净。

②牛百叶下油锅，用姜爆过，与白菜放入滚水锅内，武火煮滚，改文火煲1小时，调味供用。

**功效** 消暑清热，解表和中。

**适应症** 用于夏季感冒，身热口渴，咳嗽，周身不适，汗出，头目不清，舌红苔薄白，脉浮数；或预防暑病。热射病、夏季微热、麻疹等属于夏季感受暑邪见有上症者，可用本汤防治之。

**说明** 夏季感冒乃属夏季感受暑邪而发病的热性病，治宜清热利水，解表和中。汤中白菜（称广东白菜），含有维生素 $B_1$、维生素 $B_2$、维生素 C 及胡萝卜素、矿物质钙、磷、铁和蛋白质、粗纤维等；性味甘，微寒，功能清热生津、除烦利水，是清凉而兼补益之品。生姜既能发汗解表，又可化痰止咳，性味虽属辛温，但用量不多，因此，配伍微寒之白菜，仍不失为辛、甘而凉之品。牛百叶（俗称牛肚）是牛胃的一部分，性味甘，平，功能补益脾胃；它虽属肉类，但爽嫩而不油腻，实为感冒患者补益之佳品。三味合用，再以油、盐调味，汤成则味道清香，尤宜感冒而食欲欠佳的病者。

**注意和禁忌** ①白菜有大白菜（结球白菜）、普通白菜两大类，均可用之。

②有学者指出，脾胃虚寒或肺寒的病人不宜食白菜，但本汤有生姜、牛百叶与白菜配伍，故可无此禁忌。

## 西瓜皮荷叶海蜇汤

**原料** 浸发海蜇、西瓜皮各 250 克，鲜扁豆、鲜荷叶各 100 克，鲜丝瓜 500 克，鲜竹叶心 25 克。

**制作** ①海蜇、西瓜皮、扁豆、丝瓜洗净切块，荷叶、竹叶心、扁豆洗净。

②用锅煮滚适量水，放入海蜇、西瓜皮、扁豆、荷叶、竹叶心，武火煮滚，改文火煲 1 小时，然后放入丝瓜，滚片刻，调味供用。

**功效** 清热解暑，清肺止咳。

**适应症** 用于暑热伤肺之轻证，暑温病经发汗后余邪未解，身热口渴不甚，头目不清，昏眩微胀，汗多，干咳无痰，咳声清高等。日射病、夏季微热、小儿夏季热、支气管炎、过敏性肺炎、热带嗜酸粒细胞增多症属于暑热伤肺、邪浅病轻见有上症者，可用本汤。

**说明** 暑热伤肺所致上述症状，其邪尚浅，病症尚轻，治之只须辛甘轻清，而免重药过剂。汤中西瓜皮（又名西瓜翠衣），含有葡萄糖、蔗糖、果糖、蛋白质、瓜氨酸、精氨酸、胡萝卜素、维生素B和维生素C等；性味甘、淡，微寒，功能清热解暑、利水祛湿，并能生津止渴。鲜荷叶性味甘、微苦，平，既能清热解暑以治身热汗多，又能升发清阳以治头目不清。扁豆含有蛋白质、糖类、脂肪、维生素$B_1$和维生素$B_2$、豆甾醇、磷脂等；鲜扁豆性味甘，凉，配伍西瓜皮、鲜荷叶可增强其解暑化湿之效力。竹叶心清心除烦，可增强西瓜皮清热解暑之力。丝瓜清肺络、解暑热。海蜇清热化痰，与丝瓜相伍则奏清肺止咳之效，并可使汤味鲜甜。本汤来源于《温病条辨》清络饮，因考虑汤味必须可口，故将金银花弃之不用，加入海蜇以奏保健之效。又因扁豆花不易购得，故改用扁豆。

**注意和禁忌** ①本汤用料如无鲜品，可用生品或干品，但味道稍欠鲜甜。

②脾肺虚寒、咳痰清稀者，忌用本汤。

## 酸甜二花茶

**原料** 酸豆250克，茉莉花40克，啤酒花50克，麦冬100克，冰糖、精盐各适量。

**制作** ①酸豆、茉莉花、啤酒花、麦冬洗净。

②把酸豆放入滚水锅内，武火煮滚，改文火煲半小时，然后放入茉莉花、啤酒花、麦冬，再煲半小时，汤成取汁，加入糖、盐调味，可当茶水饮之。

**功效** 清热生津，消食安神。

**适应症** 用于暑热伤津，心烦不安，夜寐烦躁，咽干口渴，不思饮食，小便短少。夏季微热、热射病、消化不良、高血压病、慢性肝炎、神经衰弱等属于暑或热邪伤津见有上症者，可用本汤作为辅助治疗。

**说明** 因暑(热)伤津液而致上述症状,此时,暑热已退,治宜清热生津,消食安神。汤中酸豆,名为酸角,含有糖类、苹果酸、酒石酸、枸橼酸、甲酸等;味甘酸适口,性凉而降,既能清热解暑、生津止渴,又能消食解酒,是清凉饮料中较常用的食品。啤酒花含有挥发油、果糖、蔗糖、葡萄糖等;性味微苦、辛,凉,为芳香性苦味健胃药,功能健胃消食、镇静安神,兼能清热除烦,与酸角相伍,共奏清热生津、消食安神之效。茉莉花性味辛、甘而芳香,功能化湿和中、理气解郁,可增强啤酒花消食、安神之效力。三物相伍,五味俱全(以酸甜芳香为主),既清热解暑、生津止渴,又和胃消食、镇静安神,是暑热季节较为有益的保健汤品。

**注意和禁忌** ①酸豆含有酒石酸,生服有轻泻作用,煮熟后此作用即消失。

②脾胃虚寒者慎用本汤。

## 薏苡仁合掌猪踭汤

**原料** 生薏苡仁100克,合掌瓜250克,蜜枣2枚,生姜1片,猪踭肉250克,精盐少许。

**制作** ①生薏苡仁用清水浸透,洗干净,备用。

②合掌瓜用清水洗干净,去皮,去核,切厚件,备用。

③蜜枣、猪踭肉分别用清水洗干净,备用。

④生姜用清水洗干净,刮去姜皮,切1片,备用。

⑤瓦煲内加入适量清水,先用猛火煲至水滚,然后放入以上全部材料,候水再滚起,改用中火继续煲至瓜软熟、肉熟,以少许精盐调味,即可以佐膳饮用。

**功效** 清热排毒,利尿去湿。

**适应症** 本汤水清甜可口,不肥不腻,适合一家大小日常佐膳饮用。经常饮用,又可以清热气,去湿毒,预防身体出现燥热不适的症状。

如果天气炎热，口干口渴，饮食无胃口，尿液黄赤，可以用本汤佐膳作食疗。

**说明** 薏苡仁，又称薏米、苡仁；生薏苡仁，味甘、淡，性微寒，有利水渗湿、祛风湿、清热排脓的作用。合掌瓜，味甘，性凉，有清热生津、理气化痰、通利小便的作用。蜜枣，味甘，性温，有补中益气、止咳润肺、化痰平喘的作用。生姜，味辛、性温，有解表、散寒、温胃、解毒的作用。猪踭肉，又名不见天，肉质较粗，肥少而瘦多，有滋阴补益、营养身体的作用。

## 洋参冬瓜排骨汤

**原料** 花旗参 25 克，冬瓜 500 克，生薏苡仁 100 克，新鲜荷叶 1 角，陈皮 1 角，煲汤排骨 600 克，精盐少许。

**制作** ①拣选花旗参，用清水洗干净切片，备用。

②拣选新鲜的冬瓜，保留冬瓜皮、冬瓜瓤、冬瓜仁，用清水洗干净，切厚件，备用。

③生薏仁、陈皮分别用清水浸透洗干净，备用。

④拣选新鲜荷叶用清水洗干净，取 1 角，备用。

⑤拣选唐排骨（煲汤骨），斩件，放入滚水中煮 5 分钟左右，捞起，用清水洗干净，备用。

⑥瓦煲内加入适量清水，先用猛火煲至水滚，然后放入花旗参、冬瓜、生薏仁、陈皮和唐排骨，候水再滚起，改用中火继续煲 3 小时左右，再放入新鲜荷叶，稍滚，以少许精盐调味，即可以佐膳饮用。

**功效** 清热消暑，利尿去湿，健脾开胃，生津解渴。

**适应症** 本汤水甘甜可口，适合一家大小日常佐膳饮用，又可以清热气，利小便，预防身体出现燥热不适的症状。如果夏天天气炎热，令人烦热不适，口干喉涸，茶水饮得多，饮食无胃口，小便不畅顺，可以用本汤佐膳作食疗。

**说明** 花旗参，又名西洋参、洋参，味甘、苦，性凉，有益气生津、养阴清热的作用。冬瓜，又名东瓜、白瓜，味甘、淡，性凉，有利水、消痰、清热、解毒的作用。薏苡仁，又称薏米、苡仁，生薏苡仁，味甘、淡，性微寒，有利水渗湿、祛风湿、清热排脓的作用。荷叶，又名莲叶，味甘、微苦，性平，有清热解暑的作用。没有新鲜荷叶，可以不用，或以干荷叶代替，但效果和汤味以新鲜荷叶为佳。陈皮，味辛、苦，性温，有行气健脾、燥湿化痰的作用。排骨，此汤选取唐排骨，又称煲汤骨，这种排骨适宜煲汤，不会太肥腻。排骨味甘、咸，性微寒，营养丰富，有滋阴补肌、强健筋骨的作用。

## 灯芯葫芦猪肉汤

**原料** 灯心花10个，葫芦瓜1个，江瑶柱25克，生姜1片，瘦猪肉600克，精盐少许。

**制作** ①拣选1个新鲜的、嫩的、大的葫芦瓜，约750克重左右，用清水洗干净，去蒂，连皮切厚件，备用。

②江瑶柱用清水浸透，洗干净，备用。

③灯心花、瘦猪肉分别用清水洗干净，备用。

④生姜用清水洗干净，刮去姜皮，切1片，备用。

⑤瓦煲内加入适量清水，先用猛火煲至水滚，然后放入以上全部材料，候水再滚起，改用中火继续煲3小时左右，以少许精盐调味，即可以佐膳饮用。

**功效** 清热消暑，利尿去湿，生津解渴。

**适应症** 本汤材料经济、简单，做法容易，汤水鲜甜可口，适合一家大小日常佐膳饮用，又可以清热气，令小便畅顺，是夏日消暑的好汤水。如果身体燥热，茶水饮得多，小便不畅顺，排尿刺痛，尿液黄赤，可以用本汤佐膳作食疗。

**说明** 灯心花，又名灯心草，中药材之一，味甘、淡，性微寒，有利水渗湿、清心经热的作用。葫芦瓜，又名蒲芦、瓠、瓢子、匏，味甘、淡，性凉，有清热除烦、利水通淋、生津止渴的作用。江瑶柱，又名干贝、海月，味甘，性平，有滋补肝肾阴，生津止渴、降压、缩小便的作用。生姜，味辛，性温，有解毒、散寒、温胃解毒的作用。瘦猪肉，味甘、咸，性微寒，有滋阴补肌、润肠养胃的作用，营养丰富。

## 甘草鸡蛋白羹

**原料** 鲜鸡蛋5个，生甘草、车前子、马蹄粉各50克，绿茶叶25克，蜜糖适量。

**制作** ①取鸡蛋白打散，搅入用冷滚水调溶的马蹄粉；生甘草洗净；车前子洗净，装入白纱布袋内。

②把生甘草、车前子、绿茶叶放入锅内，加清水适量，武火煮滚，改文火煲半小时；然后取汁冲入鸡蛋白马蹄粉内，搅匀，调入蜜糖。

**功效** 清热排毒。

**适应症** 用于中药、农药或食物中毒，尤宜附子、川乌、曼陀罗、天仙子、巴豆、毒蕈、木薯等中毒。

## 老黄瓜煲排骨汤

**原料** 老黄瓜1个，陈皮1角，蜜枣2枚，煲汤排骨600克，精盐少许。

**制作** ①选购黄澄澄皮色的老黄瓜1个，约1250克重左右，原个留皮，用清水洗干净，开边去瓜瓤，切成大件，备用。

②拣选煲汤骨（唐排骨），斩件，放入滚水中煮5分钟左右，捞起，用清水洗干净，备用。

③陈皮用清水浸透，洗干净，备用。

④蜜枣用清水洗干净，备用。

⑤瓦煲内加入适量清水，先用猛火煲至水滚，然后放入以上全部

材料，候水再滚起，改用中火继续煲2小时左右，以少许精盐调味，即可以佐膳饮用。

**功效** 清热消暑，祛湿解毒，生津解渴。

**适应症** 本汤水鲜甜美味，适合一家大小日常佐膳饮用。经常饮用，又可以清热气，解热毒，避免身体出现燥热不适的症状。

如果天气炎热，口干口渴，皮肤生疮疖，热痱，皮肤痕痒，可以用本汤佐膳作食疗。

**说明** 老黄瓜，味甘，性寒，有清热解毒、利尿、消炎的作用。陈皮，味辛、苦，性温，有行气健脾、燥湿化痰的作用。蜜枣，味甘，性温，有补中益气、止咳润肺、化痰平喘的作用。排骨，此汤选取唐排骨，这种排骨适宜煲汤，不会太肥腻。排骨味甘、咸，性微寒，营养丰富，有滋阴补肌、强健筋骨的作用。

## 香花芥菜老鸽汤

**原料** 夜香花25克，芥菜仔600克，老鸽1只，生姜1片，精盐少许。

**制作** ①夜香花摘去花蒂，用盐水洗干净，再用清水冲洗干净，备用。

②芥菜仔用清水洗干净，切段，备用。

③老鸽踭洗干净，去毛、内脏，放入滚水中煮约5分钟，捞起，沥干水，备用。

④生姜用清水洗干净，刮去姜皮，切1片，备用。

⑤瓦煲内加入适量清水，先用猛火煲至水滚，然后放入芥菜仔、老鸽和生姜片，候水再滚起，改用中火继续煲至老鸽软熟，再放入夜香花，稍滚，即可以少许精盐调味饮用。

**功效** 健脾开胃，清热消暑，生津解渴。

**适应症** 本汤水清淡，汤味鲜甜可口，适合一家大小日常佐膳饮用，又可以清热气，利小便，健脾胃，刺激食欲，是夏日消暑保健的靓汤。

如果夏天天气炎热，饮食无胃口，精神不振，小便不畅顺，口干口渴，心烦气燥，可以用本汤佐膳作食疗。

**说明** 夜香花，又名夜来香、千里香、夜兰香，味甘、淡，性平，有清肝明目的作用。芥菜，又名春不老，味甘、苦、辛，性凉，有轻宣解表、利气豁痰、清热利尿的作用。老鸽，味咸，性平，有补益肝肾、养精气的作用。生姜，味辛，性温，解表、散寒、温胃、解毒的作用。

## 枯草菊花猪踭汤

**原料** 夏枯草50克，白杭菊50克，蜜枣2枚，猪踭肉400克，精盐少许。

**制作** ①夏枯草、白杭菊花分别用清水浸洗干净，沥干水，备用。

②蜜枣和猪蹄肉分别用清水洗干净，备用。

③将以上材料一齐放入瓦煲内，加入适量清水，先用猛火煲滚，然后改用中火继续煲1.5小时左右，以少许精盐调味，即可以饮用。

**功效** 清热降火，平肝降压。

**适应症** 本汤虽有药材做材料，但煲出来的汤水并无药茶的苦涩味，儿童也可以接受，经常饮用，又可以清肝热，令心境保持平和，防止血压过高而令身体出现不适。

如果天气炎热，身体燥热，心烦气躁，头痛，目眦多，淋巴结肿大，可以用本汤作食疗。

**说明** 夏枯草，中药材之一，味甘，性辛、微苦，寒，有清肝明目、清热散结的作用。菊花，味甘、微苦，性微寒，有疏风清热、清肝明目的作用。蜜枣，味甘，性温，有补中益气、止咳润肺、化痰平喘的作用。猪踭肉，又名不见天，肉质较粗，肥少瘦多，有滋阴补益、营养身体的作用。

## 葫芦夜香鲫鱼汤

**原料** 葫芦瓜1个，夜香花25克，生姜1片，鲫鱼1条，精盐少许。

**制作** ①拣一个新鲜的、嫩的、大个的葫芦瓜，约750克重左右，刭用清水洗干净，去蒂，连皮切厚件，备用。

②拣选新鲜夜香花，摘去花蒂，用盐水洗干净，再用清水冲洗干净，备用。

③生姜用清水洗干净，刮去姜皮，切1片，备用。

④拣选新鲜鲫鱼1条约600克重左右，洗干净，去鱼鳞、鱼鳃、肠脏，抹干鱼身。以姜、油起镬，放下鲫鱼，将鱼身两侧煎至微黄色，铲起，备用。

⑤瓦煲内加入适量清水，先用猛火煲至水滚，然后放入生姜、鲫鱼和葫芦瓜，候水再滚起，改用中火继续煲至汤好，再放入夜香花，稍滚，以少许精盐调味，即可以佐膳饮用。

**功效** 清热消暑，生津解渴，利尿去湿，疏肝解郁。

**适应症** 本汤水鲜甜美味，适合一家大小日常佐膳饮用。经常饮用，又可以清热气，使小便通畅，解郁结，令身心舒畅，是保健的靓汤。

如果天气炎热，口干口苦，身体燥热，夜睡欠佳，梦多易醒，精神不振，情志抑郁，可以用本汤佐膳作食疗。

**说明** 葫芦瓜，又名蒲芦、瓠、瓢子、匏，味甘、淡，性凉，有清热除烦，利水通淋、生津止渴的作用。夜香花，又名夜来香、千里香、夜兰香，味甘、淡，性平，有清肝明目的作用。生姜，味辛，性温，有解表、散寒、温胃、解毒的作用。鲫鱼，味甘、咸，性温。有温中健脾、滋阴补肾、补脑以及除恶核肿毒的作用。

## 虫草北芪炖鹌鹑

**原料** 鹌鹑3只，冬虫夏草5克，北黄芪6克，西洋参3克，生姜2片，绍酒2茶匙。

**制作** ①鹌鹑宰杀干净，去头、爪、内脏，每只切成两半，飞水去其血污。

②冬虫夏草、北黄芪洗净浸透。

③将所用材料置于炖盅，加入1碗半沸水，炖盅加盖，隔水炖之。

④待锅内的水烧开后，用中火续炖2.5小时或3小时即可。

⑤炖好后，隔除药渣，用油、盐、味精调味，喝汤吃肉。

**功效** 清肺排毒，补气虚，强肾阳。

**适应症** 五心燥，肺腑热，足膝冷。

**说明** 冬虫夏草含冬虫草酸、冬虫草菌素等，能补虚去损，补肾填精。北芪含叶酸、胆碱、甜菜碱和多种氨基酸，能补气固表，补血益脏。西洋参含人参皂甙、树脂、挥发油、糖类，能益气生津，养阴清热。

## 苦瓜黄豆田鸡汤

**原料** 苦瓜、田鸡各500克，黄豆100克，生姜1片，生抽、烧酒、白砂糖、生油、精盐少许，生粉适量。

**制作** ①先将生抽、烧酒、白砂糖、生油、精盐各少许和适量生粉拌和调匀，开成腌料，备用。

②拣大只田鸡，约1斤重左右，劏洗干净，去头、爪尖、皮、内脏，斩件，加入腌料，使腌入味，备用。

③苦瓜切开边，去核，用清水洗干净，切厚件，备用。

④黄豆用清水浸透洗干净，备用。

⑤生姜用清水洗干净，刮去姜皮，切1片，备用。

⑥瓦煲内加入适量清水，先用猛火煲至水滚，然后放入以上全部材料，候水再滚起，改用中火继续煲至黄豆软熟，以少许精盐调味，即可以佐膳饮用。

**功效** 清热解暑，健脾去湿。

**适应症** 本汤水甘凉之中略带苦味，别有风味，适合一家大小日常佐膳饮用。日常饮用，可以清暑气、解热毒，但又不会损伤脾胃，不会影响食欲,是消暑清热的保健靓汤。

如果天气炎热,身体燥热,口苦口干,饮食无胃口,精神不振,小便不畅顺,下肢浮肿,可以用本汤佐膳作食疗。

**说明** 苦瓜,又名凉瓜,味苦,性寒,有消暑涤热、明目解毒的作用。黄豆,又名大豆、白豆,味甘,性平,有益脾养中、润燥消肿的作用。生姜,味辛,性温,有解表、散寒、温胃、解毒的作用。田鸡,又名青蛙,味甘,性凉,有清热解毒、利尿消肿、补养胃气的作用。

## 芽菜节瓜鱼唇汤

**原料** 大豆芽菜250克,节瓜500克,生姜2片,已发鱼唇400克,精盐少许。

**制作** ①拣选新鲜大豆芽菜,摘去根须,用清水洗干净,沥干水,放入镬内,不必加油,微炒至软身,铲起,备用。

②节瓜刮去皮,用清水洗干净,切件,备用。

③拣选已发鱼唇,用姜、葱出水,过冷水,捞起,备用。

④生姜用清水洗干净,刮去姜皮,切2片,备用。

⑤瓦煲内加入适量清水,先用猛火煲至水滚,然后放入以上全部材料,候水再滚起,改用中火继续煲2小时左右,以少许精盐调味,即可以佐膳饮用。

**功效** 清热消暑,健脾开胃,滋养强壮身体。

**适应症** 本汤水清甜美味,适合一家大小日常佐膳饮用。尤其是在夏天,胃口欠佳,身体消耗大,可以以之佐膳,更可补益强壮身体而不会出现燥热、滋腻的现象。

如果天气炎热,饮食无胃口,身体消瘦,精神不振,嗜睡,四肢无力,可以用本汤佐膳作食疗。

**说明** 大豆芽菜,是黄豆经水浸出芽的加工制成品,蔬菜之一,味甘，性平，有利水、去湿、消肿、解酒的作用。节瓜，味甘，性平，有生津止渴、利尿解暑的作用。生姜，味辛，性温，有解表、散寒、温胃、解毒的作用。鱼唇，鱼翅与鱼身连接的部位，味甘、咸，性平，有健脾、补肾、强筋、壮骨、滋养强壮身体的作用。

## 蕹菜粟米粒滚汤

**原料** 蕹菜 250 克，粟米粒 200 克，生姜 1 片，精盐少许。

**制作** ①拣选新鲜的蕹菜，用清水洗干净，切碎，备用。

②可选购急冻的粟米粒，解冻，用清水洗干净，备用。

③生姜用清水洗干净，刮去姜皮，切 1 片，备用。

④将粟米粒和生姜放入瓦煲内，加入适量的清水，先用猛火煲至水滚，然后改用中火继续煲 1 小时左右，再放入蕹菜，继续滚 30 分钟左右，以少许精盐调味，即可以佐膳饮用。

**功效** 清热消暑，凉血解毒，利尿去湿。

**适应症** 本汤水味道鲜美，别有风味，适合一家大小日常佐膳饮用。经常饮用，又可以清热气，解热毒，防止身体出现燥热不适、流鼻血或尿血的症状。材料中有粟米粒和生姜，使汤水不会太寒凉。如果天气炎热，身体燥热，口干喉涸，流鼻血，皮肤生疮疖、湿疹、暗疮，自觉肌肤灼热，烦躁，可以用本汤作食疗。

**说明** 蕹菜，又名空心菜、通菜，味甘、淡，性凉，有清热、解毒、凉血、利尿的作用。粟米，又称玉米、苞米、苞谷、玉蜀黍，味甘，性平，粟米含丰富脂肪，这种脂肪为不饱和脂肪，有助人体内脂肪与胆固醇的正常代谢，并含有高量的卵磷脂，对动脉硬化、冠心病、心肌梗塞及血液循环障碍等疾病有一定的防治作用。生姜，味辛，性温，有解表、散寒、温胃、解毒的作用。

## 雪菜黄豆节瓜汤

**原料** 雪菜、黄豆100克，节瓜500克，生姜1片，新鲜荷叶1角，精盐少许。

**制作** ①雪菜用清水浸透洗干净，沥干水，切碎，备用。

②拣选黄豆，先用温水浸泡至软身，再用清水洗干净，备用。

③节瓜刮去茸毛、瓜皮，切去蒂，用清水洗干净，切件，备用。

④生姜刮去姜皮，用清水洗干净，切1片，备用。

⑤新鲜荷叶用清水洗干净，取1角，备用。

⑥瓦煲内加入适量清水，先用猛火煲至水滚，然后放入雪菜、黄豆、节瓜和生姜，候水再滚起，改用中火继续煲至黄豆软熟，再放入新鲜荷叶，稍滚，即可以佐膳饮用。如味淡，也可以少许精盐调味饮用。

**功效** 清热消暑，健胃生津。

**适应症** 本汤水清淡味道鲜美可口，有肉汤的健体作用，但无肉汤的肥腻；既可以增进食欲，又可以清热坠火，还可以预防燥热不适的症状。

如果天气炎热，心烦气燥，饮食无胃口，小便黄赤，唇干舌燥，可以用本汤佐膳作食疗。

**说明** 雪菜，又名雪里红，味甘、咸，性凉，有清热利尿、生津止渴的作用。由于雪菜味咸，所以此汤只要加少许精盐调味。黄豆，又名大豆、白豆、味甘、性平，有益脾养中、润燥消肿的作用。节瓜，味甘，性平，有生津止渴、利尿解暑的作用。生姜、味辛、性温，有解表、散寒、温胃、解毒的作用。荷叶，又名莲叶，味甘、微苦，性平，有清热解暑、健脾开胃的作用。没有新鲜荷叶，可以不用，或以干荷叶代替，但效果和汤味以新鲜荷叶为佳。

## 参淮百合炖猪肺

**原料** 猪肺300克,上汤1碗半,沙参、淮山药、百合各8克,蜜枣3枚。

**制作** ①猪肺反复冲洗干净,切成中块。

②沙参、淮山药、百合用温水浸透,沙参斜切成厚片。

③将所有用料放进炖盅,加进上汤,把炖盅盖上,隔水炖之。

④待锅内的水烧开后,用中火续炖2.5小时或3小时即可。

⑤将药渣捞出,放进少许熟油、食盐和味精,咸淡随意。

**功效** 润肺排毒补虚,滋养腑脏。

**适应症** 胸闷气短,久咳咯血。

**说明** 沙参含沙参素、香豆素、三萜酸和生物碱等,能养阴润肺,益胃生津。淮山药含精氨酸、淀粉酶、皂甙胆碱和多酚氧化酶,能补益腑脏,强肾生精。百合含秋水仙碱、多种元素和多种维生素,能滋阴养肺,清心安神。蜜枣含多种糖类、多种元素和氨基酸,能补虚填损,清心润肺。

## 南瓜田鸡汤

**原料** 田鸡250克,南瓜500克,大蒜100克,葱25克。

**制作** ①田鸡去内脏,剥皮,洗净,切块;南瓜洗净,切块;大蒜去衣,洗净。

②用锅煮适量滚水,放入田鸡、南瓜、大蒜,文火煲半小时,下葱调味供用。

**功效** 化痰排脓,清解排毒。

**适应症** 用于肺痈之中、后期,咳吐脓痰,量多腥臭、黏稠,不易咯出,久唾不净,身无发热,胸部隐痛等。对肺脓疡、支气管扩张、肺气肿等属于痰浊壅肺见有上症者，可用本汤防治之。

**说明** 肺痈，属痰浊壅肺，腐败成脓，排出不畅之证者，治宜化痰排脓，清解热毒并用。汤中南瓜，又称番瓜，含有瓜氨酸、精氨酸、天门冬素、胡芦巴碱、腺嘌呤、胡萝卜素、维生素 B 和维生素 C、葡萄糖、蔗糖、甘露醇、钙、铁等；性味甘，平，功能润肺化痰、排脓消痈。《岭南草药志》载有南瓜煮牛肉，用于肺痈的辅助治疗。葱与大蒜均为芳香辛散之品，有辟秽化浊、解毒杀虫、理气宽中之效，这些功效对于肺痈的治疗是有积极作用的。田鸡性味甘，凉，功能清热解毒，兼以补虚。合而为汤，共奏化痰排脓、清解热毒之效。

## 紫菜蛤肉羹

**原料** 文蛤肉 250 克，紫菜 50 克，绿豆粉丝 100 克，马蹄粉 50 克，鸡蛋 2 个。

**制作** ①马蹄粉用水调化，鸡蛋去壳搅散；粉丝剪段，浸软；紫菜洗去泥砂；文蛤肉洗净。

②文蛤肉放入滚水锅内，武火煮滚，改文火滚熟，放入紫菜、粉丝煮透，调入马蹄粉、鸡蛋，待滚即熄火，随即调味供用。

**功效** 清热化痰，软坚散结。

**适应症** 用于痰火瘰疬，颈项出现结块如豆，一粒或数粒不等，日久不消，按之坚实而能动，亦不溃破，皮色不变，无痛，饮食如常；亦可用于瘿瘤属痰火者。单纯性淋巴结炎、淋巴结核、单纯性甲状腺肿，以及小儿佝偻病属于痰火郁结见有上症者，可用本汤防治之。

## 昆布海藻蚝豉羹

**原料** 蚝豉 250 克，昆布、海藻各 150 克，陈皮 10 克，红枣 8 个，马蹄粉 50 克。

**制作** ①蚝豉洗净，切碎；昆布、海藻浸软；陈皮浸软，刮白；红枣去核，洗净；马蹄粉用水调溶。

②把除马蹄粉外的各用料放入滚水锅内，武火煮滚，改文火煲2小时，搅入马蹄粉，煲滚，调味即成，饮汤食肉。

**功效** 清热化痰，软坚散结。

**适应症** 用于瘿瘤，颈部呈弥漫性肿大，或有结节，边缘清楚，皮色如常，按之软而不痛，随吞咽而上下移动，往往遇喜稍消，遇怒则长。对地方性甲状腺肿大、甲状腺炎、甲状腺机能亢进、颈淋巴结炎属痰气郁结者，可用本汤防治之。

**说明** 瘿瘤的发生与人的生活地区和所吃水质有关。其病机则属痰气郁结，气郁化火，治宜清热化痰、软坚散结。汤中昆布，含有碘、钾、藻胶酸、蛋白质甘露醇等；性味咸，寒而质滑，善于清热化痰，软坚散结，为治瘿瘤、瘰疬之要药。海藻之性味功用与昆布相似，相须为用，效果更佳。瘿瘤多与气郁有关，故又选用陈皮，一则理气解郁，二则行气除痰。蚝豉，由新鲜生蚝（牡蛎）肉生晒成半干湿品，性味甘、咸，偏凉，既能滋阴清热，又兼软坚散结，并可使本汤味道鲜甜可口。

## 眉豆节瓜鸡脚汤

**原料** 眉豆100克，节瓜600克，陈皮1角，鸡脚10只，精盐少许。

**制作** ①眉豆用清水浸透，洗干净，备用。

②拣选新鲜鸡脚，用滚开水浸透，脱去黄衣，斩去爪尖，洗干净，备用。

③拣选节瓜，刮去皮，用清水洗干净，切大件，备用。

④陈皮用清水浸透，洗干净，备用。

⑤瓦煲内加入适量清水，先用猛火煲至水滚，然后放入以上全部材料，候水再滚起，改用中火继续煲两个半钟头左右，以少许精盐调味，即可以佐膳饮用。

**功效** 清热消暑，健脾排毒开胃

**适应症** 本汤水鲜甜可口，适合一家大小日常佐膳饮用。此汤材料简单、经济，做法容易。经常饮用，可以健脾开胃，强健身体。

如果夏天天气炎热，茶水饮得太多，饮食无胃口，小便不畅顺，精神不振，双脚重坠酸软，可以用本汤佐膳作食疗。

**说明** 眉豆，又名饭豆、饭豇豆，味淡、涩，性平，有健脾调中、利水消肿的作用。节瓜，味甘性平，有生津止渴、利尿解暑的作用。陈皮，味辛、苦，性温，有行气健脾、燥湿化痰的作用。鸡脚，味甘，性温，有滋补、强壮筋骨的作用。

## 瑶柱冬瓜炖老鸭

**原料** 江瑶柱 50 克，冬瓜 1 千克，新鲜莲子 100 克，陈皮 1 角，老鸭 1 只，瘦猪肉 150 克，精盐少许。

**制作** ①先将老鸭洗干净，去毛、皮、内脏，斩去头和尾，再斩开成四大件，放入滚水中煮 5 分钟左右，捞起，备用。

②江瑶柱用清水浸透，洗干净，备用。

③拣选新鲜冬瓜，保留冬瓜皮、冬瓜瓤、冬瓜仁，用清水洗干净，切厚件，备用。

④新鲜莲子用清水洗干净，去硬皮、心，备用。

⑤陈皮用清水浸透，洗干净，备用。

⑥瘦猪肉放入滚水中煮 5 分钟，捞起，洗净。备用。

⑦将以上材料全部放入炖盅内，加入适量开水，盖上炖盅盖。放入锅内，隔水炖 4 小时左右，以少许精盐调味，即可以佐膳饮用。

**功效** 清热消暑，健胃生津，利尿排毒去湿。

**适应症** 本汤水鲜甜可口，适合一家大小日常佐膳饮用。在夏天饮用，又可以增进食欲，清热气，利小便，有保健强身的作用。

如果天气炎热，饮食无胃口，口干口渴，小便不畅顺，可以用本汤佐膳作食疗。

**说明** 江瑶柱，又名干贝、海月，味甘，性平，有滋补肝肾阴、生津止渴，降压、缩小便的作用。冬瓜，又名东瓜、白瓜，味甘、淡，性凉，有利水、消痰、清热、解毒的作用。莲子，为睡莲科多年生、水生草本植物莲的种仁。莲子肉，味甘、涩，性平，有养心益肾、健脾止泻的作用。陈皮，味辛、苦，性温，有行气健脾、燥湿化痰的作用。老鸭，俗语有谓老鸭滋阴。老鸭肉，味甘、咸，性平。有滋阴补虚、利尿消肿的作用，猪肉、味甘、咸、性微寒，有滋阴补肌、润肠养胃的作用，营养丰富。瘦猪肉的胆固醇含量较低，适合大众口味。

## 雪菜丝瓜咸蛋汤

**原料** 雪菜 25 克，丝瓜 2 个，咸蛋 2 只，生姜 1 片，精盐少许。

**制作** ①雪菜用清水浸透，洗干净，减去雪菜的咸味，备用。

②丝瓜削去棱边，用清水洗干净，切成块状，备用。

③咸蛋去壳，备用。

④生姜用清水洗干净，刮去姜皮，切 1 片，备用。

⑤瓦煲内加入适量清水，先用猛火煲至水滚，然后放入生姜、雪菜和丝瓜，候水再滚起，改用中火继续煲至汤好，放入咸蛋，滚 5 分钟左右，即可以佐膳饮用。如嫌味淡，可以用少许精盐调味。

**功效** 清热解暑，健胃生津，利尿排毒去湿的作用。

**适应症** 本汤水清淡，味道鲜美，适合一家大小日常佐膳饮用。尤其是在夏天，既可以清热消暑，又可以生津解渴，是经济的炎夏家常保健靓汤。

如果夏天天气炎热，经常口干口渴，饮食无胃口，小便短少，精神不振，疲倦乏力，可以用本汤佐膳作食疗。

**说明** 雪菜，又名雪里红，味甘、咸，性微凉，有清热、化痰、健胃、生津的作用。丝瓜，又名胜瓜，味甘，性凉，有清热解毒、化痰、凉血的作用。咸蛋，鸭蛋腌制加工品，味甘、咸，性凉，有清热、滋阴、降火的作用。生姜，味辛，性温，有解表、温胃、解毒的作用。

## 薏苡仁冬瓜田鸡汤

**原料** 生薏苡仁、熟薏苡仁各 50 克，冬瓜、田鸡 500 克，陈皮 1 角，新鲜荷叶 1 角，生抽、烧酒、白砂糖、生油、精盐少许，生粉适量。

**制作** ①先将生抽、烧酒、白砂糖、生油、精盐各少许和适量生粉拌和调匀，开成腌料，备用。

②拣选大只田鸡，劏净，去头、爪尖、皮、内脏，斩件，加入腌料，使腌入味，备用。

③冬瓜保留冬瓜皮、冬瓜瓤、冬瓜仁，用清水洗于净，备用。

④生薏苡仁、熟薏苡仁和陈皮分别用清水浸透洗干净，备用。

⑤拣选新鲜荷叶，取 1 角，用清水洗干净，备用。

⑥瓦煲内加入适量清水，先用猛火煲至水滚，然后放入生薏苡仁、熟薏苡仁和陈皮，候水再滚起，改用中火继续煲 1.5 小时左右，然后加入冬瓜，同滚 30 分钟左右，放入田鸡，再滚 20 分钟左右，放入新鲜荷叶，稍滚，以少许精盐调味，即可以佐膳饮用。

**功效** 清热消暑，健脾开胃，利尿排毒去湿。

**适应症** 本汤水鲜甜美味可口，适合一家大小日常佐膳饮用，经常饮，又可以清热气、健脾胃，特别在夏天，更可以消暑热，畅利小便，可以补益身体而不燥热，是保健强身的靓汤。

夏天天气炎热，饮食无胃口，口干口渴，小便不畅，尿液黄赤，可以用本汤佐膳作食疗。

**说明** 薏苡仁，又称薏米、苡仁，薏苡仁有生薏苡仁和熟薏苡仁（炒薏苡仁）之分。生薏苡仁，味甘、淡，性微寒，有利水渗湿、祛风湿、清热排脓的作用。熟薏苡仁，味甘、淡，性平，有健脾止泻的作用。冬瓜，又名东瓜、白瓜，味甘、淡，性凉，有利水，消痰、清热、解毒的作用。陈皮，味辛、苦，性温，有行气健脾、燥湿化痰的作用。田鸡，又名青蛙，味甘，性凉，有清热解毒、利尿消肿、补养胃气的作用。荷叶，又名莲叶。味甘、微苦，性平，有清热解暑的作用。没有新鲜荷叶，可以不用，或以干荷叶代替，但效果和汤味以新鲜荷叶为佳。

## 蒜子苋菜黄鱼汤

**原料** 火蒜2个，苋菜500克，黄花鱼1条，精盐少许。

**制作** ①拣选火蒜去衣取肉，用清水洗干净，沥干水，备用。

②苋菜用清水洗干净，摘短段，备用。

③黄花鱼刢洗干净，去鱼鳞、鱼鳃和内脏，备用。

④瓦煲内加入适量清水，先用猛火煲至水滚，然后放入以上全部材料，候水再滚起。改用中火继续煲1小时左右，以少许精盐调味，即可以佐膳饮用。

**功效** 清热解毒，利尿去湿，健胃消积。

**适应症** 本汤水甘甜可口，有黄花鱼的鲜味，更有蒜子的香味，适合一家大小日常佐膳饮用。经常饮用可以强健胃肠，减少湿热肚痛、肠胃不适的症状出现。

如果夏天天气炎热，茶水饮得多，生冷瓜果吃得多，出现扭肚痛、肚屙泄泻等症状，可以用本汤佐膳作食疗。

**说明** 火蒜，用稻草熏烘加工而成的蒜头。蒜头，味辛，性温，有暖脾健胃、行气消积、解毒杀虫的作用。苋菜，又名青香苋、红苋菜，味微甘，性凉，有清热、凉血、利湿的作用。黄花鱼，又名黄鱼、石首鱼、石头鱼、江鱼、海鱼、黄瓜鱼，味甘，性平，有健脾开胃、益气、填精的作用。

## 雪菜薯仔田鸡汤

**原料** 雪菜50克，薯仔(土豆)600克，生姜500克，田鸡500克，精盐、生抽、烧酒、白砂糖、生油少许，生粉适量。

**制作** ①先将精盐、生抽、烧酒、白砂糖、生油各少许和适量生粉拌和调匀，开成腌料，备用。

②拣选大只田鸡，劏洗干净，去头、爪、皮、内脏，斩件，加入腌料，使腌入味，备用。

③雪菜用清水浸透，洗干净，减去雪菜的咸味，备用。

④薯仔和生姜分别用清水洗干净，薯仔去皮，切厚件；生姜刮去姜皮，切片，备用。

⑤瓦煲内加入适量清水，先用猛火煲至水滚，然后放入以上全部材料，候水再滚起，改用中火继续煲 2 小时左右，即可以佐膳饮用。如嫌味淡，可以少许精盐调味饮用。

**功效** 健脾开胃排毒，生津止渴。

**适应症** 本汤水鲜甜美味，适合一家大小日常佐膳饮用。经常饮用，可以增进食欲，补益营养身体，但补而不燥，是大众化的强身健体靓汤。

如果天气炎热，饮食无胃口，精神不振，身体消瘦，或病后初愈，食欲不振，四肢无力，可以用本汤佐膳作食疗。

## 丝瓜豆腐榨菜汤

**原料** 丝瓜 500 克，豆腐 2 块，榨菜 50 克，精盐少许。

**制作** ①拣选新鲜的嫩丝瓜，削去棱边，切角片，用清水洗干净，备用。

②豆腐用清水漂洗干净，切成小方块状，备用。

③榨菜用清水浸洗干净，切薄片，备用。

④瓦煲内加入适量清水，先用猛火煲至水滚，然后放入以上全部材料，候水再滚起，改用中火继续煲至汤好，加入少许精盐调味，即可以佐膳饮用。

**功效** 清热消暑排毒，健脾开胃。

**适应症** 本汤水美味可口，别有风味．适合一家大小日常佐膳饮用。材料之中的榨菜，配合丝瓜和豆腐，不会令汤水增添燥热。而榨菜之辣味，令汤水可口，刺激食欲，是经济之素菜靓汤。

如果天气炎热，茶水饮得太多，饮食无胃口，精神不振，不妨用本汤佐膳作食疗。

**说明** 丝瓜，又名胜瓜，味甘，性凉，有清热解毒、化痰、凉血的作用。豆腐，为黄豆加工制成品，有清热、生津、解酒、解毒的作用。榨菜，是将菜头经独特的工序处理，配以传统的保健辅料，加工成为半干态的发酵性腌制品，味辛、辣，性微温，有健脾开胃、刺激食欲的作用。

## 蔊菜萝卜猪肺汤

**原料** 猪肺 1000 克，鲜蔊菜 400 克，萝卜 500 克，生姜、红枣各适量。

**制作** ①猪肺置水龙头下揸挤冲洗干净，用油镬煮过，再洗净；鲜蔊菜洗净；萝卜洗净，切成块。

②把各用料放入滚水锅内，武火煮滚，改文火煲 2 小时，调味供用。

**功效** 清肺化痰，下气止咳。

**适应症** 用于肺热咳嗽，痰黄黏稠，胸腹胀闷，食欲不振等。慢性支气管炎、支气管扩张、肺气肿、肠胃型感冒等属于痰热壅肺见有上症者，可用本汤防治之。

## 石花菜鲍鱼汤

**原料** 鲍鱼 250 克，石花菜 200 克，陈皮、生姜、蜜枣洗净。

**制作** ①石花菜用水浸软，洗净；鲍鱼、陈皮、蜜枣各适量。

②把陈皮与水放锅内先煮滚，放入其余用料，武火煮滚改文火煲 2 小时，汤成调味，汤及肉、菜均可食之。

**功效** 清燥润肺排毒，化痰止咳。

**适应症** 用于燥热伤肺之干咳或痰少难于咯出，咽干鼻燥，心烦口渴，大便干结，舌干无苔等。慢性支气管炎、咽喉炎、肺结核、胸膜炎、肺气肿、支气管扩张等属于燥热伤肺见有上症者，可用本汤防治之。

**说明** 因秋令燥热伤肺，肺失清肃润降之职，以致出现干咳、便秘，治宜清燥润肺为主，辅以化痰止咳。汤中石花菜，含有琼胶、钙、镁、钾、钠等多种矿物质、多糖类等；其中多糖类化合物对B型流感病毒、腮腺炎病毒有抑制作用。石花菜性味甘、咸，寒，质润而滑利，功能清肺热，调肺燥，并能润肠燥而滑大便，大便通畅又有利于肺气的肃降。石花菜的这种特性对治疗燥热伤肺甚有价值。鲍鱼滋阴清热、润化燥痰，既能助石花菜之清燥润肺，化痰止咳，又可使汤味鲜甜清香。

## 川贝母炖豆腐

**原料** 豆腐2块，川贝母25克，冰糖适量（以上用量为成人用量）。

**制作** ①川贝母打碎或研成粗米状；冰糖亦打成粉碎。

②豆腐放炖盅内，上放川贝母、冰糖，盖好，隔滚水文火炖约1小时，吃豆腐及川贝。

**功效** 清热润肺排毒，化痰止咳。

**适应症** 用于燥热咳嗽或肺虚久咳，痰少咽燥，咯吐不爽，经久不愈，大便干硬，舌红少苔等。咽喉炎、慢性支气管炎、肺结核、肺不张、小儿百日咳等属于燥热伤肺见有上症者，可用本汤防治之。

**说明** 本汤为民间常用的验方。汤中川贝母，又名贝母、川贝，含有多种生物碱、甾醇及淀粉等；性味甘、苦，微寒，功能清热、润肺、化痰，对多种咳嗽（如肺虚久咳、痰热咳、燥热咳以及外感风热或痰水郁结所致的咳嗽）都有良好的效果，是化痰止咳的要药。豆腐性味甘，微寒，功能补益脾胃，又能清热润燥，现与川贝母合用，可增强其清肺润燥之力。冰糖润肺生津以治肺燥咳嗽，并可调和川贝母、豆腐之味道，使汤味甘中微苦，甘苦适中。

## 银耳杏仁白果羹

**原料** 银耳100克，甜杏仁、马蹄粉各50克，白果10个，马蹄250克，冰糖适量。

**制作** ①银耳浸软，洗净；甜杏仁、白果（去壳除心）用水浸泡约3小时，洗净；马蹄粉用水调溶；冰糖打碎；马蹄去皮，洗净切小粒。

②把银耳、甜杏仁、白果放入滚水锅中武火煮滚，改文火，煲3小时，依次放入冰糖、马蹄粒，冰糖溶后，搅入马蹄粉，熄火。

**功效** 清肺润燥排毒，敛肺止咳。

**适应症** 用于肺痨或肺燥之咳喘痰少，痰中带血；或干咳无痰，气短乏力，纳呆形瘦，舌红少苔，脉细而数等。肺结核、肺不张、肺气肿、慢性支气管炎、支气管扩张等属于肺阴虚见有上症者，可用本汤防治之。

**说明** 肺燥是因肺阴不足、虚火上炎所致，治宜清肺润燥为主，辅以敛肺止咳。汤中银耳，又名白木耳，含有蛋白质、钙、磷、铁、钾、钠，维生素B、甘露糖、葡萄糖醛酸、葡萄糖等；既能滋阴润肺，又能益胃生津，尚有祛痰作用。甜杏仁含有蛋白质、脂肪油、油酸、亚油酸及微量苦杏仁甙等；既能滋润肺燥，又能平喘止咳。白果又名银杏，含有蛋白质、氨基酸、脂肪、胡萝卜素、维生素$B_2$、钙、铁等；功能益肺定喘，敛肺止咳。马蹄具养阴清肺、生津化痰之功。合而为汤，香甜滑爽，共奏清肺润燥、敛肺止咳之效。本汤尚可润肠通便，肠燥便秘者亦可饮用。

## 冬瓜荷叶炖水鸭

**原料** 水鸭肉250克，冬瓜200克，嫩荷叶3小块，薏苡仁、赤小豆各25克。

**制作** ①水鸭洗净，切成中块。

②冬瓜连皮切成大块，未展开的嫩荷叶洗净，薏苡仁、赤小豆浸透后淘洗干净。

③将所有用料放进炖盅，加沸水1碗半，把炖盅盖上，隔水炖之。

④先用大火炖30分钟，再用中火炖50分钟，后用小火炖1.5小时即可。

⑤炖好后，取出药渣，加入适量油、盐、味精便可服用。

**功效** 润肺排毒养肾。

**适应症** 小便不利，慢性肾炎。

**说明** 冬瓜含糖类、维生素B、C、烟酸和钙、磷、铁等，能清热止渴，利尿消肿。荷叶含荷叶素、维生素、生物碱、烟酸等，能消暑清热，止渴生津。薏苡仁含薏苡素、薏苡脂和氨基酸等，能健脾除湿，清热补肺。赤小豆含多种维生素、皂甙、烟酸、钙、铁等，能除湿利水，解毒消肿。

## 茯苓参麦炖鱼肚

**原料** 鱼肚25克，鸡肉、瘦猪肉各50克，浮小麦10克，茯苓、冬菇各5克，人参3克，生姜2片，绍酒2茶匙。

**制作** ①鱼肚用温水浸泡发透，切成条状，鸡肉、瘦猪肉洗净切成中块。

②浮小麦、茯苓、人参洗净浸透，茯苓、人参切片，将以上用料放进小纱布袋中。

③将以上用料连同1碗半沸水倒进炖盅，盖上盅盖，隔水炖之。

④待锅内的水烧开后，用中火续炖2.5小时或3小时即可。

⑤捞出药渣，放少许熟油、食盐和味精，咸淡随意。

**功效** 滋阴补肺排毒，益气补虚。

**适应症** 阴虚体弱，神疲气短。

**说明** 浮小麦含多种酶类，多种元素和多种维生素，能补虚去损，养血润脏。茯苓含茯苓聚糖、茯苓酸和钾盐等，能补肺润腑，宁心安神。人参含人参皂甙、人参酸、多种维生素和微量元素，能大补元气，扶正固本。

## 玉竹沙参炖鹧鸪

**原料** 鹧鸪1只，瘦猪肉50克，玉竹8克，沙参、百合各6克，生姜2片，绍酒2茶匙。

**制作** ①鹧鸪宰杀干净，去其头、爪、内脏，斩成4件；瘦猪肉洗净，切成中块。

②玉竹、沙参用温水浸透，沙参斜向切成厚片。

③将所用材料置于炖盅，加入1碗半沸水，炖盅加盖，隔水炖之。

④先用大火炖30分钟，再用中火炖50分钟，后用小火炖1.5小时即可。

⑤炖好后，隔除药渣，用油、盐、味精调味，喝汤吃肉。

**功效** 养阴润肺排毒。

**适应症** 气喘咳嗽，胸闷痰稠。

**说明** 玉竹含糖类、烟酸、黏液质和铃兰甙等，能滋润心脏，养阴补虚。沙参含沙参素、香豆素、三萜酸和生物碱等，能养阴润肺，益胃生津。百合含秋水仙碱、多种元素和多种维生素，能滋阴养肺，清心安神。

## 苋菜田鸡粥

**原料** 田鸡3只重约250克，苋菜500克，大蒜150克，白眉豆、粳米各100克。

**制作** ①田鸡剥皮，去内脏，洗净，切块；苋菜、大蒜（去衣）、白眉豆、粳米洗净。

②把苋菜放入滚水锅内，武火煮滚，改文火煲半小时，去渣取汁，放入粳米、白眉豆、大蒜、田鸡，再煲1小时，粥成调味。

**功效** 排毒治痢，健胃进食。

**适应症** 用于久痢。下痢时发时止，日久未愈，大便不畅夹有粘滞或见赤血，日解三五次不等，腹中隐痛，得便痛减，伴纳呆乏力，倦怠嗜卧，舌淡红苔白，脉细数，慢性细菌性痢疾、过敏性结肠炎、肠结核、消化不良等属于湿热交困，虚实并见见有上症者，可用本粥治之。

**说明** 久痢多因湿热痢治疗失当转变而成，其病因为湿热疫毒之邪蕴蓄肠中所致。此时，病邪已去大半，但正虚邪恋，虚实夹杂，故治之既需解毒治痢，又需健胃进食。粥中苋菜，含有多量赖氨酸、维生素C、铁、钙等；性味甘，微寒，既能解毒治痢、通利大便，又能健胃进食。大蒜性味甘、辛，温，功能解毒杀虫、健胃进食，为治痢之良药。下痢日久则伤脾气，故用味甘气香的白眉豆以健脾渗湿，适脾之所喜。下痢日久又易伤脾阴，故用性味甘凉的田鸡以滋养脾阴，且能清热消疳，有助大蒜、苋菜的解毒治痢。合而为汤，既治痢，又健胃，既治标，又顾本，但总以解毒治痢为主。

## 洋参莲子炖瘦肉

**原料** 瘦猪肉200克，西洋参3克，莲子10克，玉竹、冰糖各5克。

**制作** ①瘦猪肉洗净，切成中块。

②西洋参、莲子、玉竹、冰糖洗净，切成厚片，莲子去蕊。

③将以上用料连同1碗半沸水倒进炖盅，盖上盅盖，隔水炖之。

④先用大火炖30分钟，再用中火炖50分钟，后用小火炖1.5小时即可。

⑤炖好后，取出药渣，加入适量油、盐、味精便可服用。

**功效** 补气清心，养阴润燥排毒。

**适应症** 气虚下陷，热病伤津。

**说明** 西洋参含人参皂甙、树脂、挥发油、糖类，能益气生津，养阴清热。莲子含天门冬素、多种元素和多种糖类，能养肾固精，健脾去损。玉竹含糖类、烟酸、黏液质和铃兰甙等，能滋润心肺，养阴补虚。冰糖含大量糖类和多种微量元素，能补中益气，养胃润肺。

## 阿胶麦冬炖羊肺

**原料** 羊肺300克，阿胶15克，麦冬10克，川贝母5克，蜜枣3枚。

**制作** ①将羊肺反复冲洗干净，切成中块。

②将麦冬、贝母、蜜枣淘洗干净。

③将所有用料放进炖盅，加沸水1碗，把炖盅盖上，隔水炖之。

④待锅内水开后，先用中火炖1小时，然后再用小火炖2小时即可。

⑤炖好后，取出药渣，加入适量油、盐、味精便可服用。

**功效** 益气润燥，滋肺强肾排毒。

**适应症** 气损体弱，脾虚精冷。

**说明** 阿胶含胶原、多种氨基酸和多种微量元素，能润脉养血，滋阴补液。麦冬含多种皂甙、多种维生素和胡萝卜素等，能清心润肺，滋阴增液。川贝母含川贝母碱及多种生物碱，能润肺平喘，止咳祛痰。蜜枣含多种糖类、多种元素和氨基酸，能补虚填损，清心润肺。

## 川贝雪梨炖猪肺

**原料** 猪肺250克，川贝母12克，雪梨1个，冰糖5克。

**制作** ①猪肺反复漂洗干净，切成中块。

②雪梨去皮去芯，切成4块，川贝母淘洗干净。

③将所用材料置于炖盅，加入1碗半沸水，炖盅加盖，隔水炖之。

④待锅内水开后，先用中火炖1小时，然后再用小火炖2小时即可。

⑤炖好后，隔除药渣，用油、盐、味精调味，喝汤吃肉。

**功效** 补肺养气排毒，镇咳除痰。

**适应症** 咽干肺燥，咳嗽咯血。

**说明** 川贝母含川贝母碱及多种生物碱，能润肺平喘，止咳祛痰。雪梨含葡萄糖、柠檬酸、维生素和多种元素，能滋阴润肺，清热化痰。冰糖含大量糖类和多种微量元素，能补中益气，养胃润肺。

## 南杏萝卜炖猪肺

**原料** 猪肺250克，上汤1碗半，南杏仁4克，萝卜100克，去蒂冬菇50克，生姜2片。

**制作** ①猪肺反复冲洗干净，切成大件。

②南杏仁、冬菇浸透洗净；萝卜洗净带皮切成中块。

③将以上用料连同1碗半上汤倒进炖盅，盖上盅盖，隔水炖之。

④先用大火炖30分钟，再用中火炖50分钟，后用小火炖1.5小时即可。

⑤炖好后，隔除药渣，用油、盐、味精调味，喝汤吃肉。

**功效** 润肺排毒，养肝阴，生津液。

**适应症** 中气弱，脾胃虚，精血亏。

**说明** 杏仁含杏仁甙、杏仁酶和多种维生素，能止咳平喘，润肠通便。萝卜含多种糖类、多种氨基酸、莱菔甙、淀粉酶等，能清热化痰，下气宽中。冬菇含香菇多糖、香菇嘌呤、多种氨基酸及酶，能补益血气，免疫抗瘤。

## 川贝雪梨炖燕窝

**原料** 燕窝3克,川贝3克,雪梨1个,冰糖20克。

**制作** ①燕窝用温水浸透,摄净燕毛。

②川贝洗净,雪梨削皮去蕊,切成4块。

③将燕窝、川贝、雪梨置于炖盅,加沸水1碗,炖盅加盖,隔水炖之。

④待锅内水开后,用中火炖1.5小时,放进冰糖后再用小火炖30分钟即可。

⑤炖好后,捞出川贝,温后服用。

**功效** 补肾益肺,清热排毒化痰。

**适应症** 咳嗽气喘,肢体乏力。

**说明** 川贝母含川贝母碱及多种生物碱,能润肺平喘,止咳祛痰。雪梨含葡萄糖、柠蒙酸、维生素和多种元素,能滋阴润肺,清热化痰。冰糖含大量糖类和多种微量元素,能补中益气,养胃润肺。

## 川贝北杏炖米汤

**原料** 米汤1碗,川贝、北杏仁各5克,冰糖30克。

**制作** ①煮饭时加多1碗水,待水沸腾后倒出1碗米汤。

②川贝、北杏仁洗净后连同冰糖、米汤一同倒入炖盅。

③盖上盅盖,用中火隔水炖之。

④炖1.5小时取出,温后服食。

⑤作治疗时,每日早晚各服1次(儿童减半)。

**功效** 润肺清热,止咳排毒平喘。

**适应症** 痰多咳嗽,小儿百日咳。

**说明** 川贝母含川贝母碱及多种生物碱,能润肺平喘,止咳祛痰。杏仁含杏仁甙、杏仁酶和多种维生素,能止咳平喘,润肠通便。冰糖含大量糖类和多种微量元素,能补中益气,养胃润肺。

# 第九章　养颜排毒小秘方

## 麦皮牛奶粥

**原料** 麦皮100克，牛奶300毫升，黄油5克，白糖100克，精盐少许。

**制作** 将麦皮浸泡3分钟，加水煮粥，将熟时放入牛奶煮10分钟，加黄油、白糖及少量精盐，麦皮开花即可。

**用法** 每日早、晚餐服食。

**功效** 排毒健脾，美颜健身。麦皮（麦麸）为一种高纤维食物，有防治便秘之功效。牛奶营养丰富，易于消化吸收。此粥能全面补充体力，适用于体弱胃气尚可者。是病后康复的理想膳食。

## 红颜汤

**原料** 大白菜心250克，红枣8枚，牛奶100毫升，鸡蛋1个，料酒、精盐、葱花各适量。

**制作** 将大白菜心洗净切5厘米长的段，沸水氽过捞出；红枣加清水2碗，煮半小时至1小时，加入牛奶、精盐、料酒、葱花，待滚沸后入白菜心，再滚沸打入鸡蛋，迅速搅散成蛋花即可。

**用法** 每日早、晚餐服食。

**功效** 补血养颜，洁肤润肤。适用于容颜憔悴，肌肤粗糙排毒。

## 乌发养颜膏

**原料** 黑芝麻、核桃仁各60克，北杏仁20克，薏苡仁、冰糖各30克。

**制作** 将以上各味同放砂锅内,加水适量,文火煎煮7小时,收膏装瓶。

**用法** 每日早、晚空腹服2匙,常食有效。

**功效** 补肝肾,乌须发,驻容颜,排毒抗衰老。

## 荷花荔枝鸭

**原料** 水盆鸭1只(约1000克),荔枝200克,瘦猪肉800克,鲜荷花1朵,熟火腿20克,姜片10克,葱节15克,精盐3克,料酒15毫升,清汤200毫升。

**制作** ①将鸭去毛,洗净,切开背,切除嘴及内脏,敲断四柱骨,放开水中氽一下,取出去净绒毛,洗净污物。鲜荷花洗净,掰下花瓣叠好,剪齐两端,放开水锅中氽一下捞起。荔枝洗净,去壳和核,切成2片。将火腿切成丁。瘦猪肉切成小块。②取蒸盒1个,先放火腿、猪肉、鸭、葱、姜、精盐、料酒,再加水500毫升,用湿纸封口,入蒸笼内蒸2小时至鸭肉烂烂,去掉姜、葱、火腿、猪肉,撇去汤面上油泡沫。将鸭、荔枝、荷花加清汤蒸约20分钟即成。

**用法** 食鸭肉,喝汤。每日200~300克,10日为1个疗程。

**功效** 滋阴健脾,排毒生肌,润肌肤,美容颜。

## 樱桃美容散

**原料** 蜜樱桃300克,山药粉、核桃肉各500克,蜂蜜400克。

**制作** 核桃肉炒香捣碎;樱桃切成碎块。蜂蜜加适量开水,文火溶化后加山药粉、核桃肉,炒出香味,加樱桃炒匀,入缸密封即成。

**用法** 早晨空腹服50克,用沸水冲饮,如冲入少许黄酒、果酒或果汁效果更好。

**功效** 健脾排毒，润肤驻颜。樱桃味甘，性温，有健脾胃，补中益气之功。《名医别录》载："主调中，益脾气，令人好颜色，美色"。山药有补脾胃，养颜色。核桃肉调胃口，通经脉，润肌肤，华发质。诸药共奏驻颜延寿之功。

## 黄精鲜鱼

**原料** 草鱼1条（约750克），黄精25克，料酒10毫升，葱白丝5克，嫩芹菜叶6片，泡红辣椒1个，淀粉25克，白糖3克，味精1克，姜汁12毫升，精盐4克，蒜泥10克，酱油5毫升，植物油800毫升（实耗50毫升），鲜汤适量。

**制作** ①黄精去净残渣，烘干研末，煎取药汁120毫升；草鱼去鳞和鳃，去内脏，用刀斜划成棱形块，抹精盐。淀粉8克和黄精药汁30毫升拌均，抹在鱼身上。将淀粉、精盐、酱油、白糖、味精和鲜汤兑成滋汁。②锅放中火上，下植物油烧至六成热，下草鱼炸3分钟，滗出余油，锅内留油50毫升，烹入料酒，加黄精药汁、姜汁、蒜泥、鲜汤，炖至草鱼熟装盘，滋汁烹入锅内，溢出香味时淋在草鱼身上，撒上葱、辣椒、芹菜叶即成。

**用法** 佐餐食。

**功效** 补气益血，美容延寿。适用于体质虚弱，气血不足等症。常食有强身美容功效。

**宜忌** 凡湿痰气阻，中焦虚寒，大便溏稀者不宜食。

## 养血美容汤

**原料** 酒白芍、红花、香附、党参、白术、生地黄、当归各10克，北沙参15克，茯苓、川芎、广木香各6克。

**制作** 以上诸药同放入砂锅内，先用武火煮沸，再用文火煎半小时，滤出药液后，再加水适量，煎煮。将2次药液混合后备用。

**用法** 每日3次，每次空腹服30～50毫升，连服1周为1个疗程，共用3个疗程。

**功效** 养血美容，祛面部雀斑。

## 香菇豆腐

**原料** 嫩豆腐200克，香菇丁50克，胡萝卜丁10克，香油10毫升，高汤、胡椒粉、精盐、白糖、味精、淀粉各适量。

**制作** ①将豆腐用水煮5分钟，捞起，切去老硬的边后用匙压碎，倒掉渗出的水。加精盐、白糖、味精、香油拌匀。②取中碗1个，碗底涂好香油，倒入拌好的豆腐泥，压修成碗形，放进蒸锅中，用大火蒸15分钟。③将香菇丁、胡萝卜丁用精盐、高汤、湿淀粉煮成芡汁。④将蒸好的豆腐扣在深盘中，浇入煮好的芡汁，淋上香油即可。

**用法** 佐餐食。

**功效** 滋润皮肤，健美排毒。

## 养颜抗皱膏

**原料** 人参80克，桃仁200克，白芷100克，蜂蜜300克。

**制作** 将上3味药加水500毫升，连煎3次，每次取汁200毫升，再将3次汁液合在一起，浓缩为300～400毫升，入蜂蜜煮沸，停火，冷却收瓶。

**用法** 每日早、晚各服2匙。

**功效** 益气活血排毒，养颜抗皱。适用于身体早衰，面部过早出现皱纹等症。

## 猪皮烧花生米

**原料** 新鲜猪皮200克，花生米250克，精盐、味精、葱花、姜末各适量。

**制作** ①将花生米去杂质，洗净待用。将鲜猪皮去毛洗净，下沸水锅中焯一段时间捞出洗净，切成丁。②将鲜猪皮、花生米、精盐、姜末和清水一起下锅煮沸后，改用小火烧至猪皮熟烂，花生米醇香嫩细时，撒上葱花、味精即可。

**用法** 佐餐食。

**功效** 猪皮中含有丰富的胶原蛋白，是使皮肤光洁，细嫩，富有弹性的重要物质。花生米中含有丰富的营养物质，有延缓衰老和维持神经系统正常功能的作用。常食能有效地滋润皮肤，排毒消滞使皮肤洁白而富有弹性。

## 樱桃香菇

**原料** 水发香菇80克，鲜樱桃50克，莴笋100克，料酒、味精、精盐、酱油、白糖、姜汁、湿淀粉、植物油、香油各适量。

**制作** ①将水发香菇洗净，切成薄片；莴笋洗净，去皮，切成薄片；鲜樱桃摘洗干净待用。②炒锅放植物油烧热，放入香菇煸炒，加入姜汁、料酒、酱油、白糖、精盐和水500毫升煮沸后，再改文火煨炖10分钟。然后将莴笋片入锅，加入味精，用湿淀粉勾芡，最后放入樱桃，淋上香油，出锅装盘即可。

**用法** 佐餐食。

**功效** 香菇益气开胃，含有丰富的维生素 $B_1$、维生素 $B_2$、维生素PP、维生素E，还含有能提高机体免疫功能的香菇多糖。樱桃为“调中，益脾气，令人好颜色，美色”的佳果。莴笋中含有丰富的维生素C、维生素 E,可滋润皮肤,促进皮肤白嫩细腻。经常食用能排毒,使皮肤白嫩光洁。

## 玉兔西兰花

**原料** 西兰花 400 克,鸡茸 250 克,鸡蛋清 90 毫升,料酒、香油、精盐、味精各适量。

**制作** ①将西兰花削成球形,入开水中焯片刻,用精盐、味精、香油拌匀待用。②将鸡茸放碗中,加鸡蛋清、料酒、精盐、味精,打成泥状,做成 10 只玉兔上笼蒸 10 分钟,出笼后在盘中放入西兰花即可。

**用法** 佐餐食。

**功效** 补虚养颜,易消化,提高机体免疫排毒功能。

## 莲藕驻颜方

**原料** 莲花 7 克,莲藕 8 克,莲子 9 克。

**制作** 将上 3 味阴干,为末,过筛,混匀,装瓶封存。

**用法** 每日早、晚空腹服 1 克,用酒或温开水送服。

**功效** 驻颜轻身,排毒葆青春。适用于肥胖而容颜早衰症。

## 杨梅芙蓉鸡片

**原料** 鸡肉 200 克,杨梅 10 个,鸡蛋清 200 毫升,鸡汤 100 毫升,精盐 5 克,湿淀粉 40 克,料酒 10 毫升,味精 1 克,香油、葱末、姜末各少许。

**制作** ①鸡肉洗净,用刀背把鸡肉砸成泥状,边砸边加点水。②用鸡汤把鸡肉泥澥开,搅成糊状,鸡蛋清分 4 次放入鸡泥中搅拌(顺一个方向),使之融为一体,至发黏时加放湿淀粉、味精再搅匀。③炒锅放火上，放油，烧至四五成热时分多次放入鸡肉泥，视肉泥成片，浮出油面，立即捞出，以免过火不白。④另起一锅，放油，炝葱末、姜末，放汤、精盐、料酒，烧开后用湿淀粉勾芡，成稠糊状。放味精，下鸡泥片，轻轻搅匀，放香油，出锅，装盘。盘四周用洗净的杨梅点缀。

**用法** 佐餐食。

**功效** 补气血，美容颜，安脏腑，温养排毒。

## 猪皮红枣羹

**原料** 猪皮500克，红枣250克，冰糖适量。

**制作** 将猪皮去毛，洗净，切小块；红枣洗净去核，备用。将猪皮块与红枣同放砂锅中，放入冰糖和清水，大火烧开后，用小火炖成稠羹。

**用法** 佐餐食。

**功效** 补血排毒美容。适用于容颜早衰，血小板减少性紫癜，牙龈出血，血友病，缺铁性贫血等症。

# 第十章　清补排毒小秘方

## 番茄咸肉汤

**原料** 咸猪肉250克，番茄500克，红萝卜2个，葱1根。

**制作** ①咸猪肉制作：猪瘦肉洗净，抹干水，原块用盐搽匀，腌过夜，第二天切小块。

②番茄洗净，切块；红萝卜去皮，洗净，切厚块；葱洗净，切葱花。

③将咸肉、红萝卜放入清水锅内，武火煮滚，改文火煲20分钟，加入番茄再煲5分钟，放入葱花，加油、盐调味供用(咸肉已有盐，调味时要注意)。

**功效** 清热润燥，健胃排毒生津。

**适应症** 用于胃热口渴，食欲不佳；或消化不良，口热气臭；或口腔溃烂，牙龈肿痛等；亦用于胃炎胃酸不足者。

**注意和禁忌** 胃溃疡属胃酸过多者不宜用本汤。

## 参果炖瘦肉

**原料** 猪瘦肉250克，太子参100克，无花果200克。

**制作** ①太子参略洗；无花果洗净，切半；猪瘦肉洗净切片。

②把全部用料放入炖盅内，加滚水适量，盖好，隔滚水炖约2小时，调味供用。

**功效** 益气养血排毒。健胃理肠。

**适应症** 用于脾胃虚弱，食难消化，或消化不良，时有泄泻等；患痔疮及慢性肠炎而属脾胃虚弱者亦可用。

## 生蚝瘦肉汤

**原料** 生蚝肉、猪瘦肉各 250 克，生姜 2 片，葱 1 根。

**制作** ①生蚝肉洗净；猪瘦肉洗净，切块；葱洗净，切葱花；生姜洗净。

②将生蚝肉、猪瘦肉、姜片一齐放入清水锅内，武火煮滚后，改文火煲约半小时，放入葱花，加油盐调味供用。

**功效** 滋养肝肾，养血排毒宁心。

**适应症** 用于肝肾不足，虚烦失眠，虚火牙痛，口舌生疮；或热病伤津之口干渴饮，燥咳无痰等。

**注意和禁忌** 生蚝若带壳，则宜先用淡盐水养几天，然后用滚水烫过，取肉煲汤。

## 二冬炖鲍鱼

**原料** 鲍鱼 100 克，猪瘦肉 250 克，天冬、麦冬各 50 克，圆肉 25 克。

**制作** ①鲍鱼用滚水浸发 4 小时，洗净，切片；猪瘦肉洗净切片；天冬、麦冬、圆肉均洗净。

②把全部用料放入炖盅内，加滚水适量，盖好，隔滚水文火炖 3 小时，加盐调味供用。

**功效** 滋肾润肺，养阴排毒清热。

**适应症** 用于肺肾阴虚，劳热咳嗽，痰稠或血痰；或口干渴饮，心烦失眠；或肠燥便秘；亦用于老人肝肾阴虚之视物不清等。

**注意和禁忌** 感冒发热、脾胃虚寒泄泻者不宜用本汤。

## 洋参炖乳鸽

**原料** 乳鸽2只,西洋参40克,淮山药50克,红枣8个,生姜2片。

**制作** ①西洋参略洗、切片;淮山药洗净,加清水浸半小时;红枣(去核)洗净;乳鸽去毛和内脏,切块。

②把全部用料放入炖盅内,加适量滚水,盖好,隔水文火炖3小时,加盐调味供用。

**功效** 清补益气,补肺健脾排毒。

**适应症** 用于热病后气阴两伤,体质虚弱,倦怠乏力,口干舌燥;或肺阴不足之短气干咳,咯血;或常觉口干渴饮者。

**注意和禁忌** 感冒发热、中阳不足、胃有寒湿者不宜用本汤。

## 大豆荠苨猪腰汤

**原料** 猪腰2个,大豆芽250克,荠苨、党参各100克。

**制作** ①猪腰洗净,剖开,切去白脂膜,切片,用适量酒、油、盐拌匀;大豆芽洗净,去根;荠苨、党参洗净。

②荠苨、党参放入锅内,加适量清水,武火煮滚片刻后,加入大豆芽,改中火滚15分钟,再加入猪腰,再滚15分钟,调味供用。

**功效** 滋肾润燥排毒,益气生津。

**适应症** 用于燥热伤阴,或气阴两伤,咳喘,短气,口渴欲饮;或常觉口干而多饮者。

**注意和禁忌** 平素胃寒、有痰湿者不宜用本汤。

## 红枣炖兔肉

**原料** 兔肉500克,红枣20个,马蹄5个,生姜1片。

**制作** ①兔肉洗净,切块;红枣(去核)、马蹄(去皮)、生姜洗净。

②把全部用料放入炖盅内，加滚水适量，盖好，隔滚水炖1～2小时，加盐调味供用。

**功效** 补中益气，健脾排毒养血。

**适应症** 用于脾胃气虚，病后体虚，体倦乏力，面黄肌瘦；或妇女脏躁。

## 雪梨猪腱汤

**原料** 猪腱肉500克，雪梨4个，无花果8个。

**制作** ①雪梨连皮洗净，每个切四块，去心和核；无花果洗净；猪腱肉洗净，切块。

②把全部用料放入清水锅内，武火煮沸后，改文火煲2小时，捞起猪腱肉佐膳，加盐调成咸汤或加冰糖调成甜汤供用。

**功效** 清热润燥，生津排毒止渴。

**适应症** 用于胃肠燥热，口渴，便秘；或肺燥干咳；或热病后胃阴不足之厌食饮多；或劳累声嘶、咽干喉痛等。

## 香蕉冰糖汤

**原料** 香蕉5个，冰糖适量，陈皮一小片。

**制作** ①香蕉剥皮，切三段；陈皮浸软去白。

②陈皮放入锅内，加清水适量，武火煮滚，放入香蕉再煮滚，改文火煲15分钟，加冰糖，煲至糖溶即成。

**功效** 润肠排毒通便，润肺止咳。

**适应症** 用于大肠燥结，便硬难排；或便如羊粪，干结难出；或燥热之咳嗽，咽干口燥；或热病后烦渴欲饮；或习惯性便秘等。

## 雪耳猪骨汤

**原料** 猪脊骨750克，雪耳50克，青木瓜1个（约750克），红枣5

个。

**制作** ①猪脊骨洗净，斩大件；木瓜去皮、核，洗净，切角块；雪耳用水浸开，洗净，摘小朵；红枣（去核）洗净。

②把猪脊骨、木瓜、红枣放入清水锅内，武火煮滚后，改文火煲2小时，放入雪耳，再煲1小时，加盐调味供用。

**功效** 清燥润肺，健胃排毒生津。

**适应症** 用于燥热伤津，口渴咽干；肺燥之干咳无痰；或糖尿病渴饮多者。

**注意和禁忌** 本汤若用于发奶，猪脊骨改用猪脚，效果更佳。

## 海蜇马蹄汤

**原料** 鲜海蜇丝、马蹄各500克，猪瘦肉100克，生姜1片。

**制作** ①海蜇洗数次，洗去咸味和细沙；马蹄去皮，洗净，切开两半；猪瘦肉洗净，切片，用油、盐稍腌；生姜洗净。

②把海蜇、马蹄放入锅内，加清水适量，煮滚，改文火煲约半小时，放入猪瘦肉片和姜片，滚至肉片熟，加盐调味供用。

**功效** 清热生津，散结排毒化痰。

**适应症** 用于热性病、邪热伤胃阴，口燥咽干而渴；或大便秘结；或肺热咳嗽、痰浓黄稠等。

**注意和禁忌** 湿痰清稀者不宜用本汤。

## 百合柿饼鸽蛋汤

**原料** 鸽蛋12个，百合150克，柿饼2个。

**制作** ①鸽蛋煮熟后去壳；百合洗净，稍浸；柿饼洗净，切小块。

②把全部用料放入清水锅内，武火煮滚后，改文火煲至百合软熟，

加适量冰糖调成甜汤供用。

**功效** 润肺燥，益肺气，清痰火。

**适应症** 用于肺燥咳嗽日久，干咳痰稠，声音嘶哑，咽干口燥；或咳嗽气短，睡眠不宁；或肺结核低热干咳；或小儿百日咳；或老人慢性支气管炎燥咳、渴饮者。

## 洋参雪耳炖燕窝

**原料** 燕窝 150 克，西洋参片 50 克，雪耳 100 克。

**制作** ①雪耳用清水浸开，洗净，摘小朵；燕窝用清水浸泡，洗净，拣去羽毛、杂质；西洋参片略洗。

②把全部用料放入炖盅内，加滚水适量，盖好，隔滚水文火炖 3 小时，加盐调成咸汤，或加冰糖调成甜汤供用。

**功效** 益气润肺排毒止咳。

**适应症** 用于热伤气阴，喉干呛咳，少气懒言，口渴喜饮；或咳嗽日久不愈，痰稠，体倦气短；或肺结核、阴虚潮热之咳嗽气喘，甚者咳血痰等。

## 剑花蜜枣猪肺汤

**原料** 猪肺半个，剑花 100 克，蜜枣 5 个，陈皮 1 小片。

**制作** ①剑花、陈皮用清水浸软；剑花洗净切 2～3 段；陈皮（去白）；蜜枣略洗；猪肺切厚片，泡清水中，用手挤洗干净，放入滚水中煮 5 分钟，捞起过冷水。

②把全部用料一齐放入锅内，加清水适量，武火煮滚后，改文火煲 2 小时，加盐调味供用。

**功效** 润肺止咳，理气排毒化痰。

**适应症** 用于肺燥或外感燥邪，干咳，咽干口燥；或肺胃积热之咳痰稠黄等。

## 参麦雪梨瘦肉汤

**原料** 猪瘦肉500克，太子参、南杏仁各50克，雪梨4个，麦冬25克。

**制作** ①太子参、麦冬（去心）洗净；雪梨洗净，连皮切四块，去心和核；南杏仁用滚水烫、去衣；猪瘦肉洗净、切块。

②把太子参、麦冬、南杏仁放入锅内，加清水适量，武火煮滚后，放入猪瘦肉、雪梨，煮滚，改文火煲1～2小时，加盐调味供用。

**功效** 清燥排毒润肺，益气生津。

**适应症** 用于肺燥或气阴不足，干咳无痰，咽喉干燥；或鼻燥，气逆而喘，心烦口渴等。

## 萝卜牛百叶汤

**原料** 新鲜牛百叶500克，萝卜1000克，陈皮1小片。

**制作** ①萝卜洗净，切角块；陈皮浸软去白；新鲜牛百叶放入滚水中泡3分钟，取出刮去黑衣，洗净切块。

②把陈皮放入锅内，加清水适量，武火煮滚后，放入全部用料改文火煲至萝卜软熟，加盐调味供用。

**功效** 润肺化痰，降气排毒止咳。

**适应症** 用于肺燥咳嗽之咯痰不易；或胸满而喘，食少难消；或咽干呛咳。

**注意和禁忌** 若平素胃腑偏寒而又患肺燥咳嗽者，可加适量胡椒粉饮用。

### 三雪蚌花瘦肉汤

**原料** 猪瘦肉250克，雪梨4个，雪耳、蚌花各100克，雪蛤膏50克。

**制作** ①雪蛤膏放入清水中，浸5小时，发至白色，拣去污物，洗净，放滚水中煮5分钟，捞起沥干水；猪瘦肉洗净；雪梨洗净，连皮切四块，去核；雪耳用清水浸开，洗净，摘小朵；蚌花洗净。

②把雪梨，雪耳、蚌花、猪瘦肉放入清水锅内，加清水适量，武火煮滚后，改文火煲1小时，然后放入雪蛤膏，再煲1小时，加盐调味供用。

**功效** 清补润肺，化痰排毒止咳。

**适应症** 用于燥热伤肺，咽干痰黄稠或干咳无痰；或肺阴不足、阴虚火旺之久咳痰中带血；或肺结核咳嗽痰中带血、潮热心烦；亦可用于淋巴结炎。

### "琼玉"露

**原料** 人参25克，生地黄150克，白茯苓100克，蜜糖50克。

**制作** ①生地黄、白茯苓洗净，各碎成小粒，一齐放入锅内，加清水适量，煮滚，改文火煲1小时，汤成约2碗半，用炖盅盛装。

②高丽参略洗，放入盛有生地黄、白茯苓汤的炖盅内，隔滚水文火炖3~4小时，加入蜜糖融化后饮用。

**功效** 滋阴润肺，益气排毒补脾。

**适应症** 用于虚劳，肺阴亏损之干咳、咽燥咯血、肌肉消瘦、气短乏力等；或肺结核之干咳日久、咽干口燥；或劳累过度，虚火内生之咳嗽咽干、声音嘶哑等。

**注意和禁忌** 上述饮露剂量，是一人剂量，可分两次饮用；蜜糖用量可根据各自喜好来调整。

若作家庭饮用品，可加猪瘦肉，蜜糖改用冰糖，隔水炖成汤。

有外感者不宜用本汤。

## 昆布海藻瘦肉汤

**原料** 猪瘦肉500克，昆布、海藻各50克，生地黄100克，红枣5个。

**制作** ①昆布、海藻浸后洗净；生地黄、红枣（去核）洗净；猪瘦肉洗净。

②把全部用料放入清水锅内，武火煮滚后，改文火煲2小时，调味供用。

**功效** 养阴清热，化痰排毒散结。

**适应症** 用于痰热郁结，咳喘痰黄或痰结成核，时有发热；或热病后期余热未清之发热；或久病阴虚之发热，低热不退；或高血压、淋巴结炎、甲状腺肿等属阴虚痰热郁结者。

## 鱼胶炖水鸭

**原料** 鱼胶150克，水鸭二只（约500克），淮山药、圆肉各50克。

**制作** ①水鸭洗净，去内脏，斩件；鱼胶用水浸开后切丝；淮山药浸1小时，洗净；圆肉洗净。

②把全部用料放入炖盅内，加滚水适量，盖好，隔滚水文火炖3小时，调味供用。

**功效** 益气养血，养阴排毒退热。

**适应症** 用于气血虚弱，阳浮肌热，烦渴欲饮；或妇女经来发热，产后血虚发热；或劳倦内伤、脾胃不足之饮食难消；或患热疮经久不愈等。

**注意和禁忌** 感冒及脾胃虚寒者不宜用本汤。

## 清炖蚌肉

**原料** 鲜蚌肉500克,生姜1片。

**制作** ①蚌肉、生姜洗净。

②把用料放入炖盅内,加滚水适量,盖好,隔滚水文火炖2~3小时,调味供用。

**功效** 滋养肝肾,清热排毒止渴。

**适应症** 用于肝肾阴虚,烦热,消渴引饮;或眼目昏花,眩晕;或久热不退、老人视力不足、糖尿病渴饮等属阴虚者。

**注意和禁忌** 外感未愈及脾虚便溏者不宜用本汤。

## 红枣炖蚕蛹

**原料** 蚕蛹150克,红枣20个。

**制作** ①红枣(去核)、蚕蛹均洗净。

②把用料放入炖盅内,加滚水适量,盖好,隔滚水文火炖1~2小时,加盐调味供用;若加冰糖同炖,则成甜汤。

**功效** 健脾补虚,清退排毒虚热。

**适应症** 用于脾虚气弱或营养不良,消瘦乏力;或脾津不足之消渴口干,虚烦发热;或小儿疳热;或肺结核之消瘦潮热;或心经有热之心神烦乱,失眠等。

## 淮山玉竹炖白鳝

**原料** 白鳝约500克,淮山药、玉竹各100克。

**制作** ①白鳝去肠脏,洗净切短段;淮山药、玉竹洗净。

②把全部用料放入炖盅内,加滚水适量,盖好,隔滚水文火炖3小

时，调味供用。

**功效** 滋阴补虚，退热排毒生津。

**适应症** 用于阴虚有热，虚劳羸弱，骨蒸潮热，烦热失眠；或久咳肺虚之干咳口渴；或身体虚弱，肺结核之低热不退，烦躁；或神经衰弱属阴虚有热者。

**注意和禁忌** 脾虚、痰湿内盛者不宜用本汤。

## 麻仁当归猪腰汤

**原料** 猪腰肉 500 克，火麻仁 100 克，当归 15 克，蜜枣 5 个。

**制作** ①火麻仁、当归、蜜枣洗净；猪腰肉洗净。

②把全部用料放入清水锅内，武火煮滚后，改文火煲 2 小时，调味供用。

**功效** 养血排毒润肠。

**适应症** 用于病后或老人及妇女产后血虚津枯，便秘，便结难排；或习惯性便秘属阴血不足、肠中燥结者。

## 木耳海参猪肠汤

**原料** 猪大肠 500 克，木耳 50 克，水发海参 250 克。

**制作** ①木耳用清水浸开，洗净；海参洗净，切丝；猪大肠洗净，切小段。

②把全部用料放入清水锅内，武火煮滚后，改文火煲 1 ~ 2 小时，调味供用。

**功效** 滋阴养血，润燥排毒滑肠。

**适应症** 用于老年人肾水不足；或妇女产后血虚津亏，大便燥结；或习惯性便秘属阴亏血少者。

## 海参炖瘦肉

**原料** 猪瘦肉、水发海参各250克，红枣5个。

**制作** ①海参洗净，切丝；猪瘦肉洗净，切丝；红枣（去核）洗净。

②把全部用料放入炖盅内，加滚水适量，盖好，隔滚水文火炖2～3小时，调味供用。

**功效** 补肾排毒，益精，滋润肠燥。

**适应症** 用于精血亏损，虚羸瘦弱，津枯便秘；或妇女闭经，肾虚阳痿；或产后体虚血少之倦怠乏力，大便燥结等；或高血压、动脉粥样硬化等属阴液不足者。

## 肉苁蓉海参炖瘦肉

**原料** 猪瘦肉、肉苁蓉各150克，海参100克，杞子50克。

**制作** ①肉苁蓉洗净，浸软；海参浸发，洗净、切丝；枸杞子洗净；猪瘦肉洗净，切块。

②把全部用料放入炖盅内，加滚水适量，盖好，隔滚水文火炖3～4小时，调味供用。

**功效** 补肾益精，养血排毒润肠。

**适应症** 用于精血亏损，病后、产后阴血不足，羸弱便秘；或消渴，肾虚阳痿。

## 藤菜瘦肉汤

**原料** 猪瘦肉250克，藤菜500克。

**制作** ①藤菜洗净，摘叶；猪瘦肉洗净切片，用调味料腌10分钟。

②把藤菜放入滚水锅内，煮滚片刻，放入肉片滚至熟，调味供用。

**功效** 润燥滑肠，清热排毒凉血。

**适应症** 用于胸膈烦热，肠燥便秘；或便血，或燥热鼻衄；或老人阴虚燥热，习惯性便秘等。

**说明** 本汤用以润燥而通便。汤中藤菜，又名落葵或潺菜，含有胡萝卜素、维生素B族和维生素C、蛋白质、糖类、有机酸、色素等成分；性味甘、酸，寒；功能清热滑肠、凉血。猪瘦肉能润肠胃、生津液。合而为汤，共奏滋润肠燥、滑利通便、凉血泄热之功。

## 熟地肉苁蓉猪腰汤

**原料** 猪腰2个，当归10克，熟地黄100克，肉苁蓉50克，红枣5个。

**制作** ①猪腰洗净，剖开，去白膜，切片，用醋、酒、生粉拌匀；当归、熟地黄、肉苁蓉、红枣（去核）洗净。

②把全部用料放入清水锅内，武火煮滚后，改文火煲1～2小时，加盐调味供用。

**功效** 滋肾益阴，养血排毒。

**适应症** 用于肾阴不足，肠失濡润，大便秘结；或阴虚内热之口干舌燥，咽喉肿痛；或血虚阴亏之肠燥便秘，便难如羊粪等；或老人肾水不足、妇人血虚之大便秘结者。

# 第十一章　祛热排毒小秘方

## 淮山蛋黄粥

**原料** 淮山药50克，鸡蛋2只，粳米150克。

**制作** ①鸡蛋去白留黄，用筷子将黄搅散。

②将淮山药、粳米洗净，放入锅内，加水适量，用武火烧沸，改文火熬熟。

③将蛋黄加入粥里，搅匀再烧沸即成。

**用法** 可作早、晚餐食用。

**功效** 滋阴润燥，养血，排毒熄风。

**适应症** 心烦不得眠，热病痉厥，虚劳吐血，呕逆，下痢，胎漏下血，烫伤，热疮，肝炎，小儿消化不良等。

## 红萝卜汁

**原料** 鲜红萝卜500克，白糖2汤匙。

**制作** ①将红萝卜洗净、去皮，切块，装入纱布袋绞取汁液（也可用榨汁机榨汁）。

②把白糖放入汁液中，拌匀即成。

**功效** 健脾，化滞。

**适应症** 消化不良，久痢，咳嗽等。

## 马蹄白萝卜汁

**原料** 马蹄（荸荠）、白萝卜各250克。

**制作** ①将白萝卜、马蹄洗净，去皮，切成薄片。

②用纱布袋将白萝卜、马蹄片绞挤汁液（也可用榨汁机）。

**功效** 健脾消积滞，生津排毒。

**适应症** 食积胀满，痰嗽失音，吐血，鼻血，糖尿消渴，痢疾，偏正头痛，小便不利等。

## 番茄汁

**原料** 番茄500克，白糖一汤匙。

**制作** ①将番茄洗干净，沸水烫去皮，去子，装入纱布袋绞取汁液（也可用榨汁机榨汁）。

②将白糖加入番茄汁液中，拌匀即成。

**用法** 每星期3次，早晚饮用。

**功效** 补脾和血排毒，益气生津，宽肠胃，消食。

**适应症** 黄疸，腹胀，小便不利，大便干结，产后乳汁不下，高血压等。

## 香橙汁

**原料** 香橙3个，白糖少许。

**制作** ①将橙去皮、去核，用洁净纱布袋取汁液（也可用榨汁机榨汁）。

②将白糖放入橙汁中拌匀即成。

**用法** 当茶常饮用。

**功效** 健脾胃，排毒，消甲状腺肿，解酒，去鱼蟹毒。

**适应症** 胃病之恶心，便秘，小便不畅，痔疮出血等。

## 橙柑汁

**原料** 大橙2个,柑3个,白糖2汤匙。

**制作** ①将橙和柑去皮、去核,用纱布袋绞取汁液(也可用榨汁机榨汁),装入杯中。

②在杯中加入白糖,拌匀即成。

**用法** 每星期4次,早晚常饮用。

**功效** 生津止渴,醒酒排毒利尿。

**适应症** 肠胃有热毒,渴极,小便不利,胸热烦满等。

## 薯仔柑姜汁

**原料** 薯仔(马铃薯)、柑各1个,生姜2片。

**制作** ①将薯仔、生姜去皮洗净,切碎;柑去皮、核。

②将各物装入纱布袋绞取汁液(也可用榨汁机榨汁)即成。

**用法** 每日2次,每次半汤匙。

**功效** 健脾,消积,排毒、止呕。

**适应症** 胃神经官能症之恶心呕吐,食欲不振,食积,消化不良等。

## 山楂麦芽饮

**原料** 山楂、炒麦芽各10克。

**制作** ①将山楂洗净,去核,切片;麦芽洗净,共置大杯内。

②将沸水加入茶杯,加盖密封,3~5分钟后揭盖,稍晾即成。

**用法** 每星期3~4次,早晚常饮用。

功效 健胃，消食。

适应症 肠胃虚弱，食积不化，湿疹，小儿诸疾初起等。

## 山楂柠檬饮

原料 山楂50克，柠檬1个，白糖少许。

制作 ①将山楂洗净，拍碎；柠檬洗净切块，同放入铝锅内加水适量。

②把铝锅置武火上烧沸，改文火煎煮15分钟，停火晾凉过滤，加入白糖拌匀即成。

用法 可代茶饮。

功效 消食，导滞，排毒，降压。

适应症 食积食少，油腻内积，胸膈胀满，高血压等。

## 淮山牛奶炖猪肉

原料 淮山药100克，牛奶1杯，猪瘦肉500克，食盐、葱、姜少许。

制作 ①将猪瘦肉洗净，与生姜放入锅内，加水适量，煮4小时。

②取肉汤一碗，与洗净的淮山药一起放入锅内，用文火熬煮软熟。

③将牛奶、食盐加入锅内烧沸即成。

用法 单食或佐餐食用。

功效 健脾排毒补肺，固肾益精。

适应症 脾虚泄泻，久痢，虚劳嗽，糖尿消渴，遗精，带下，小便数频等。

## 牛奶麦冬饮

原料 牛奶1杯，麦冬10克，白糖少许。

**制作** ①将麦冬洗净，放入铝锅内，加水适量，熬成汁。

②将牛奶加入铝锅内，放入麦冬汁烧沸，放入白糖拌匀即可。

用法：早晨饮用。

**功效** 补虚损，排毒，生津润肠。

**适应症** 虚劳体弱，反胃噎膈，糖尿消渴，便秘等。

## 肉桂苹果饮

**原料** 肉桂 2 片，苹果 4 个，白糖少许。

**制作** ①将肉桂切块，放入锅内，加一碗半汤水，煎煮 30 分钟，过滤取汁备用。

②苹果去皮、核，切块，用纱布袋绞汁（也可用榨汁机榨汁）。

③将苹果汁与肉桂汁液搅匀即成。

**用法** 可代茶饮。

**功效** 温胃散寒，排毒。

**适应症** 胃脘闷满作痛，干噎，口臭，厌食等。

## 赤小豆饮

**原料** 赤小豆 50 克，白糖少许。

**制作** ①将赤小豆淘洗干净，放入锅内，加水适量。

②将锅用武火烧沸，改用文火熬 2～3 小时，停火滤出赤小豆汁。

③将赤小豆汁加入白糖拌匀即成。

**用法** 当茶常饮用。

**功效** 利水除湿，消肿排毒。

**适应症** 水肿，脚气，黄疸，泻痢，减肥，便血，痈肿等。

## 冰糖柑汁饮

**原料** 柑子 1 个，冰糖少许。

**制作** ①将鲜柑洗净，去皮去核，用纱布袋绞取液汁（也可用榨汁机榨汁）。

②冰糖研细，加水溶化。

③将冰糖汁与柑汁混合搅匀即成。

**用法** 代茶饮。

**功效** 开胃理气，止渴排毒润肺。

**适应症** 胸膈结气，呕逆，糖尿消渴等。

## 青皮麦芽饮

**原料** 青皮（嫩柑皮）10 克，生麦芽 30 克。

**制作** ①将青皮、麦芽挑去杂质洗净，共放入铝锅内，加水适量。

②将铝锅置武火上烧沸，改用文火煎熬 30 分钟，停火滤渣即成。

**功效** 益胃排毒疏肝，消食化滞。

**适应症** 肝病引起的两肋疼痛，胃胀，食欲不振等。

## 荔枝饮

**原料** 荔枝 2 粒，白糖少许。

**制作** ①将荔枝剥皮去核，用温水浸泡半小时，洗净。

②将荔枝放入铝锅内，加清水适量，放入白糖，置武火上烧沸，再改用文火煮 15～20 分钟，去渣留汁即成。

**用法** 当茶常饮用。

**功效** 生津，益血，排毒，止痛。

**适应症** 心烦口渴，胃痛，呃逆，淋巴结肿，疔疮，牙痛，外伤出血等。

## 桂皮山楂饮

**原料** 桂皮 6 克，山楂肉 10 克，片糖（红糖）少许。

**制作** ①桂皮切块；山楂洗净；一同放入铝锅内，加水适量。

②将铝锅置武火上烧沸，用文火煮熬 30 分钟，滤去渣，加入片糖搅匀即成。

**用法** 当茶常饮用。

**功效** 温胃散寒，消食排毒导滞。

**适应症** 胃闷腹满作痛，干噎口臭，厌食，大便不畅等。

## 芦荟苹果饮

**原料** 芦荟 5 克，苹果 5 个，白糖少许。

**制作** ①将芦荟叶加汤水一碗半煎煮 20 分钟，过滤去渣，留夜备用。

②苹果去皮、去核、切块，用纱布袋绞取汁液（也可用榨汁机榨汁）。

③将苹果汁与芦荟汁搅匀，加入白糖即成。

**用法** 代茶饮。

**功效** 温胃，解表，排毒。

**适应症** 风寒感冒之畏寒、头痛、无汗、口不渴、流清涕，胃寒之喜热饮、胃痛、泛酸等。

## 槟榔饮

**原料** 槟榔、炒莱菔子各10克，柑皮一小片，白糖少许。

**制作** ①将槟榔洗净，除去杂质，研碎；柑皮洗净，切块；莱菔子炒香变黄色。

②将槟榔、莱菔子、柑皮放入锅内，加水适量，置武火上烧沸，再改用文火煮30分钟，去渣留汁，加白糖搅匀即成。

**用法** 当茶常饮用。

**功效** 消食导滞、排毒。

**适应症** 饮食积滞，脘腹疼痛，厌食，虫积，疟疾，水肿，脚气，腹胀等。

## 薏苡仁炖冬瓜

**原料** 薏苡仁10克，冬瓜500克。

**制作** ①将冬瓜洗净去皮，去瓤，切块，用洁净纱布绞取汁液（也可用榨汁机榨汁）。

②将薏苡仁放铝锅内，加水适量，将冬瓜汁液放入锅内，置武火上烧沸，改用文火熬2小时即成。

**用法** 每日2次，空腹时服用。

**功效** 清热排毒解暑，健脾利尿。

**适应症** 暑疖痱毒，膀胱湿热，小便短黄，小便不利等。

## 清炖火腿脚爪

**原料** 陈火腿脚爪1只，食盐少许。

**制作** ①将火腿脚爪刮洗干净，放入锅内，加水适量。

②将锅置武火上烧沸，改用文火熬煮 1～2 小时，待火腿脚爪煮软熟即成。

**用法** 每星期 2 次，佐餐食用。

**功效** 健脾补血，通乳托疮。

**适应症** 脾虚久泄，妇人乳少，痈疽、疮毒等。

## 红枣炖猪皮

**原料** 猪皮 500 克，红枣 250 克。

**制作** ①将猪皮刮洗干净，切块，放入锅内，加水适量。
②将锅用武火烧沸，改用文火煮熬 2 小时成黏稠状的汤。
③将红枣去核加入猪皮汤内，炖煮 1 小时即成。

**用法** 佐餐或单食用。

**功效** 健脾滋肾，补血，利咽喉，去热，消肿痛，排毒。

**适应症** 血小板减少，血友病鼻出血，齿龈出血，紫斑等。

## 苹果赤豆炖青鸭

**原料** 青头鸭 1 只，苹果 5 个，赤小豆 250 克，盐、葱少许。

**制作** ①将鸭刲净，除去头、尾和内脏，洗净。
②将赤小豆淘洗干净，连同苹果、食盐、葱装入青鸭腹内。
③将鸭放入锅内，加清水适量，置武火烧沸，改文火炖 2 小时至鸭熟即成。

**用法** 空腹时饮汤食肉。

**功效** 健脾开胃，利水、排毒消肿。

**适应症** 虚热，咳嗽，水肿，小便不利，小儿热惊风，头生疮肿等。

## 荜拨砂仁炖鲫鱼

**原料** 荜拨、缩砂仁、陈皮各 10 克，大鲫鱼 3 条，大蒜 2 头，胡椒、葱、酱油各少许。

**制作** ①将鲫鱼去鳞、鳃和内脏，洗净。

②在鲫鱼腹内，装入洗净的陈皮、缩砂仁、荜拨、大蒜、胡椒、葱，并涂抹食盐、酱油。

③在锅内将花生油烧沸，将鲫鱼放入锅内煎至两面焦黄，再加适量水，置文火炖煮 20 分钟即成。

**用法** 空腹时食用。

**功效** 醒脾暖胃。

**适应症** 脾胃虚寒之慢性腹泻、慢性痢疾等。

## 党参茯苓八宝鸡汤

**原料** 鸡肉 500 克，猪肉、杂骨各 150 克，党参、茯苓、炒白术、炙甘草、熟地黄、白芍，当归、川芎各 5 克，葱、生姜、食盐少许。

**制作** ①将党参等物料用纱布袋装好扎紧口，先用清水浸洗一下。

②将猪肉、鸡肉分别洗净，放沸水锅中略煮，冲洗干净；杂骨洗净敲碎；生姜洗净拍碎；葱洗净。

③将用料同放入锅中，加水适量，用武火烧沸，去浮沫，加入生姜、葱，用文火炖 3 小时至鸡肉烂熟。

④将汤中各物捞起，物料、生姜、葱不用，鸡肉和猪肉稍凉，切成条，汤可加盐少许调味。

**用法** 每星期 2 次，饮汤食肉。

**功效** 调补气血、排毒。

**适应症** 气血两虚，面色萎黄，食欲不振，四肢乏力等。

## 木瓜羊肉汤

**原料** 羊肉、木瓜各1000克，草果5克，豌豆300克，粳米500克，白糖、食盐、胡椒各少许。

**制作** ①将羊肉用沸水洗净，除去膻味，切块；粳米、草果、豌豆淘洗干净；木瓜去皮去子，用纱布袋绞取液汁(也可用榨汁机榨汁)。

②将羊肉、粳米、草果、豌豆和木瓜汁同放锅中，加水适量，用武火烧沸，改文火炖熬2小时至豌豆软熟。

③把白糖、食盐、胡椒粉放入锅中搅匀即成。

**用法** 每星期3次，改汤食肉。

**功效** 健脾、排毒除湿。

**适应症** 夏秋季节受潮湿影响脾虚引起之食欲不振，消化不良，腿足肿痛，麻木等。

**注意和禁忌** 身有虚热，口干舌燥，心烦者忌服。

## 淮山羊肉汤

**原料** 羊肉500克，淮山药50克，生姜、葱白、胡椒、绍酒、食盐各适量。

**制作** ①将羊肉先用沸水洗去膻味，再用冷水洗净；生姜、葱白洗净后拍碎。

②将淮山药用清水浸透后，与羊肉一起放入清水锅中，放入生姜、葱白、胡椒、绍酒，先用武火烧沸，去浮沫，改文火炖3小时至肉熟，捞出晾凉。

③将羊肉切片，除去汤中姜、葱白，略加调味。

**用法** 每星期2次，饮汤食肉和淮山药。

**功效** 补脾排毒益肾，温中暖下。

**适应症** 虚劳骨蒸(虚热盗汗，肺结核病患者)，脾虚白带，小儿营养不良等。

## 当归生姜羊肉汤

**原料** 当归 90 克，生姜 150 克，羊肉 500 克。

**制作** ①将当归、生姜用清水洗净后，切片；羊肉剔去筋膜，用沸水洗除去膻味，晾干，切条。

②取洁净砂锅，加入清水适量，将用料同放入锅内，置武火上烧沸后，除去汤面上泡沫，改用文火炖 1 小时，至羊肉熟软即成。

**用法** 每星期 3 次，饮汤食肉。

**功效** 补虚劳，排毒。

**适应症** 产后血虚，急性腹痛，冷汗，四肢麻木等。

## 鲤鱼汤

**原料** 鲤鱼 3 条，川椒 15 克，荜拨 5 克，生姜、绍酒、胡荽、葱少许。

**制作** ①将鲤鱼去鳞、鳃和内脏，洗净切块；葱、生姜洗净，拍碎；荜拨洗净。

②将鲤鱼、葱、生姜、荜拨放入锅内，加水适量，用武火烧沸，改文火炖约 40 分钟。

③加入胡荽、绍酒即成。

**用法** 每星期 3 次，饮汤食肉。

**功效** 健脾祛湿，利水、排毒消肿。

**适应症** 脾虚水肿，其他营养不良、肾炎、心力衰竭，水肿症。

## 蜜糖麻油汤

**原料** 蜜糖3汤匙,麻油1汤匙。

**制作** ①将蜜糖盛在瓷壶内不停搅拌。使其起泡,待泡沫增多时边搅边将麻油徐徐地倒入蜜糖内,并搅拌均匀。

②将四杯水烧沸,放至可入口时,慢慢加入蜜油混合液中,再搅匀即成。

**用法** 每日1次。

**功效** 润肠通便,缓急解毒。

**适应症** 肠燥便秘等。

## 马蹄黄豆浆饮

**原料** 黄豆500克(或豆浆一汤碗半),马蹄(荸荠)150克,白糖少许。

**制作** ①将黄豆浸泡4小时,用搅拌机磨细,用布过滤,取汁,烧沸即成豆浆。

②将马蹄去皮,一切两瓣,放入纱布袋绞取汁液(也可用榨汁机榨汁)。

③将豆浆与马蹄汁搅匀,加入白糖,煮沸即成。

**用法** 当茶常饮用。

**功效** 益气和中,生津润燥,清热解毒。

**适应症** 赤眼,糖尿消渴,排毒,暑热,口干舌燥等。

## 甘蔗汁

**原料** 鲜甘蔗1000克,白糖少许。

**制作** ①将鲜甘蔗去皮,切块,用洁净纱布绞取汁液(也可用压榨法压取汁液)。

②将凉开水、白糖加入甘蔗汁液中,搅匀即成。

**用法** 当茶常饮用。

**功效** 消热生津,润燥排毒下气。

**适应症** 热病伤津,心烦口渴,反胃呕吐,肺燥咳嗽,预防麻疹。

## 甘蔗萝卜汁

**原料** 甘蔗、白萝卜各1000克,白糖少许。

**制作** ①将甘蔗洗净去皮,切碎用清水浸泡半日后,装入纱布袋内,绞取汁液(也可用榨汁机榨汁)。

②白萝卜去皮,刮成细丝,装入纱布袋内,绞取汁液(也可用榨汁机榨汁)。

③将甘蔗汁和白萝卜汁混合,加入白糖搅匀即成。

**用法** 当茶常饮用。

**功效** 生津止渴,清热排毒,润燥。

**适应症** 热病伤津,心烦口渴,反胃呕吐,肺燥咳嗽,大便燥结,酒精中毒等。

## 白萝卜汁

**原料** 鲜白萝卜500克,白糖适量。

**制作** ①将白萝卜洗净,去皮,切丝,用洁净白纱布袋绞取汁液(也可用榨汁机榨汁)。

②将白糖加入白萝卜汁液中,搅匀即成。

**用法** 当茶常饮用。

**功效** 消积滞，化痰热，下气宽中，解毒。

**适应症** 食积胀满，痰嗽失音，吐血，鼻衄，糖尿消渴，痢疾，偏正头痛等。

## 甘蔗黄瓜汁

**原料** 甘蔗、黄瓜各1000克，白糖少许。

**制作** ①将甘蔗去皮，切碎用清水浸泡半日后，装入纱布袋内，绞取汁液（也可用榨汁机榨汁）。

②黄瓜去皮去子，切成细丝，装入纱布袋内，绞取汁液（也可用榨汁机榨汁）。

③将甘蔗汁和黄瓜汁混合，加入白糖搅匀即成。

**用法** 当茶常饮用。

**功效** 清热生津，除热排毒，下气润燥。

**适应症** 烦渴，热病伤津，反胃呕吐，小便不畅，咽喉肿痛，火眼等。

## 白萝卜白菜汁

**原料** 白萝卜、白菜各250克，白糖少许。

**制作** ①将白萝卜去皮，洗净，切丝；白菜洗净切丝；两者用洁净纱布袋绞取汁液（也可用榨汁机榨汁）。

②将汁液加入白糖，搅匀即成。

**用法** 每日服2次，每次半汤匙。

**功效** 消积滞热，化痰排毒。

**适应症** 吐血，鼻衄，糖尿消渴，便秘，丹毒，漆疮，小便不利，偏正头痛，食积胀满，痰嗽失音等。

## 白萝卜莴苣汁

**原料** 白萝卜、莴苣(生菜类,但有粗壮鲜嫩根茎)各1000克,白糖少许。

**制作** ①将白萝卜、莴苣(去叶食茎)去皮,洗净,刮成细丝,装入纱布袋内,用纱布袋绞取汁液(也可用榨汁机榨汁)。

②在汁液内加入白糖,搅匀即成。

**用法** 当茶常饮用。

**功效** 生津,止渴,排毒,利尿。

**适应症** 小便不畅,尿血,肺热吐血等。

## 白萝卜黄瓜汁

**原料** 黄瓜、白萝卜各1000克,白糖少许。

**制作** ①白萝卜去皮,刮成细丝,装入纱布袋内,绞取汁液(也可用榨汁机榨汁)。

②黄瓜去皮,去子,切成细丝,装入纱布袋内,绞成汁液(也可用榨汁机榨汁)。

③将白萝卜汁和黄瓜汁混合,加入白糖搅匀即成。

**用法** 当茶常饮用。

**功效** 除热、利水,排毒。

**适应症** 烦渴,食积胀满,小便不畅,咽喉肿痛,火眼,烫伤烧伤等。

## 西瓜汁

**原料** 西瓜1500克,白糖少许。

**制作** ①将西瓜洗净，去瓤去子，切小块，用洁净纱布袋绞取汁液（也可用榨汁机榨汁）。

②在西瓜汁液中，加入白糖，搅匀即成。

**用法** 当茶常饮用。

**功效** 清热解暑，除烦止渴，排毒。

**适应症** 暑热烦渴，热盛口干少津，小便不利，喉痛口疮等。

## 西瓜番茄汁

**原料** 西瓜 1000 克，番茄 500 克，白糖少许。

**制作** ①将西瓜切开，去瓤去子，切小块；番茄用沸水烫去皮，与西瓜一同装入纱布袋内，绞出汁液（也可用榨汁机榨汁）。

②在汁液中加入白糖，搅匀即成。

**用法** 当茶常饮用。

**功效** 生津止渴，清热排毒。

**适应症** 感冒发热，口渴，烦躁，神昏，尿少，食欲不振，消化不良，小便不利等。

## 西瓜黄瓜番茄汁

**原料** 西瓜、番茄、黄瓜各 1000 克，白糖少许。

**制作** ①将西瓜切开，去瓤去子，切小块，番茄用沸水烫去皮，切块；黄瓜去皮去子，切丝；三者共装入纱布袋内，绞取汁液（也可用榨汁机榨汁）。

②在汁液中加入白糖，搅匀即成。

**用法** 当茶常饮用。

**功效** 生津止渴，利尿清热，排毒。

**适应症** 消化不良，小便不利，尿少，头昏，感冒发热，烦躁，四肢浮肿，高血压，肝炎黄疸等。

## 西瓜雪梨莲藕汁

**原料** 西瓜半个，雪梨、苹果各2个，莲藕、马蹄（荸荠）各250克，白糖适量。

**制作** ①将西瓜、苹果、雪梨洗净，去皮去子去瓤，切小块；莲藕、马蹄去皮，洗净，切成细丝。以上共绞取汁液。

②将白糖、适量凉开水加入汁液搅匀即成。

**用法** 当茶常饮用。

**功效** 生津解暑排毒，除烦止渴。

**适应症** 暑热烦渴，热盛伤津，小便不利，咽喉疼痛，口疮，吐血，鼻衄，便秘等。

## 西瓜莲藕汁

**原料** 西瓜、莲藕各500克，白糖适量。

**制作** ①将西瓜切开，去瓤去子，切小块，用纱布袋绞取汁液（也可用榨汁机榨汁）；莲藕洗净，去皮切丝，用纱布袋绞取汁液（也可用榨汁机榨汁）。

②将二汁混合，加入白糖、凉开水，搅匀即成。

**用法** 可代茶饮。

**功效** 清热解暑，除烦止渴排毒，利小便。

**适应症** 暑热烦渴，热盛伤津，小便不利，喉痛，口疮等。

## 西瓜萝卜汁

**原料** 西瓜、白萝卜各1000克，白糖少许。

**制作** ①将西瓜去瓤、去子，萝卜去皮切细丝，装入纱布袋内，绞取汁液（或用搅拌机）。

②将西瓜和萝卜混合汁，加入白糖拌匀即成。

**用法** 当茶常饮用。

**功效** 健胃，排毒，止咳，利尿。

**适应症** 食积胀满，肺热吐血，小便不畅等。

## 雪梨马蹄汁

**原料** 马蹄（荸荠）、雪梨各250克，白糖少许。

**制作** ①将马蹄洗净，去皮，切成薄片；梨洗净去皮、核，切成薄片，一同用纱布绞取汁液（或用榨汁机）。

②将汁液用凉开水稀释，加白糖、拌匀即成。

**用法** 当茶常饮用。

**功效** 清热，化痰，排毒，消积。

**适应症** 热病口渴，黄疸，小便点滴不止，目赤，咽喉肿痛等。

## 黄瓜汁

**原料** 鲜黄瓜500克，白糖少许。

**制作** ①将黄瓜洗净，去头尾去皮去子，切小块，用纱布袋绞汁（也可用榨汁机榨汁）。

②将白糖放入黄瓜汁中，搅匀即成。

**用法** 当茶常饮用。

**功效** 除热，利水，排毒。

**适应症** 烦渴，咽喉肿痛，火眼，烫伤烧伤等。

## 黄瓜番茄汁

**原料** 黄瓜 1000 克，番茄 500 克，白糖少许。

**制作** ①将黄瓜去皮去头尾去子，切成细丝；番茄用沸水烫去皮；两者均装在纱布袋内绞取汁液（也可用榨汁机榨汁）。

②将白糖加入汁液中，搅匀即成。

**用法** 当茶常饮用。

**功效** 清热排毒，解渴利尿。

**适应症** 小便不畅，高血压，肝炎黄疸，感冒发热，口渴，烦躁，头昏，尿少等。

## 青梅汁

**原料** 新鲜青梅 8 个，白糖少许。

**制作** ①将青梅洗净去皮、核，用纱布袋绞取汁液（也可用榨汁机榨汁）。

②在汁液中放入白糖、凉开水搅匀即成。

**用法** 当茶常饮用。

**功效** 收敛生津，止烦渴。

**适应症** 虚热烦渴，久咳，疟疾、痢疾腹泻，便血，尿血，血崩，蛔虫腹痛、呕吐、钩虫等。

## 马蹄汁

**原料** 鲜马蹄(荸荠)500 克,白糖少许

**制作** ①将马蹄洗净,去皮,一切四块,用洁净的纱布袋绞取汁液(也可用榨汁机榨汁)。

②将白糖放入汁液中搅匀即成。

**用法** 当茶常饮用。

**功效** 清热,化痰,排毒,消积。

**适应症** 热病消渴,黄疸,小便点滴不止,腹胀食积,目赤,咽喉肿痛,疮结等。

## 水蜜桃汁

**原料** 鲜水蜜桃 2 个,白糖少许。

**制作** ①将水蜜桃洗净,去皮、核,切成薄片,用白纱布袋绞汁液(也可用榨汁机榨汁)。

②汁液内加入白糖、凉开水适量,搅匀即成。

**用法** 当茶常饮用。

**功效** 生津润肠,活血排毒消积。

**适应症** 口渴,大便不畅,血瘀,积食等。

## 莲藕马蹄雪梨汁

**原料** 莲藕、马蹄(荸荠)、雪梨各 500 克,白糖少许。

**制作** ①将莲藕去皮,洗净,切丝;马蹄洗净,去皮,切薄片;梨洗净,去皮、核,切薄片;三者共用纱布袋绞取汁液(也可用榨汁机榨汁)。

②将汁液加入白糖,适量凉开水,搅匀即成。

**用法** 当茶常饮用。

**功效** 生津润燥,止咳排毒化痰,凉血止血。

**适应症** 热病烦渴,咽喉疼痛,热痰咳嗽,久咳,鼻衄,吐血,消渴,便秘,噎膈,惊狂等。

## 鲜白藕汁

**原料** 鲜白藕 500 克,白糖少许。

**制作** ①将鲜藕洗净,切小块,用纱布袋绞挤汁液(也可用榨汁机榨汁)。

②将白糖加入藕汁中,搅匀即成。

**用法** 当茶常饮用。

**功效** 清热排毒,凉血止血。

**适应症** 热病烦渴,吐血,鼻衄,小便点滴不止等。

## 鲜藕柏叶汁

**原料** 鲜藕 300 克,侧柏叶 30 克,白糖少许。

**制作** ①鲜藕去皮、洗净,切丝后用纱布袋绞取汁液(也可用榨汁机榨汁)。

②将侧柏叶放入铝锅中,加水适量,武火烧沸后改文火熬煮 30 分钟,滗出煎液。

③将煎液与藕汁液混合,加入白糖,搅匀即成。

**用法** 当茶常饮用。

**功效** 清热凉血排毒,止咳生发。

**适应症** 血热妄行之咳血、鼻衄、吐血、便血、崩漏和肺热咳嗽等。

## 鲜藕马蹄汁

**原料** 鲜藕、马蹄（荸荠）各 250 克，白糖少许。

**制作** ①将鲜藕洗净，去皮切丝；马蹄洗净、去皮切丝；两者共用纱布袋绞取汁液（也可用榨汁机榨汁）。

②在汁液中加入白糖、适量凉开水，搅匀即成。

**用法** 当茶常饮用。

**功效** 清热排毒，凉血止渴。

**适应症** 热病烦渴，小便点滴不止，目赤，咽喉肿痛，吐血等。

## 藕节汁

**原料** 鲜藕（带藕节）200 克，白糖少许。

**制作** ①将鲜藕去皮洗净，切薄片，用纱布袋绞取汁液（也可用榨汁机榨汁）。

②将白糖、适量凉开水加入藕汁中，搅匀即成。

**用法** 可当茶常饮用。

**功效** 清热排毒凉血，止血散瘀。

**适应症** 热病烦渴，咳血，吐血，便血，鼻衄，尿血，血痢，血崩等。

## 椰子汁

**原料** 椰子 1 只，白糖少许。

**制作** ①将椰子顶端硬壳戳开，取出椰汁。

②将白糖加入椰汁中，搅匀即饮。

**用法** 可当茶饮。

**功效** 消暑，排毒，解渴。

**适应症** 消渴，吐血，水肿，风热等。

## 白糖莲藕饮

**原料** 莲藕 100 克，白糖少许。

**制作** ①将莲藕去皮，洗净，切成细丝。

②将莲藕丝放入锅中，加两杯水煎煮 20 分钟，去渣留汁。

③把白糖放入汁中，搅匀即成。

**用法** 可代茶饮用。

**功效** 清热祛火，凉血排毒散瘀。

**适应症** 热病烦渴，吐血，鼻衄，小便点滴不止等。

## 冬瓜莲藕饮

**原料** 冬瓜 500 克，莲藕 250 克。

**制作** ①将冬瓜去皮去瓤，切片，榨汁，汁中加二杯水，用火烧沸后，加盐拌匀。

②莲藕洗净，擦成丝，将藕丝放入锅内，加 2 杯水煎煮 20 分钟，去渣留汁。

③将冬瓜汁、藕汁混合搅匀即成。

**用法** 可代茶饮。

**功效** 清热解暑，排毒，减肥。

**适应症** 风热感冒之口干咽痛、流黄涕、舌红、虚热心烦，贫血，体胖等。

## 雪梨马蹄藕节饮

**原料** 雪梨1个，马蹄（荸荠）2个，鲜藕1节，白糖适量。

**制作** ①将梨去皮，切块；马蹄洗净去皮，一切两瓣；藕去皮，洗净，切丝。

②取洁净纱布袋将梨、马蹄、藕丝挤取汁液（也可用榨汁机榨汁）。

③将三汁放入锅内，加水适量，放入白糖搅匀烧沸，改文火煮3～5分钟即成。

**用法** 当茶常饮用。

**功效** 生津止渴，清热排毒。

**适应症** 高热，灼伤津液而引起的口渴、吐白沫等。

## 菊花饮

**原料** 菊花7.5克，白糖适量。

**制作** ①将菊花洗净，去蒂，除去杂质。

②将菊花放入大杯内，加入白糖，冲入沸水，泡3～5分钟即成。

**用法** 当茶常饮用。

**功效** 疏风清热，平肝排毒明目。

**适应症** 风热感冒之头痛，流黄涕，眩晕，目赤，心胸烦热，疔疮肿毒，高血压等。

## 白菊花甘草饮

**原料** 白菊花7克，甘草6克。

**制作** ①将白菊花除去杂质，去蒂，洗净甘草切成薄片。

②将白菊花、甘草片放入大杯中,冲入沸水,加盖泡3~5分钟即成。

**用法** 当茶常饮用。

**功效** 疏风,清热,排毒。

**适应症** 风热感冒之头痛,流黄涕,舌黄苔黄,目赤,疔疮肿毒等。

## 杏仁菊花饮

**原料** 杏仁6克,菊花10克,白糖少许。

**制作** ①将杏仁去皮、尖、心;与菊花共洗净。

②将杏仁、菊花放入铝锅内,加水适量,置中火煎熬10~15分钟,滗出汁液,另加水再熬取汁液。

③合并两次汁液过滤,加入白糖煮沸即成。

**用法** 当茶常饮用。

**功效** 疏风清热,平肝排毒明目,止咳。

**适应症** 风热感冒,咳嗽,头痛,眩晕,目赤,心胸烦热,疔疮肿毒,高血压等。

## 菊花杏仁饮

**原料** 菊花、杏仁各6克。

**制作** ①将杏仁用温水浸泡,去皮;菊花淘洗干净。

②将杏仁,菊花放入锅内,加清水适量,武火烧沸后,改用文火烧沸3~4分钟即成。

**用法** 当茶常饮用。

**功效** 祛风清热,排毒。

**适应症** 风热头痛,肝火旺引起头痛,眩晕等。

## 桑叶菊花饮

**原料** 菊花、桑叶各6克，白糖适量。

**制作** ①将桑叶、菊花挑选干净，洗净，除去杂质。

②将桑叶、菊花放入大杯内，加入白糖，冲入沸水浸泡3~5分钟即成。

**用法** 当茶常饮用。

**功效** 疏风清热，清肝排毒明目。

**适应症** 风热感冒之咳嗽，流黄涕，头晕，头痛，目赤，视物昏花等。

## 桑叶菊花枸杞饮

**原料** 桑叶、菊花、枸杞子各6.5克，决明子6克，白糖适量。

**制作** ①将桑叶、枸杞、决明子、菊花洗净，放入铝锅内，加水适量。

②将铝锅置中火上，烧沸10~15分钟，滗出汁液，另加水适量，再煮10~15分钟，合并两次煎液，加入白糖搅匀，再烧沸即成。

**用法** 当茶常饮用。

**功效** 疏风清热，平肝排毒明目。

**适应症** 风热感冒之流黄涕，咳嗽，头晕，头痛，目赤，高血压等。

## 桑叶菊花茅根饮

**原料** 桑叶、菊花各5克，苦竹叶、白茅根各30克，薄荷2克，白糖适量。

**制作** ①将桑叶、苦竹叶、薄荷等除去杂质洗净，放入大杯内。

②在杯内加入白糖，冲入沸水，浸泡3~5分钟即成。

用法 当茶常饮用。

功效 疏风清热，明目排毒。

适应症 风热感冒之发热，流黄涕，头痛，目赤，喉痛，急性结膜炎（红眼病）等。

## 芹菜番茄饮

原料 芹菜 50 克，番茄 6 个，柠檬 1 个。

制作 ①将番茄、芹菜、柠檬洗净，用沸水烫去番茄皮，柠檬去皮、核，三者共切块榨汁。

②将凉开水和食盐加入果菜汁中，搅匀即成。

用法 代茶饮。

功效 生津止渴，排毒，降压。

适应症 高血压及感冒患者，食欲不振，小便不利，大便不畅，心烦燥渴等。

## 柠檬番茄饮

原料 柠檬 2 个，番茄 6 个，西瓜二大块，白糖适量。

制作 ①柠檬去皮、核；番茄洗净，用沸水烫去皮，切块；西瓜去皮去瓤去子；三者均用榨汁机榨汁。

②将瓜果菜汁混合搅匀，加入四杯凉开水和适量白糖再搅匀即成。

用法 可代茶饮。

功效 消暑除烦，止渴排毒，利尿。

适应症 烦渴，小便不利，风热感冒之流黄涕，舌苔黄腻，目赤，头痛等。

## 水瓜饮

**原料** 水瓜1条，白糖少许。

**制作** ①将水瓜洗净，切块。

②将水瓜块放入锅内，加清水适量，用武火烧沸后，转用文火煮15分钟，去渣留汁，加白糖搅匀即成。

**用法** 当茶常饮用。

**功效** 凉血，排毒，止血。

**适应症** 因热病引起的尿血、便血、痔漏下血等。

## 丝瓜皮清络饮

**原料** 丝瓜皮、西瓜皮、鲜金银花、鲜荷叶边、鲜竹叶心各6克，鲜扁豆花10克，白糖适量。

**制作** ①将荷叶边、鲜扁豆花、金银花、丝瓜皮洗净；西瓜皮洗净，切成薄片。

②将全部用料放入锅内，加清水适量，用武火烧沸后，转用文火煮15分钟，滤渣留汁即成。

**用法** 当茶常饮用。

**功效** 清热排毒。

**适应症** 暑热季节，感受暑邪，头部胀痛等。

## 马蹄饮

**原料** 马蹄（荸荠）300克，白糖少许。

**制作** ①将马蹄去皮洗净，榨汁（或切细块）。

②将马蹄汁(或马蹄块)放入锅内,加适量水和白糖搅匀,置武火上烧沸,再改用文火熬20分钟,停火过滤,晾凉即成。

**用法** 当茶常饮用。

**功效** 清热,化痰,排毒,消积。

**适应症** 热病消渴,肝炎黄疸,小便点滴不畅,肿块食积,目赤,咽喉肿痛,疮疣等。

## 马蹄西瓜饮

**原料** 马蹄(荸荠)500克,西瓜1个,白糖适量。

**制作** ①将马蹄洗净,去皮;西瓜洗净,去皮去瓜瓤去核,切小块;两者均用榨汁机榨汁。

②将两汁液混合,与3汤碗凉开水和适量白糖搅匀即成。

**用法** 可代茶饮。

**功效** 清热利喉,消炎,排毒消肿。

**适应症** 咽炎,喉痛,暑热,烦渴,小便不利,大便燥结等。

## 菠萝杨梅饮

**原料** 菠萝1个,杨梅500克,白糖适量。

**制作** ①菠萝去鳞皮,去心,切细块,用榨汁机榨出汁液。

②杨梅洗净,去蒂,用榨汁机榨汁,加入白糖,入锅煮沸,晾凉。

③将杨梅汁与菠萝汁和三汤碗凉开水与适量白糖搅匀即成。

**用法** 可代茶饮。

**功效** 生津止渴,消炎排毒,去痰。

**适应症** 气管炎,咳嗽,烦渴,吐泻,腹痛等。

## 番茄菠萝饮

原料 番茄3个，菠萝1块，薄荷2克。

制作 ①将菠萝洗净，去鳞皮和心，切块；番茄洗净，与菠萝同用榨汁机压汁；薄荷洗净，加水适量，煎煮20分钟，过滤去渣。

②将菠萝汁、番茄汁、薄荷汁混合搅匀，加入4杯凉开水和适量盐再搅匀即成。

用法 代茶饮。

功效 清热解渴，排毒，消食止泻。

适应症 烦渴，口干，积食，泻泄等。

## 木耳芝麻饮

原料 黑木耳60克，黑芝麻15克，白糖适量。

制作 ①将锅铲（锅勺）洗净，置中火上烧热；将一半黑木耳放入锅中，不断地用烧热之锅铲翻炒，待黑木耳颜色由灰转黑，略有焦味时，起锅装入碗内。

②锅中放入黑芝麻，待略炒出香味时加入2汤碗清水，同时放入全部黑木耳（包括没炒热的），用中火烧沸30分钟。将木耳、芝麻汁液过滤，即成。

用法 常饮用，每次一水杯，可加白糖调味。

功效 凉血止血，润肠通便。

适应症 血热便血，痔疮便血，肠风下血，痢疾下血等。

## 绿豆蜜糖饮

原料 绿豆50克，蜜糖3汤匙。